EL PSICÓPATA INTEGRADO

EN LA FAMILIA, LA EMPRESA Y LA POLÍTICA

CLAVES PARA NEUTRALIZARLO

EL PSICÓPATA INTEGRADO

EN LA FAMILIA, LA EMPRESA Y LA POLÍTICA

CLAVES PARA NEUTRALIZARLO

VICENTE GARRIDO

Ariel

Obra editada en colaboración con Editorial Planeta - España

© Vicente Garrido Genovés, 2024
© Ilustraciones del interior: Paola Grande (@miss_littlebig)

Derechos exclusivos de edición en español:
© 2024, Editorial Planeta, S. A. – Barcelona, España

Derechos reservados

© 2025, Ediciones Culturales Paidós, S.A. de C.V.
Bajo el sello editorial ARIEL M.R.
Avenida Presidente Masarik núm. 111,
Piso 2, Polanco V Sección, Miguel Hidalgo
C.P. 11560, Ciudad de México
www.planetadelibros.com.mx
www.paidos.com.mx

Primera edición impresa en España: septiembre de 2024
ISBN: 978-84-344-3792-0

Primera edición impresa en México: octubre de 2024
Primera reimpresión en México: marzo de 2025
ISBN: 978-607-569-837-3

Impreso en los talleres de Impregráfica Digital, S.A. de C.V.
Av. Coyoacán 100-D, Valle Norte, Benito Juárez
Ciudad de México, C.P. 03103
Impreso en México – *Printed in Mexico*

En el espíritu humano hay una cualidad inquebranta-
ble que no puede destruirse, que es inexpugnable
ante cualquier asalto.

CHESTER HIMES

Mi deuda con la Asociación Viktor E. Frankl de Valencia es muy grande, y en particular hacia su gran impulsor, Sebastián Tabernero, fallecido en 2017. Tal y como explico en esta obra, difícilmente podría haber entendido el grave problema que supone la psicopatía para la condición humana sin la iluminación que la obra de Viktor Frankl supuso en mi vida. Tuve con Sebastián animados debates sobre esto, y él fue el primero en comprender que el modelo de persona que proponía Frankl en su obra capital El hombre en busca de sentido era la antítesis de la psicopatía y, por ello mismo, un antídoto para protegernos de su influencia. Este libro está dedicado a su memoria.

Quiero agradecer a Carlos Soler y José Luis Guinot su lectura crítica y muy valiosa de algunas partes de esta obra.

Para contactar con la Asociación Viktor E. Frankl de Valencia: <https://asociacionviktorfrankl.es/>

Índice

Introducción

El problema del 1 por ciento maligno

No creo que sea una opinión, sino un hecho cierto,
que resulta malo ser torturado, humillado o herido.
De igual manera que es mejor para la gente ser ama-
do y cuidado antes que odiado y abandonado.

GEOFFREY WARNOCK,
filósofo de la Universidad de Oxford

La psicopatía es una manera de ser. El (o la) psicópata tiene
un modo peculiar de pensar, de emocionarse y de actuar.
Su pensamiento es egocéntrico y centrado en lo que desea:
todo lo demás es irrelevante o como mucho secundario. No
toma decisiones basándose en principios morales, sino en
su capacidad estratégica de hacerle conseguir lo que desea.
Sus emociones negativas (ira, hostilidad, desprecio, envidia) son intensas, aunque muchas veces duran poco; las
emociones positivas (empatía, compasión, sentido de la justicia, amor, lealtad) son muy débiles o inexistentes. En cuanto a comportamiento, cuidará su imagen y tratará de engañar y seducir a quien le convenga. Llegado el momento
podrá usar la violencia psíquica, física o la que le provea su
cargo (si lo ostenta) para satisfacer su motivación esencial:
el control del ambiente en donde se desenvuelve; el dominio. En una palabra: el poder.

13

He de advertirte que en este libro no me voy a ocupar del psicópata asesino serial o criminal violento que quizás has podido leer en otras obras mías; citaré algunos ocasionalmente, pero están al servicio de clarificar las explicaciones y argumentos que dedico al psicópata integrado «normalizado», el sujeto de esta obra.[1] Un psicópata integrado es un individuo que no ha sido definido como un criminal o como un psicópata por parte de la sociedad, pero que es responsable de una gran cantidad de sufrimiento en el mundo. ¿Cómo es posible esto? Pues lo es o bien porque son criminales ocultos que pasan por ciudadanos honrados, o bien porque ostentan posiciones de poder o estatus que les permiten, al menos para una parte de la opinión pública —muchas veces, sus propios conciudadanos, algo sobre todo muy típico en el caso de los políticos—, disfrazar sus actos egocéntricos y crueles como comportamientos honorables y legítimos. Es habitual que solo con el paso del tiempo se haga evidente la extensión y gravedad de sus actos destructivos, ya sea en el seno de una familia, en una organización o en todo un país. Como efecto menos lesivo, el psicópata integrado expandirá infelicidad y miseria moral.

La profesora de la Universidad Complutense de Madrid Ana Sanz y su grupo ha investigado cuál es la extensión o prevalencia de la psicopatía en la sociedad atendiendo a los diversos trabajos publicados en todo el mundo hasta la actualidad.[2] Concluye que, entre los delincuentes identificados por haber cometido crímenes y condenados por ello, en torno al 15 por ciento de los varones son psicópatas, un 10 por ciento en el caso de las mujeres presas. Pero si atendemos a la población en general, que es donde se encuentran los integrados, el porcentaje disminuye en torno al 5 por ciento, de nuevo con una presencia mayor en los hombres, con aproximadamente un 8 por ciento, que en las mujeres, con alrededor de un 3 por ciento.

Ahora bien, hay que hacer varias consideraciones en estos datos. La primera es que se sabe que la prevalencia de los psicópatas es mayor en los puestos donde se ejercen funciones directivas o se relacionan con el poder, como mánager y ejecutivos de empresas, directores de corporaciones, organizaciones o partidos políticos, donde el porcentaje llega al 13 por ciento. La segunda consideración es que si se utiliza el test más exigente para evaluar la psicopatía (que se explica más adelante), los valores caen en torno al 1 por ciento entre la población en general. Quiero ser conservador y utilizar este último dígito para representar el problema global que representa el psicópata para la sociedad, si bien has de tener en mente que entre las profesiones que «tocan el poder» el porcentaje es muy superior.

Extrapolemos estos datos para nuestro país. Si estimamos que en torno a un 15 por ciento de la población penitenciaria presenta una psicopatía, y tomamos en cuenta que esta ronda en torno a los 55.000 presos, esto significa que solo unos 2.000 de ese 1 por ciento están bajo control. En otras palabras, hay aproximadamente 468.000 psicópatas integrados (el 1 por ciento de 47 millones de habitantes menos los 2.000 encarcelados) recorriendo nuestras calles y con voto en los diferentes envites electorales. La gran mayoría de estos no son criminales, pero sí responsables de prácticas de abuso, explotación y daño moral a otras personas. Por ende, no es infrecuente que los psicópatas integrados incurran en infracciones administrativas o incluso penales (acoso, abuso de autoridad, violencia psicológica, tráfico de influencias y un largo etcétera), pero con frecuencia pasan desapercibidas. Hay varias razones para esto: en ocasiones las personas afectadas no denuncian por los costos que esto supone (financieros y anímicos); otras veces tienen muy poca confianza en que su caso pueda probarse satisfactoriamente en los tribunales, y finalmente hay mucha gente que teme ser objeto de represalias, sobre todo en el ámbito de la familia o de las empresas y organizaciones.

Dicho esto, no debemos olvidarnos de ese otro 5 por ciento que ya hemos comentado que hace referencia a la población general. Aunque, como mencioné anteriormente, según el test más exigente, la cifra correcta de psicópatas sea 1 por ciento, este 5 por ciento muestra una tendencia a la psicopatía. Es decir, con toda probabilidad, en esos dos millones casi de españoles que tendríamos que añadir a los 468.000 ya contabilizados nos encontraremos con individuos *dentro del espectro de la psicopatía*, seguramente con una intensidad menor en sus cualidades o rasgos psicopáticos, aunque tampoco podemos despreciar que haya mucha gente que tenga una psicopatía tan intensa como la correspondiente a ese 1 por ciento.

En el transcurso de este libro, cuando hable de psicópatas en general, me referiré a ese núcleo más estricto del 1 por ciento. Mientras que si utilizo la expresión (o una variedad de ella) «sujetos que están (o pueden estar) dentro del espectro de la psicopatía», quiero decir que, al menos, estarían situados dentro del 5 por ciento psicopático.

DOS RAZONES PARA LA ALARMA

¿Por qué representa un motivo de alarma sobre todo ese 1 por ciento? Por dos razones. La primera es *su potencial destructivo directo*: cuando ostentan poder financiero o político, pueden hacer un daño inmenso a la sociedad, y de hecho en este recorrer del siglo XXI hemos recogido pruebas concluyentes acerca de ese efecto nocivo. Dicho esto, tampoco podemos despreciar el daño que pueden ocasionar en el transcurso de una vida más ordinaria, particularmente a su familia (sin que sea necesario que exhiban violencia física), o en el ejercicio de su profesión, lo que es más cierto en aquellas actividades que tienen influencia sobre el carácter y la vida de muchos, como son los profesores, jueces, militares, médicos, sacerdotes, psicólogos, *influencers*, etc.

En ese 1 por ciento hay sujetos con mayor capacidad de hacer daño que otros. Los psicópatas varían mucho a la hora de ejercer su necesidad de control y poder, y algunos pueden recurrir a una violencia extrema en determinados momentos (dejando de ser integrados para convertirse en criminales identificados, sobre todo si son llevados ante la justicia, lo que no ocurre muchas veces), mientras que otros pueden contener mejor sus impulsos hostiles y canalizarlos de forma más sutil, por ejemplo, mediante el engaño o el acoso. Finalmente —y en el ámbito de la política— también hay que contar con el hecho de que existen sociedades donde hay más defensas y controles frente al abuso de poder, de tal manera que no es lo mismo que un psicópata lidere Estados Unidos (como Donald Trump) que Rusia (Putin), ya que el primero es un país de larga tradición democrática, mientras que el segundo sigue siendo un estado fuertemente autocrático. En otras palabras, a la hora de evaluar el riesgo que supone la psicopatía hay que atender tanto al potencial destructivo del individuo como a los recursos con los que cuenta y la situación en que se encuentra.

Esta capacidad de destrucción directa es posible porque *podemos considerar al psicópata como el ser más preparado para realizar el mal.* Con el concepto de «mal» no tenemos que recurrir a complicadas teorías sociológicas o filosóficas para saber a qué me refiero: si lees de nuevo la cita que encabeza esta introducción tendrás una comprensión transparente de lo que quiero decir. Además, la investigación científica derivada de los estudios sobre criminalidad, psicología política y empresarial, y en otros muchos ámbitos (conflictos bélicos; abuso infantil y de la tercera edad; violencia de género...), coincide en este punto: el psicópata es el ser más dañino y reincidente.

No hace falta ser un experto para atisbar indicadores de la personalidad psicopática. Por ejemplo, ante una noticia como esta, en la que la Policía captura a un grupo dedicado a traficar y esclavizar a jóvenes rumanas, a las cuales —si no alcanzaban los 400 euros de beneficios al día— les «rapaban la cabeza y les obligaban a dormir en el suelo debajo de la cama del proxeneta»,[3] la mayoría de la población es capaz de percibir un trato degradante, pero eso no es todo, ya que estas mujeres también eran forzadas «a salir desnudas al balcón en pleno invierno; o directamente eran "condenadas" a recibir latigazos con cables de teléfono». No, no necesitas ser un experto para comprender que estos actos son malvados, y sus autores una desgracia para nuestra especie. Un comportamiento de esta naturaleza nos faculta para presumir de modo razonado que estos traficantes son psicópatas (o sociópatas; en breve veremos la diferencia) porque poseen el sadismo tan característico de esta condición, la cosificación total de las chicas, *su renuncia explícita a considerar el atributo moral por excelencia: la dignidad*. Esto mismo puedes verlo en el comportamiento de psicópatas integrados que, ante los ojos de todo el mundo, parecen tipos estupendos, solo que no habrá latigazos o rapado de cabeza, pero sí un ataque insidioso y cruel a la autoestima de su presa, a su modo de pensar, a sus valores e ideales, a sus derechos... con el mismo resultado de degradación personal y quizás colapso mental. Recurriendo a la documentación existente y a mis archivos personales, voy a procurar que te hagas una idea clara de lo que estoy hablando y comprendas las múltiples formas en las que los psicópatas lideran el mal en el mundo.

En pocas palabras: el psicópata representa la imagen ancestral del sujeto al servicio del mal. Él (o ella) es quien encarna el modelo del ser malvado que está con nosotros desde el mismo origen de nuestra especie, lo que se comprueba de modo sencillo con la lectura de algunos de los libros canónicos de nuestra historia. Por ejemplo, en el siglo XVI muy poco se sabía de psiquiatría o psicología. ¿Cómo es posible entonces que Shakespeare dibujara modelos casi perfectos de lo que hoy la ciencia entiende por un psicópata? ¿De dónde extrajo los rasgos de ego inflado, manipulación, crueldad y ausencia de todo principio moral que nos estremece cada vez que leemos su descripción de personajes como Claudio (el tío de Hamlet), Yago, Macbeth o Ricardo III, y que son los rasgos esenciales de la psicopatía? La respuesta es que el bardo utilizó su intuición genial de artista para poner en palabras a un tipo de ser que, con el devenir de los siglos, ha configurado en nuestro imaginario colectivo el prototipo del malvado, un arquetipo que, en sus variadas formas, y desde el origen de nuestro género *Homo* (hace dos millones de años aproximadamente), ha conformado desde siempre una parte de nuestra realidad.

Junto a su capacidad para dañar o destruir a las personas es igualmente importante dejar constancia de su *potencial corruptor de la sociedad*, al erigirse como modelo y posible inspirador de formas de pensar, sentir y actuar que, lejos de marcar un camino hacia el progreso del individuo y la sociedad, contribuye, en calidad de *ejemplo negativo*, a promover la falsedad, el engaño y la crueldad en el tiempo en el que vive y, con ello, la desconfianza y la hostilidad. Me baso aquí en la obra del filósofo español Javier Gomá, que ha establecido de modo riguroso que, a la pregunta esencial de cómo hemos de vivir, la respuesta se encuentra en el imperativo moral que tiene toda persona —por el hecho de serlo— de esforzase para que su comportamiento sea un ejemplo positivo para los demás, ya que, se quiera o no, nuestra existencia está desde el nacimiento interconectada con la de otras muchas personas, de modo tal que no podemos dejar de ser ejemplos los unos para con los otros.[4] De esto se sigue que, en la medida en que el modo de ser del psicópata se presente como algo deseable en la comunidad, su potencial para emponzoñar los valores y metas de la convivencia y de sus instituciones lo convierte en el enemigo más acérrimo de la humanidad, ya que degrada el horizonte moral del ciudadano. Pues, en suma, al psicópata le es ajeno lo propio del hombre: su dimensión espiritual y moral, fluir en su desarrollo humano como un ser con *un propósito trascendente*, esto es, que mira por un bien superior al de su mera existencia limitada en el tiempo.

En este libro argumentaré que la psicopatía es uno de los problemas más graves que tiene la humanidad, dado que muchas personas que ostentan un gran poder pueden clasificarse dentro del espectro de esta condición, sin olvidar los actos dañinos que son propios del psicópata, más allá del poder social que ostenten. Para concretar, verás conmigo ejemplos y argumentos que pondrán de relieve la amenaza que representa el psicópata. Dichos argumentos son, en síntesis, estos diez:

1. Psicológica y fisiológicamente están mejor adaptados para violentar y abusar de sus semejantes. Tienen paciencia y habilidad para seleccionar a sus presas.
2. Carecen de principios morales que regulen su comportamiento.
3. Están emocionalmente desconectados de los demás, lo que les permite dañar sin sentirse mal.
4. Su capacidad de manipular y de fingir que son «buenas personas» o «líderes visionarios» les facilitará ostentar puestos de gran responsabilidad en empresas o instituciones públicas, sobre todo si son del tipo psicópata primario controlado, como veremos más adelante.
5. Son expertos en sortear los filtros de censura moral de las relaciones sociales y de las instituciones, tanto públicas como privadas.
6. Aun cuando son identificados, con frecuencia han desarrollado una cohorte de admiradores y protectores, o han llegado a ostentar tal grado de poder que resulta muy difícil neutralizarlos.
7. Nuestra sociedad es propicia para el desarrollo del psicópata y de su modo de vida. Esto es debido a que tiende progresivamente a sustituir los valores de solidaridad y responsabilidad compartida en el logro del

bienestar general por la competencia individualista tras el éxito material como valor central. En otras palabras, al hurtarse como eje central de la persona el logro de una vida con propósito o sentido existencial, se anima al individuo a que haga suyo y prospere en un mundo nihilista y sin metas trascendentes, lo que le condena a una pobre realidad humana, que es el escenario donde vive el psicópata.

8. La educación de las nuevas generaciones desatiende el «lado oscuro» del ser humano y tiende a infantilizarlas. Lejos de profundizar en promover la resiliencia —la capacidad de superar obstáculos e infortunios para lograr una vida con propósito—, nos volcamos en que nuestros hijos «no sufran» contrariedades o decepciones, que no se expongan a contenidos «ofensivos» que puedan «lastimarles psicológicamente» y que, en suma, procuren pasar por la vida sin muchas dificultades. Sin embargo, como veremos en su momento, el dolor, el mal y la incertidumbre hacia lo desconocido son bien reales, y obrando de este modo hacemos de nuestros niños víctimas más fáciles de los psicópatas.

9. La violencia psíquica o física, desde el acoso y la humillación hasta la destrucción total, es una alternativa preferente en su manual de «resolución de problemas». Una de las razones de esa preferencia es el disfrute que obtienen al obrar de este modo, más allá de que su naturaleza es la óptima para el uso de la violencia y la coacción.

10. El psicópata es el ser más preparado para hacer realidad las peores distopías de la humanidad, dado que no reconoce ni es capaz de experimentar la esfera espiritual del ser humano. Por «espiritual» entiendo la dimensión humana que busca encontrar un sentido o propósito a su existencia, donde anidan los valores e ideales que promueven la conexión con los

otros, con la naturaleza (o el universo) y permite el disfrute de la belleza en su sentido más pleno.

Para él solo hay dos tipos de personas: los depredadores y las víctimas. Nosotros tenemos una tercera narrativa: *somos protectores, de nosotros mismos y de los demás.* Este es un libro basado en la investigación que pretende, ante todo, que te hagas las preguntas adecuadas acerca de tus valores y el tipo de personas con el que te quieres relacionar. Si decides que no te agrada para nada el modelo de vida que representa el psicópata y te ha tocado enfrentarte a él, tengo dos buenas noticias, a las que podríamos denominar los dos principios de la lucha contra el psicópata:

- *Primer principio:* Toda persona está capacitada para detectar y neutralizar a un psicópata. Lo que se requiere es que dispongas del conocimiento y actitudes adecuados, tengas presentes tus valores y hagas un uso inteligente de tus emociones (en especial del coraje) y de tus relaciones personales para hacerle frente.
- *Segundo principio:* El psicópata no tiene superpoderes, ni es el «genio del mal» que habitualmente —por propósitos de interés dramático— se representa en los productos culturales. En general, el psicópata, cuando tiene éxito, es más por debilidades o errores nuestros que por sus aciertos. *Es un superviviente como una variedad psicológica de nuestra especie* que, desconectado del mundo de los afectos y de la responsabilidad moral, aprende a perseverar en sus trucos y engaños y, en su dedicación plena a esta tarea, es capaz de disponer siempre de una población de víctimas vulnerables.

Este libro desarrolla todas estas ideas en un estilo que pretende ser de fácil comprensión y, al tiempo, riguroso en su contenido. Si he tenido éxito, lo leerás con una mezcla de diferentes emociones: interés, fascinación, indignación y, en algunos puntos, horror. *Pero sobre todo quiero que sientas esperanza, energía y coraje.* Que puedas haber sacado conclusiones importantes para ti, tu vida profesional y familiar, y tu rol como ciudadano. «Muchas batallas se pierden por no haber comprendido bien al adversario a quien se pretende combatir», escribe el pensador francés Daniel Innerarity.[5] Y continúa diciendo que, a ser posible, «debemos hacer ese esfuerzo antes de que sea demasiado tarde, cuando ya solo cabe lamentarse de no haberlo hecho antes».

Esta obra consta de seis capítulos y un epílogo. En el primero y segundo me dedico a presentarte los aspectos más destacados de la personalidad psicopática, sus variedades y diferentes manifestaciones. Los tres capítulos intermedios se ocupan de los tres ámbitos fundamentales donde actúan y causan un gran mal: la familia, las empresas y organizaciones y, finalmente, la política. En el capítulo sexto me detengo en la lucha contra esta conducta, donde expondré la terapéutica y filosofía personal de Viktor Frankl, cuya obra me parece fundamental para desarrollar una pedagogía preventiva frente a la psicopatía.

NOTA 1: Las transcripciones que figuran en el libro han sido editadas en su forma para su mejor comprensión y lectura, pero no en su contenido. Por otra parte, dado que hay una mayoría de hombres psicópatas que mujeres (aproximadamente siete de cada diez), utilizaré el masculino de forma genérica, aunque en ocasiones recurriré a la expresión «él (o ella)» para recordar que el comportamiento que describo puede corresponder a cualesquiera de los dos. Finalmente, aclarar que siempre se han utilizado seudónimos para los casos reales que analizo, excepto cuando estos hayan sido revelados previamente en los medios o sean figuras de pública notoriedad.

NOTA 2: Soy consciente de que un diagnóstico cabal de psicopatía requiere la posesión de una amplia información sobre el sujeto. Como es lógico, cuento con esa información cuando me refiero a personas que surgen de mis archivos personales de investigación. Ahora bien, entiendo que es legítimo ofrecer una valoración de psicopatía siguiendo el método psicobiográfico, de larga tradición, en atención a la abundancia de información que existe con respecto a determinadas personas, ya que los registros actuales en el ámbito digital y la presencia de múltiples fuentes de información permiten una perfilación indirecta de la personalidad y sus posibles aberraciones o patologías. Un ejemplo de esto es Donald Trump, a quien prestigiosos psiquiatras han cali-

ficado —e incluso han escrito libros al respecto— de psicópata o, al menos, de narcisista patológico. En todo caso,
cuando no exista esa información tan abundante pero los
comportamientos de un personaje tengan un inequívoco
carácter psicopático, me referiré a esta circunstancia valo-
rando tales acciones como indicadoras de una posible o
probable psicopatía. Más allá de esto, no está en mi ánimo
—con la excepción, repito, de los casos de mis archivos personales— ofrecer diagnósticos clínicos, sino revelar pautas
de comportamiento propias de la psicopatía, sin necesidad de
que la persona que las presenta alcance el umbral de lo que
exigiría un diagnóstico clínico o forense completo.

Capítulo 1

Se presenta el psicópata

> ¿Cómo puedo no conocer hoy tu rostro mañana, el
> que ya está o se fragua bajo la cara que enseñas o bajo
> la careta que llevas, y que me mostrarás tan solo cuan-
> do no lo espere?
>
> JAVIER MARÍAS, *Tu rostro mañana*

EL SUBMARINO

Axel es delgado; mira nerviosamente, con ojos escrutadores.
En torno a los treinta años, me cito con él en una cafetería
en Valencia, junto a la plaza de la Virgen, llena de palomas,
mucha gente transitando y algunos turistas que se hacen fotos. Es una tarde de abril, no hay mucha gente en el local y
podemos hablar sin que nadie nos oiga, lo que es importante porque, según me ha comunicado en varios correos inter-
cambiados en los últimos meses, está muy angustiado: puede que él sea un psicópata y —esto es con mucho lo
peor— «quizás *quiera* matar a alguien».

Normalmente no me hubiera citado con él: una regla
que tengo es declinar en principio todas las ofertas de gente de toda España que me solicita reunirse conmigo en
persona o por internet, con objeto de contarme algo «muy
importante». Procuro solucionar las consultas por correo

27

electrónico, y solo accedo excepcionalmente a encuentros virtuales o presenciales después de haberme asegurado de que el solicitante del contacto no alberga intenciones malévolas y que mi intervención puede marcar la diferencia. Pero este hombre, después de un toma y daca prolongado, se ganó mi atención, así que ahí estaba con él, dispuesto a escucharle.

«¿Conoce la historia del submarino, en Dinamarca?», fue lo primero que me preguntó, después de un apretón de manos y agradecerme que hubiese aceptado el encuentro. Al cabo de unos segundos le dije que sí, cómo no, uno de los crímenes más interesantes del presente siglo cometido en Europa. Kim Wall era una periodista sueca de treinta años que trabajaba por su cuenta y que tenía una amplia experiencia. Había escrito reportajes de investigación desde Uganda, Sri Lanka o Cuba para medios importantes, y en su formación figuraban títulos académicos de Londres y Nueva York. El 14 de agosto de 2017 concertó una cita con Peter Madsen, inventor de un submarino de tamaño reducido para uso privado. Madsen era bien conocido por la opinión pública danesa, ya que confluía en él una imagen poliédrica y un punto enigmática, resultado de sus apariciones en los medios como un genio extravagante, capaz de inventos improbables, al tiempo que tenía ese aire de inconformista que nos atrae por no seguir la vida preconfigurada por el sistema.

Supongo que a Kim, que se afanaba en buscar aquello que «estaba detrás de la noticia», según declaró luego su padre, le atrajo tanto la personalidad de Madsen como el invento del submarino. Así pues, cuando el danés la invitó a dar una vuelta en su Nautilus, ella ni se lo pensó. ¿Cómo sería tener un submarino propio, como el que dispone de un barco, y poder desplazarse debajo de la superficie del mar para viajar a los diferentes puertos de destino? Por desgracia, la aventura tuvo un final del todo inesperado. Kim no volvió a aparecer viva. Según contó Madsen a la policía, al poco tiempo de zarpar del puerto de Copenhague, el submarino se hundió. Madsen fue rescatado a la mañana siguiente, pero no se encontró rastro alguno de Kim, hasta que un ciclista descubrió su torso mutilado en una playa el 21 de agosto. Después de una exhaustiva y épica búsqueda, la policía fue capaz de recuperar en el mar la cabeza, las piernas y la ropa de la periodista.

Madsen ofreció diversas y estrambóticas explicaciones para dar cuenta de lo sucedido en el submarino y de cómo acabó el cuerpo de Kim en esas trágicas circunstancias, pero el tribunal no le creyó. La condena tras el juicio fue de cadena perpetua, algo inusual en Dinamarca, bajo los cargos de agresión sexual, tortura y asesinato. La defensa de Madsen calificó el relato del fiscal como «una historia de miedo construida sin pruebas», solo suposiciones. Pero el estado del cadáver hablaba por sí solo: si Kim había muerto «por accidente», según declaró el acusado, ¿por qué trocearlo y pretender que nunca se recuperara? Madsen aún sobresaltó a la opinión pública en una siguiente ocasión, cuando, tras tomar como rehén a la psicóloga de la cárcel, logró alcanzar la puerta y huir campo a través. Por fortuna, solo estuvo libre unas horas.[1]

«Sí, me acuerdo del caso del submarino», le dije a mi acompañante. «Pues bien —siguió—, yo vivo con una chica desde hace un año, y a veces... me he sorprendido a mí mismo pensando en..., ya sabe..., en matarla. No me puedo quitar de la cabeza que Madsen tuvo que pensar *mucho* sobre lo que hizo antes de hacerlo..., ¿comprende?» Siguió contándome que pensaba en eso en forma de *flashes* que le venían súbitamente, ocupando su mente, y que, cuando esto pasaba, se quedaba absorto. Le venían imágenes del cuerpo de su chica partido; otras veces, de este flotando en el mar. ¿Era él un psicópata? ¿Su pareja corría peligro? Lo tranquilicé diciendo que era muy improbable que fuera un psicópata homicida, porque si lo fuera no estaría angustiado por esas visiones ni, desde luego, me hubiera puesto sobre aviso. Comprendí que su problema era otro; sin duda tenía una personalidad desajustada y probablemente un trastorno obsesivo, pero lo que procedía era asegurarse de que nadie resultara herido. Como no podía confiar en que él hiciera lo que yo quería que hiciera, estuve convenciéndole durante un buen rato para que me permitiera ayudarle: le dije que no era un psicópata pero que aun así necesitaba ayuda profesional. Así que le pedí que llamara a su compañera para que tuviera una breve conversación conmigo, a lo que accedió; al fin y al cabo —dijo, de modo algo incongruente con la situación que le había llevado ante mí— ella también me conocía por mis apariciones en televisión, así que «le dará una grata sorpresa si la llama». Así lo hice, y pude aconsejarla sobre lo que tenía que hacer. Ella me aseguró que lo haría y que se pondría en contacto conmigo si lo veía necesario. Seguí conversando con Axel un rato más, y, antes de despedirnos, le recomendé calurosamente que siguiera los pasos que le había indicado en relación con su obsesión.

Hasta la fecha creo que nada irreversible ha sucedido: la pareja de Axel no se puso en contacto conmigo. Ignoro si continúan juntos, pero mi seguimiento de la sección de sucesos en los medios no me ha puesto sobre la pista de lo que podría haber sido un homicidio derivado de este caso.

En este capítulo me detengo a presentar la psicopatía y sus variedades en términos de su reconocimiento por parte de la sociedad. También me encargo de asociar la psicopatía con otros conceptos relacionados pero diferentes. A continuación, me ocupo de una serie de cuestiones que son motivo de confusión y debate entre los investigadores y el público interesado en este ámbito, lo que incluye, entre otros aspectos, la psicopatía en las mujeres.

Psicópatas criminales identificados

El caso de Peter Madsen es un ejemplo de un psicópata criminal que estalla de modo inopinado con un crimen de gran violencia. Estos individuos suelen tener un ambiente normalizado, más allá de los problemas o tensiones que pueda haber en sus hogares (y que comparten millones de personas). Un ejemplo más cercano fue el homicidio múltiple cometido por Patrick Nogueira en Pioz (Guadalajara), donde por mero despecho hacia sus tíos acabó con sus vidas, así como con las de sus dos primos. Otras veces el crimen es el medio o instrumento de un producto tardío de la ambición, como ocurre en los casos de los psicópatas que, hartos de estar escasos de dinero, deciden cometer un asesinato para lucrarse y poder seguir su tren de vida desenfadado. Fue el caso de Óscar, a quien entrevisté en prisión como consecuencia de un estudio que estaba realizando. Óscar había estado varios años en Sudamérica realizando «muchos negocios de aquí para allá», según me dijo. Tenía treinta y dos años, y hacía dos que había sido condenado por el homicidio de un (aparentemente) socio de una nueva aventura empresarial que había buscado tras regresar de su periplo americano. Todo parece indicar que dicha operación nunca llegó a existir, y que Óscar lo mató cuando este le exigió los 200.000 euros que le había prestado para financiar el supuesto negocio. Pasé un rato «divertido» con él; era dicharachero y ocurrente, y me contó muchas anécdotas de sus años americanos, en los que resultaba evidente que su única pretensión fue vivir sin trabajar, muchas veces de mujeres adineradas y otras de préstamos y pequeñas estafas que nunca le reportaron más consecuencias que quizás tener que huir apresuradamente de donde estaba residiendo. La relación con su familia era inexistente desde hacía muchos años. Él me dijo que el homicidio que le llevó tras las rejas fue justificado, porque, según me refirió con mucho énfasis y gesticulando: «Yo le dije que ahora no podía devolvérselo, que estaba invertido en espera de sacar una rentabilidad que nos diera una mejor *chance* de empezar nuestro negocio. Pero él se volvió como loco, cogió un cuchillo y me atacó. Solo me defendí». La policía encontró en su domicilio 30.000 euros; supuestamente era lo que le quedaba del dinero de su socio. Nunca explicó qué había pasado con esa supuesta inversión, ni cómo se había gastado el dinero restante.

La figura 1 muestra un gráfico donde vemos las variedades del psicópata. Estos dos ejemplos —el asesino múltiple de Pioz y Óscar— ilustrarían la categoría de los psicópatas que se revelan tardíamente mediante «crímenes explosivos o instrumentales tardíos».

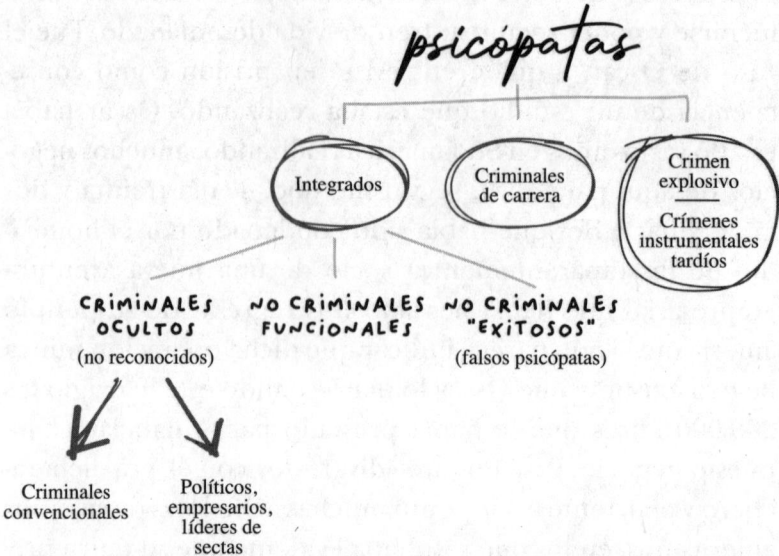

FIGURA 1. Clasificación de los psicópatas.

No obstante, el tipo criminal más habitual de los psicópatas que pisan la cárcel es el del delincuente crónico, que surge en un ambiente de marginación, que desafía las normas sociales desde la infancia o la adolescencia y que progresa hacia la edad adulta acumulando delitos y condenas. Antonio Anglés, el asesino principal de las jóvenes de Alcàsser (Valencia), a las que secuestró, torturó, violó y asesinó junto con Miguel Ricart, es el ejemplo paradigmático de la casilla correspondiente a «criminales de carrera». Los psicópatas son los más versátiles, violentos y reincidentes de entre los delincuentes habituales.[2] Su potencial de violencia puede ser muy grande si forman parte —como secuaces o como líderes, pero sobre todo en este último caso— de bandas de crimen organizado, lo que les daría acceso a poder infligir un gran daño a muchos individuos, ya sea por medio del tráfico de personas o de drogas, redes de explotación sexual y otras actividades criminales, por desgracia en auge gracias al mercado globalizado del que disfrutamos. Sin duda Pablo Escobar sería un buen representante del poder destructivo del líder psicópata de un cartel poderoso.

Psicópatas integrados

Ahora bien, si la prevalencia de la psicopatía se estima en torno al 1 por ciento de la población, es evidente que muchos no son delincuentes habituales, ni mucho menos asesinos o asesinos seriales, como podría entenderse de la imagen que se deriva de los medios de comunicación y los productos culturales (singularmente, literatura, series de televisión y películas).

En realidad, la mayoría de los psicópatas son del tipo integrado, lo que significa que, a pesar de que tienen una personalidad con los rasgos típicos de la psicopatía, *no ha existido* —por su círculo de relaciones o por el Estado a través de su identificación como delincuentes— *un proceso de identificación como tales*. A su vez, el subtipo integrado presenta diferentes posibilidades, que vamos a explorar a continuación.

Empezando por la casilla de su izquierda tenemos a los psicópatas integrados criminales que ocultan una violencia muy grave o insidiosa («criminales ocultos no reconocidos»). Su familia y amigos no saben que es un psicópata que, de forma oculta, comete crímenes graves. Sabemos por los medios y la cultura popular que los violadores y asesinos seriales en muchos casos tienen una vida normalizada, con familia, empleo y amigos, lo que explica la habitual sorpresa con que reaccionan los que les frecuentaron al saberse que tenían una «doble vida» en la que cometían actos abyectos e ilegales. También incluiríamos aquí a una parte de los que agreden recurrentemente a sus parejas o a sus hijos (puesto que no todos los agresores familiares son psicópatas), muchas veces mediante una agresión psicológica permanente más que con la violencia explícita. Un ejemplo paradigmático de esa «doble vida» de psicopatía integrada, donde el crimen se esconde tras una fachada virtuosa, es el que sigue a continuación.

No conocí personalmente ni tuve relación alguna con Martín Vigil, un sacerdote que alcanzó una gran fama como escritor y orientador espiritual de varias generaciones de la época franquista, pero su capacidad de abusar de numerosos jóvenes mientras llevaba a cabo de modo tan público y exitoso su apostolado mediante su presencia en los medios me hace sospechar que la psicopatía bien podría ser su diagnóstico. Aunque son varios los casos de abusos sexuales cometidos por sacerdotes que han tenido grandes repercusiones en diferentes países del mundo, la investigación llevada a cabo por el periodista Íñigo Domínguez supuso una gran conmoción para muchos de los españoles (y fieles de Sudamérica, adonde también llegaban sus libros) que tuvieron en Martín Vigil a un faro del cristianismo más moderno y social. Pero todo era fachada. El escritor Antonio Muñoz Molina dijo a este respecto:[3]

El depredador tiende con destreza su trampa y espera paciente a que caiga en ella la víctima. Su ventaja no es la fuerza física, sino la astucia de elegir la presa más débil. En un piso del barrio de Salamanca que imaginamos antiguo y caverno-so, el maestro escribía cartas y tendía cebos, experto tejedor de su tela de araña, y aguardaba el sonido del timbre, la llega-da del elegido —en algún caso también la elegida—, el desig-nado de antemano, el más herido, el más necesitado de lo que el maestro le había prometido, el profeta impostor, el lobo bajo una piel de cordero.

Tal y como relató Íñigo Domínguez en uno de sus artícu-los,[4] Sandra era una chica de quince años con problemas que había leído el libro más famoso de Martín Vigil, *La vida sale al encuentro*, publicado en 1955 y un superventas duran-te décadas, el cual le produjo un enorme impacto. Según le contó Sandra a Domínguez:

> Mi familia era complicada. Me refugiaba en la lectura. El li-bro me tocó muchísimo. Me imaginaba qué me diría a mí el protagonista del libro, el padre Urcola, cómo me ayudaría con mis problemas. Y había algo llamativo en sus libros: al final apa-recía su dirección y su teléfono. Vivía en Madrid, en la calle Ve-lázquez. Así echaba la caña para pescar a sus víctimas. Así acaba-mos muchos menores en sus manos, sobre todo chicos, pero también alguna chica, como yo. [...] Él fijaba las citas, lo tenía organizado, yo era la chica de los jueves. Me decía que no lo comentara con nadie, porque los adultos no iban a entender lo nuestro, que era muy especial. Y era sacerdote, era famoso, muy culto, hablaba muy bien, te convencía de que era algo correcto.

Martín Vigil murió olvidado, junto con sus otrora tan populares libros, hace más de diez años en una residencia de ancianos, pero como apunta Muñoz Molina: «Todavía hay personas marcadas para siempre por ese delito sin excu-sa que es la vulneración y el abuso de los indefensos».

Sin embargo, aunque los delitos que podemos llamar «convencionales» de los psicópatas criminales (identificados) y de los psicópatas criminales ocultos (integrados) sean lamentables y una gran lacra para la sociedad, no podemos despreciar de ningún modo la violencia y destrucción que puede provenir de este otro grupo de psicópatas integrados, que conforman la casilla siguiente del gráfico: los que ejercen la política o lideran empresas y consorcios financieros, particularmente los primeros, así como los líderes de sectas destructivas. Estos psicópatas pueden estar ocultos de dos modos.

La primera forma de ocultamiento incluye a poderosos hombres de negocios o líderes de corporaciones, y se resume en que, porque son individuos que tienen un gran prestigio social y una gran capacidad para el fingimiento y la manipulación, nadie se imagina que, tras su facha de éxito, se esconde alguien cuya única pretensión es la de robar o estafar, principalmente. Fue el caso de Bernard Madoff, que tenía engañados a inversores de todo el mundo y a la Comisión de Valores de Nueva York mientras realizaba la mayor estafa piramidal de la historia de Estados Unidos (Madoff y otros serán analizados en el capítulo 4).

Como veremos en su momento, si bien los empresarios poderosos no tienen la capacidad de cometer los crímenes de los políticos psicópatas, su potencial de dañar a la sociedad es también enorme. Además del caso citado de Bernard Madoff, en años transcurridos en el presente siglo han salido a la luz otros casos de empresas que, como Enron, han provocado grandes males en la economía de muchos países (y con ello, mucho sufrimiento en los ciudadanos), debido a que contaban con psicópatas como responsables y directores ejecutivos de los consejos de administración. Y aunque la gravedad de sus acciones no influya sobre la economía mundial, con frecuencia el resultado de sus prácticas ilegales es la ruina de los accionistas e inversores en la firma, lo que puede alcanzar a miles de personas.

El segundo modo de ocultamiento incumbe a los políticos y a los líderes de sectas. Ambos tienen en común que muestran su psicopatía y muchos de sus desmanes (e incluso crímenes) de modo público, o al menos no se esfuerzan demasiado en ocultarlos, pero *su audiencia* —la gente a la que supuestamente tratan de beneficiar— *no les considera ni psicópatas ni criminales.* En el caso de los políticos, piensa en Donald Trump o en Vladímir Putin (que se analizan en el capítulo 5). El primero es muy probable que vuelva a ser presidente de Estados Unidos en noviembre de 2024, lo que nos revela que para al menos la mitad de sus ciudadanos Trump es un tipo estupendo. Y en el caso de Putin, muchos rusos le apoyan sin fisuras. Los ejemplos de esto son abrumadores en la historia: para Alemania, la Unión Soviética y para China, Hitler, Stalin y Mao Zedong, respectivamente, fueron caudillos mesiánicos en su tiempo, mientras que en la actualidad hay un consenso unánime entre los historiadores acerca de que fueron despiadados psicópatas responsables de crímenes contra la humanidad.

Por desgracia, esos ejemplos han tenido continuidad hasta nuestros días y a estos líderes les han seguido muchos otros, como Sadam Huseín, Gadafi, Idi Amin, Pol Pot, Milošević o Rafael Trujillo. Si el líder de un país es un psicópata, su capacidad de destrucción no tiene igual, particularmente si están al frente de un régimen autocrático o dictatorial, ya sea heredado o impuesto por este.

Por lo que respecta a los líderes de sectas, un ejemplo muy notable fue el del reverendo Jones, responsable último de la masacre de sus fieles en Jonestown en 1978, en La Guyana. La historia, por desgracia, nos ha deparado otros muchos ejemplos, como el protagonizado por el autoproclamado «cordero del apocalipsis» David Koresh, quien en 1993 consiguió exterminar a sus propios fieles de la secta de los davidianos (con la ayuda inestimable de las autoridades federales de Estados Unidos, que no supieron manejar adecuadamente la crisis),[5] o más modernamente la secta conocida como NXIVM (léase «Nexium») que tenía como integrante destacada a la popular actriz por su papel en la serie *Small-*

ville, Allison Mack, encargada de reclutar esclavas sexuales para su jefe, Keith Raniere.[6] En las sectas, la gente seducida por el psicópata es mucho menor que en la política, pero al igual que ocurre con los ciudadanos que apoyan a un presidente psicópata, sus integrantes consideran al líder como alguien excepcional, y solo cuando escapan y se liberan de las creencias irracionales que albergaban son capaces de ver la realidad, dando lugar muchas veces (pero no siempre) al apresamiento del líder y su posterior condena penal e identificación como psicópata.

Dos tipos de psicópatas integrados no delincuentes

Finalmente, siguiendo la fila de los psicópatas integrados, vemos que hay dos tipos de psicópatas no criminales o delincuentes. El primero agrupa a los psicópatas «funcionales», sujetos que tienen los rasgos de la psicopatía pero que no ostentan poder en la sociedad ni han cometido delitos. Esto no implica que sean inofensivos: dada la naturaleza de la personalidad psicopática, su falta de conexión emocional y ausencia de sentimientos de culpa asociados a los principios morales hacen de ellos una fuente de infelicidad y de miseria existencial para los que forman su círculo de relaciones familiares y conocidos (no escribo «amigos» porque rara vez llegan a tenerlos o los pierden cuando estos se hartan de soportarlos). Son personas que no aportan nada a la calidad de vida de los que los tratan: maridos que mienten de forma reiterada, que se sirven de los otros para su propio beneficio, que manipulan para obtener ventajas en el trabajo, que ven a los hijos como un medio de aparentar ser buenas personas y padres pero que en verdad no les importan, que usan la amenaza o tácticas de descrédito para controlar su ambiente más cercano, ya sea en el hogar o en el empleo. También es habitual que en su juventud hayan cometido actos denigratorios contra otras personas más débiles, como *bullying* en la escuela, o haber abusado de indigentes o de gente «diferente».

El último grupo incluye a los psicópatas «exitosos», cuya realidad está por ver, por más que hay una parte de la investigación actual que asegura que es posible que un psicópata tenga éxito en la escala social *y al mismo tiempo* no cause un mal a la sociedad. Es lo que se conoce en el debate académico como sujetos poseedores de «rasgos adaptativos» de la psicopatía. En mi criterio, un psicópata puede triunfar en la sociedad, no me cabe duda —y muchos de los ejemplos que he mencionado son de personas que habían triunfado de modo clamoroso—, pero eso no excluye que su legado sea muy dañino para el conjunto de ciudadanos. En otras palabras, el adjetivo «exitoso» aplicado a gente como Madoff o Trump es inadecuado, porque a pesar de su éxito social *son seres fracasados para el bien común.* (El ejemplo de Ray Dalio que sigue en breve es un ejemplo de psicópata de «éxito» que resulta ser un fracaso para la sociedad.)

Soy de los que creen que este psicópata de éxito no existe, que en el caso de que tenga éxito de verdad (y por ello hemos de entender que contribuye al bien de la comunidad aunque persiga disponer de estatus y bienes) se trata de un *falso psicópata*, y que confundimos la presencia de determinados rasgos de la psicopatía —que, de forma generalmente reducida, presentan muchas personas en el mundo— con la existencia del *síndrome de la psicopatía*, puesto que para tener ese diagnóstico se hace necesario que el individuo tenga casi todos los síntomas que lo configuran de modo permanente y en alto grado.

Ray Dalio

Cualquiera que conozca a Ray Dalio solo por sus resultados económicos podría calificarlo de «exitoso». Dalio es el titán detrás del fondo de inversiones más grande del mundo, propiedad de Bridgewater Asociados. El periodista de investigación Rob Copeland ha descrito su vida en una obra reciente, y resulta demoledora, relatando el ascenso al poder que otorga el dinero de un hombre mediocre que en su camino humilló y pisoteó a cuantos tuvieron la desgracia de trabajar para él.[7]

Dalio empezó siendo el cadi de un exclusivo club de golf, y gracias a su aparente inteligencia y buen carácter logró, a través de los contactos, estar bajo la protección de una familia poderosa. Después de pasar por la escuela de negocios, Dalio se hizo popular por predecir repetidamente inminentes colapsos económicos y por ofrecer un fondo (Bridgewater) que dejaría a buen recaudo las inversiones. Una previsión tan recurrente de futuras catástrofes necesariamente tenía que cosechar algunos aciertos, así que con la ayuda de unas buenas inversiones realizadas en los años noventa y en la década de los dos mil consiguió posicionar bien a su fondo, y, cuando vino el derrumbe de 2008, este se quedó como el más importante del mundo.

Ahora bien, lo que realmente resulta revelador de Dalio es lo que Copeland relata acerca de cómo dirigía su negocio y las prácticas que introdujo. Entre ellas estaban las dos siguientes: grabar las interacciones de los empleados y posteriormente someterlas a feroces revisiones en sesiones para todos donde no se escatimaba la crítica mordaz y devastadora, en aras de conseguir una «transparencia radical»; y proveer a cada empleado de una tarjeta o cromo semejante a los de béisbol, donde figuraban una serie de habilidades profesionales que eran puntuadas por sus propios colegas, y entre las cuales se encontraban las de acosar e informar a la dirección de los «errores» de los compañeros, conductas que eran premiadas por la dirección.

Sería apropiado decir que el clima laboral era paranoico e implacable con los más débiles de espíritu. Dalio dejaba ocasionalmente informes privados «olvidados» en algún lugar, y vigilaba cuáles de sus empleados se paraban a mirarlos para reprenderles severamente. En una ocasión, al encontrar unas gotas cerca de su urinario privado, encargó al jefe de seguridad que hiciera una investigación exhaustiva para hallar al responsable de ese ultraje. En otra ocasión despidió al personal encargado del aparcamiento de la empresa por diseñar tarjetas para su acceso que, a su juicio, eran demasiado grandes. Pero lo más grave era la humillación ritual que se producía en las sesiones públicas donde se enjuiciaban a los empleados que habían cometido alguna falta «grave», como haber dicho alguna mentira acerca de su vida personal o no haber podido completar una tarea que desde el principio se antojaba imposible. En las faltas consideradas «más graves» el escenario adoptaba el tono de un juicio criminal, donde era frecuente que el sometido acabara lloriqueando. Las sesiones se grababan y se revisaban posteriormente para que sirvieran de escarmiento.

Bien, es posible que Dalio haya hecho ganar dinero a sus inversores, y, de hecho, él mismo es un hombre de gran éxito desde el punto de vista de que es muy rico. Pero ¿estamos dispuestos a considerarlo un personaje digno de ser imitado? ¿Podemos decir de verdad que este hombre no es dañino para la sociedad? En mi criterio una persona que actúa de este modo no puede ser considerado un psicópata que contribuye al bien común; el éxito es el poder que consigue y el dinero que proporciona a sus inversores, pero el fracaso humano es más notable y profundo al humillar sistemáticamente a sus trabajadores.

Llegados a este punto se hace necesario entender mejor qué es la psicopatía, así como lo que no es, y para ello me detengo en analizar los rasgos que la definen y otras cuestiones que a menudo son objeto de discusión o incluso dan lugar a creencias falsas. No obstante, en el capítulo siguiente se profundiza más acerca del modo de pensar, sentir y actuar del psicópata, en un encuentro más «cercano».

La psicopatía es, dependiendo de diferentes escuelas de pensamiento, bien un trastorno de personalidad grave (sin que suponga ello una eximente o atenuante si se le procesa como autor de un delito), bien una configuración particular de la personalidad que tiene su origen en el desarrollo evolutivo del ser humano. Se caracteriza por presentar síntomas o rasgos que *de modo conjunto y con una alta intensidad* constituyen un modo de ser dañino para la sociedad. Las facetas y los síntomas que constituyen la psicopatía aparecen en la figura 2.

faceta 1	*faceta* 2	*faceta* 3	*faceta* 4
INTERPERSONAL	AFECTIVA	ESTILO DE VIDA RESPONSABLE	CONDUCTA ANTISOCIAL
Se presenta con un encanto personal falso	Ausencia de culpa	Falta de metas realistas	Conducta antisocial en la adolescencia
Grandioso sentido del yo (narcisismo)	Insensible, falto de empatía, cruel	Bajo autocontrol	Conducta antisocial en la edad adulta
Manipulador	No acepta la responsabilidad	Impulsivo	Irresponsabilidad en el desempeño de sus roles sociales

FIGURA 2. Las cuatro facetas de la psicopatía de acuerdo con el modelo desarrollado por Robert Hare.

En la figura vemos que un psicópata presenta una serie de rasgos o síntomas que pueden agruparse jerárquicamente en virtud de *la faceta de la personalidad* del sujeto que representan. Así, la *faceta 1 interpersonal* incluye el estilo de relación que define a un individuo, esto es, cómo se comporta en el trato con sus semejantes. Observamos en primer lugar un ego inflado, la creencia de que se es superior a los demás y de que merece un trato especial: desea ser admirado y rechaza someterse a las normas que rigen la vida de los ciudadanos más «corrientes». En segundo lugar, presenta una capacidad notable para aparentar tener sentimientos honestos y altruistas, lo que facilita que recurra habitualmente a tácticas manipuladoras y a mentiras y engaños para conseguir sus objetivos. La *faceta 2 afectiva (o emocional)* agrupa los rasgos que quizás conozcas más, ya que dibujan a alguien incapaz de ponerse en el lugar de los demás (empatía), que no tiene pesar de conciencia por sus actos dañinos, que tiene un bagaje emocional muy pobre o superficial (insensible), lo que le permite ser cruel con frecuencia, y que busca continuamente excusas para no asumir la responsabilidad de sus actos cuando estos son destructivos para los otros.

La *faceta 3 estilo de vida irresponsable* y la *faceta 4 conducta antisocial* también son características del psicópata, pero al mismo tiempo están presentes en muchas personas que llevan una vida marginal, inmersas en el lado «perdedor» de la vida y del delito. Por ello solemos decir que el «núcleo duro» de la psicopatía se encuentra en los síntomas de las facetas interpersonal y (sobre todo) afectiva.

LA PSICOPATÍA Y OTROS CONCEPTOS RELACIONADOS

Con frecuencia, en los medios de comunicación e incluso en textos académicos se confunde habitualmente el concepto de la psicopatía con el del narcisista (muchas veces con el adjetivo «patológico»). De igual modo se hace necesario diferenciar al psicópata de quien resulta calificado de «maquiavélico», un término que, a pesar de no estar reconocido como un síndrome, sí ha sido identificado por los psicólogos de la personalidad, quienes han descrito la existencia de una «personalidad maquiavélica». Finalmente, muchas veces se usa de modo indistinto el término «psicópata» y «sociópata». Así pues, aquí nos preguntamos: ¿es lo mismo un psicópata que un narcisista patológico, una personalidad maquiavélica o un sociópata?

43

En primer lugar, ¿en qué se diferencia un psicópata de un narcisista patológico?[8] Este, aunque también es un individuo que dispone de escasa empatía y recurre a la manipulación, presenta como nota distintiva que se cree fervientemente sus propias mentiras, lo que no hace el psicópata, quien es más consciente de sus engaños y falsedades. Además, el narcisista patológico se consume en una necesidad permanente de ser adulado mediante la obediencia y la deferencia de los otros, una necesidad que en el psicópata es generalmente mucho menor. Por otra parte, el narcisista suele mostrar una confianza irracional en sus iniciativas, algo que el psicópata controla más; de hecho, este es más capaz de escuchar consejos que le favorecen en sus planes, lo que resulta mucho más complicado en el narcisista. Finalmente, dado que el psicópata es la suma de las cuatro facetas, no necesita presentar en su intensidad máxima todos los síntomas que las componen, de ahí que podemos encontrarnos con psicópatas que tengan un narcisismo de una intensidad moderada (en el rasgo «grandioso sentido del yo»), lo que obviamente les diferenciaría claramente en estos casos de los narcisistas patológicos.

La personalidad maquiavélica (inspirada en la obra *El príncipe*, de Maquiavelo) también se halla representada en la *faceta 1 interpersonal* de la psicopatía por los rasgos de manipulador/mentiroso, pero una persona maquiavélica se define precisamente por hacer del engaño un arte más depurado, y aunque la empatía y el sentimiento de culpa no son tampoco destacables, presenta sus propias peculiaridades. En primer lugar, los maquiavélicos diseñan con tiempo y con cuidado sus esquemas de engaño, cuidan mucho cada detalle y permanecen muy focalizados en seguir el plan trazado. Además, son capaces de mantenerse en estado «durmiente» durante mucho tiempo antes de ejecutarlo. En cambio, el psicópata, debido a su mayor impaciencia, suele mostrar conductas más obvias de manipulación agresiva y de asumir riesgos que sin duda llamarán la atención. Por ejemplo, si ostenta un cargo directivo en una empresa, puede provocar una remodelación que beneficie sus intereses, aun a riesgo de que ese movimiento levante sospechas. La personalidad maquiavélica suele tener más control que el psicópata, más sujeto a actuar por impulso (*faceta 3 estilo de vida irresponsable*) si desea algo con intensidad o quiere desquitarse de un agravio recibido.[9] Finalmente, el psicópata tiene un potencial antisocial mayor (*faceta 4 conducta antisocial*): está más presto a actuar de forma rápida y expeditiva con sus enemigos mediante actos de abuso e intimidación, lo que provoca ambientes opresivos presididos por la angustia, algo que se aplica tanto en el ámbito laboral como familiar.

En resumen, el psicópata tiene un potencial para el abuso y la violencia —ya sea esta implícita (psicológica) o expresa (física)— superior a los narcisistas y a los maquiavélicos. A diferencia de los primeros, él no precisa tanta adoración por su persona, ni se cree sus propias mentiras. A diferencia de los segundos, tiene menos paciencia con los sujetos y obstáculos que puede encontrar en el logro de sus objetivos.

La psicopatía, el narcisismo y la personalidad maquiavélica se estudian muchas veces como diferentes expresiones de la llamada «personalidad oscura».[10] En la figura 3 vemos que esta tríada comparte un área común, lo que significa que ciertos rasgos son compartidos por las tres personalidades, así como comparten de modo recíproco determinados rasgos de forma bilateral. Es importante que tengas en cuenta que el psicópata en su pleno «esplendor», en su variedad de mayor autocontrol (que veremos en el capítulo siguiente), será también narcisista y maquiavélico.

¿Y qué hay de los términos «psicópata» y «sociópata»? Muchas veces son empleados de forma sinónima, algo que a mí no me supone mayor problema, pero me gusta trazar una distinción importante si queremos ser rigurosos: el psicópata, a diferencia del sociópata, tiene una base genética importante tras su personalidad (en torno al 50 por ciento, según los estudios de heredabilidad de la psicopatía), lo que signi-

FIGURA 3. Relación entre psicopatía, narcisismo
y maquiavelismo. Los tres comparten aspectos comunes.
No son categorías excluyentes. El psicópata también puede
ser narcisista y maquiavélico.

fica que depende menos del ambiente para desarrollar esa
condición. Por supuesto, el entorno sigue siendo algo crítico, ya que sabemos que un contexto de crianza *antagónico*
con los rasgos de la psicopatía (por ejemplo, donde se fo-
mente la empatía, la inteligencia y el esfuerzo personal en
una relación amorosa con los padres) puede minimizar mucho su expresión antisocial, esto es, el «paso al acto» del *comportamiento potencial* del rasgo a la conducta.

En cambio yo, al igual que otros autores, utilizo el término «sociopatía» para referirme a aquellas personas que tienen la posibilidad de actuar como psicópatas crueles en ciertas esferas de sus vidas al tiempo que son capaces de mantener
lazos afectivos reales hacia otras personas. Lo fundamental
es que el determinante de su violencia es la subcultura o
ambiente que le ha instruido. Por ejemplo, un sicario que ha

crecido y ha aprendido a integrar el código mafioso desde niño puede matar sin pestañear porque obedece al grupo en el que ha forjado su identidad, pero ello no es obstáculo para que ame sinceramente a su familia. Y lo mismo podemos decir de los jefes mafiosos: si recuerdas a los personajes de Tony Soprano (de la serie *Los Soprano*) y de los Corleone (en las películas de la saga *El Padrino*) verás muy bien esto que te digo: aman a sus familias, pero matan o hacen matar sin piedad (el personaje que interpreta Paul Newman en *Camino a la perdición* es también un buen ejemplo). Un psicópata no ama a nadie (más sobre este punto en el capítulo dedicado a la familia). La clave está en que el sociópata sería un sujeto convencional si hubiera nacido en un ambiente convencional, lo que explica que pueda tener más ansiedad y problemas de conciencia en su actuar criminal que el psicópata. (Al sociópata también se le denomina en ocasiones en los trabajos académicos como «psicópata secundario», distinguiéndolo de los «psicópatas primarios», los cuales, por así decirlo, vendrían a ser los «auténticos» por la predisposición genética que comportan, y son el objeto de este libro.)

LAS MUJERES PSICÓPATAS

Las mujeres no suelen ser violentas, pero obviamente pueden serlo. Pasa lo mismo con la psicopatía: como vimos antes, hay más hombres que mujeres con esta condición, pero la investigación ha dejado claro que sí existen mujeres psicópatas. Y están en todas partes: tenemos asesinas seriales célebres, empresarias defraudadoras, políticas, pero también otras muchas que no llegan a ser noticia porque sus manejos se producen en la esfera privada.

No obstante, sí podemos decir que, en términos generales, la psicopatía se manifiesta en la mujer de un modo diferente a como lo hace en el hombre, aunque la investigación en ellas todavía es escasa. Hasta ahora lo que sabemos es que la mujer psicópata, comparada con el hombre, es menos narcisista y físicamente violenta, así como menos amante de tomar riesgos imprudentes. Parece que prefiere usar una agresión más emocional, expandiendo calumnias o bulos que desacrediten a su víctima y la aíslen de su red de apoyo. Por otra parte, hace un empleo más extenso de la «máscara social» y de la seducción que el hombre para lograr sus propósitos, ya que no suele precisar tanto como el varón proyectar una imagen externa de dominio y poder. También se la ha descrito en ocasiones como más capaz de tener una mayor ansiedad y empatía que aquel. Dicho esto, es seguro que hay muchos ejemplos donde la mujer se acerca mucho al psicópata varón, pero nos faltan estudios para extraer conclusiones más exactas.[11]

El siguiente caso de mis archivos personales representa a una mujer psicópata que, a pesar de emplear con maestría la seducción, también mostró algunos de los rasgos más típicos de los varones, como el gusto por el riesgo y una vida irresponsable sin aparente sentimiento de culpa o ansiedad por sus actos.

Isabel vino a verme «porque mi marido [Roberto] me ha obligado»; estas fueron sus propias palabras. Yo ya había visto, en efecto, a su marido; me había comentado su preocupación por la personalidad de su mujer. La había conocido hacía tres años en una fiesta de Nochevieja. Tenía veinticuatro años, ocho menos que Roberto, y trabajaba de empleada en unos grandes almacenes; vivía con su madre y su hermano pequeño de doce años. Con su sueldo y la pensión de su madre (su padre había muerto) iban tirando. Mi cliente me dijo que se enamoró locamente de ella y que a los pocos meses le propuso que se casaran. Sin pedírselo él, ella abandonó el empleo, cosa que no le pareció mal, pero cuando le preguntó si quería volver a estudiar y tener un empleo mejor, ella le dijo que no, que sería «un ama de casa feliz». Otro aspecto de su comportamiento que, pasado un tiempo, le vino a la cabeza —y que en su momento le extrañó— fue que en ningún momento Isabel le dijo nada acerca de la situación en que iban a quedar su madre y su hermano. Roberto habló con su suegra y acordó con ella pasarle una pensión complementaria, ya que era un hombre adinerado.

Lo cierto es que una vez se casaron la situación resultó lejos de ser idílica. Isabel se ausentaba de casa con frecuencia y en muchas ocasiones sin una buena razón, ya que no iba al gimnasio o de compras o a ver a su familia. ¿En qué dedicaba su tiempo? Su respuesta habitual era «He quedado con amigas» o «He ido a dar una vuelta». En varias ocasiones el aliento le olía a alcohol. Cuando al año Isabel dio a luz a un niño, Roberto pensó que podría ser un motivo para que asentara su vida, pero las cosas no hicieron sino empeorar. Su madre y su hermano se habían mudado temporalmente para ayudarla con el niño; él vio con preocupación que el bebé parecía molestarle más que otra cosa, y que lo dejaba mucho tiempo al cuidado de su madre.

Roberto le hizo notar esa preocupación, pero ella siempre tenía una «buena razón» para no mostrarse más solícita con su hijo: tenía mareos, estaba fatigada. Sin embargo, pasado el reposo obligatorio, salía de nuevo con frecuencia. «¿Por qué tenía usted el móvil desconectado muchas de las veces que salía?», le pregunté a Isabel. «Porque me gusta la independencia; se lo dije varias veces [a su marido]: si te fías de mí, no ha de preocuparte dónde estoy o qué estoy haciendo», fue su respuesta.

Lo cierto es que Roberto acabó por contratar los servicios de un detective privado. Lo que descubrió le dejó atónito: a los pocos meses de casarse, ella y otras dos mujeres a las que había conocido mientras «surfeaba» por internet, estaban trabajando en una web porno desde un apartamento que habían alquilado en la ciudad. Ella siempre llevaba máscara. Al poco tiempo habían empezado a ganar bastante dinero, pero yo tenía claro que ella no lo hacía únicamente por dinero, sino también por la experiencia emocional que le proporcionaba actuar de este modo.

Su marido quería saber —en un esfuerzo de comprensión y amor que lo honraba— si Isabel «tenía solución». Gracias a otras informaciones obtenidas por el detective privado averigüé cosas de su vida pasada: expulsiones de dos escuelas, con graduado escolar por los pelos; novios siempre mayores; uso habitual de alcohol y alguna raya de coca en sus fiestas antes de conocer a Roberto... Este me dijo que su suegra le había comentado en varias ocasiones que «siempre le había dado muchos problemas», y que después de muerto su marido, cuando ella tenía nueve años, se había sentido impotente para controlarla.

Por desgracia, Isabel *sí cumplía* los criterios de la psicopatía: arrogante y manipuladora, desde joven sabía cómo manejar a los chicos y a sus amigas (*faceta 1 interpersonal*): también sabía ser insensible y cruel cuando la situación lo requería, sin que pareciera lamentarlo mucho, sobre todo porque siempre tenía una excusa para echar la culpa a los demás cuando se metía en un lío (*faceta 2 afectiva*). Su vida no tenía rumbo fijo, y ni siquiera disponer de un ambiente estable y haber tenido un hijo habían conseguido enderezarla o darle un propósito (*faceta 3 estilo de vida irresponsable*). Como suele ser habitual, las mujeres puntúan menos que los hombres en la conducta antisocial, ya sea de joven o de adulta. Aun así, sus expulsiones y abuso del alcohol no dejaban estos síntomas a cero; del mismo modo, su pobre control conductual era evidente (*faceta 4 conducta antisocial*).

Finalmente se divorciaron. Mi cliente acordó con ella una generosa pensión; a cambio, ella no reclamó la custodia compartida de su hijo. Con dos fines de semana al mes tenía suficiente.

LA INTELIGENCIA DE LOS PSICÓPATAS Y SU CAPACIDAD DE LEER LA MENTE AJENA

En promedio, los psicópatas son igual de inteligentes que los ciudadanos corrientes;[12] otra cosa es que existan psicópatas con una gran notoriedad pública que hayan sido inteligentes, generalmente asesinos seriales (Ted Bundy sería el ejemplo más característico y ciertos empresarios o políticos). Me temo que opera aquí el mito de Hannibal Lecter, un personaje poco realista. En los últimos años han aparecido casos de psicópatas integrados que resultaron ser grandes estafadores o defraudadores, como Madoff, Jeffrey Skilling (Enron) o Sam Bankman-Fried (criptomonedas), que claramente representan una parte elitista de la sociedad, y que necesitaron ser inteligentes para llegar a donde lo hicieron; estos casos han ayudado también a consolidar este mito.

Con respecto a la supuesta gran habilidad de poder «leer la mente» que tiene el psicópata, y así «escanearnos por dentro» y podernos mentir y manipular mejor, sucede algo parecido. Algunos psicópatas son muy buenos en cuanto a mentir se refiere, pero la mayoría no. Si logran engañarnos más que los no psicópatas es porque lo intentan con mayor convicción, pero sobre todo con mayor frecuencia. Cuando logran manipularnos y favorecer así sus planes no es porque sean unos seres diabólicamente hábiles en mentirnos, sino porque se toman el tiempo necesario para vendernos una historia que finalmente acabamos comprando. Cuentan con nuestra credibilidad y nuestra guardia baja, y es eso lo que realmente les da poder.[13]

Es más, en cuanto *a la capacidad específica de leer la mente* se refiere, los psicópatas *son peores* que los sujetos no psicópatas.[14] De nuevo, algunos psicópatas tienen una fina percepción para descubrir personas en un estado vulnerable que propicie su abuso, pero no es tanto su capacidad de leer la mente de modo preciso como la observación de las cosas que esa persona hace o dice, un proceso que ha aprendido por pragmatismo para poder conseguir sus fines. En el resto del libro retomaremos este asunto con mayor amplitud.[15]

¿Puede cambiar un psicópata? Depende de lo que queramos decir con esa expresión. Si buscamos que la persona que tiene una psicopatía deje de serlo, es decir, que se «cure», entonces es cierto que esto está fuera de nuestro alcance. Pero otra cosa es que deje de actuar de un modo significativamente nocivo para los demás. Como es lógico, cada caso es único y no podemos generalizar, pero hay suficiente evidencia en la investigación para asegurar que (1) algunos psicópatas son capaces de ganar un mayor autocontrol sobre sus deseos nocivos o inadecuados (maltratar, beber alcohol, engañar) a medida que van dejando atrás el decenio comprendido entre los veinte y los treinta años, esto es, a medida que van madurando; y (2), que los que no son particularmente impulsivos conservan cierta capacidad empática y no se han deteriorado mentalmente (por ejemplo, por abuso de drogas), pueden aprender una cierta «moralidad egocéntrica» o básica, de acuerdo con la cual llegan a concluir que no les interesa o compensa seguir actuando de modo antisocial. En otras palabras: no dejan de actuar de modo nocivo porque ahora «comprendan» que han obrado mal y se arrepientan, sino porque seguir por ese camino les da más problemas que satisfacciones, una lección que para ellos no resulta muy fácil aprender debido a la naturaleza de su cerebro. No obstante, cuando el sujeto manifiesta de forma muy elevada todos los rasgos propios de la psicopatía, el cambio es muy improbable, salvo que lleguen a una edad donde estén significativamente mermadas sus facultades mentales o físicas.

Finalmente es importante señalar que las perspectivas de éxito mejoran sustancialmente si podemos intervenir en su infancia, no mucho más tarde de la adolescencia. La razón es que podemos influir en el desarrollo de su personalidad, así como en el ambiente de crianza.[16]

Es momento ahora de tener un encuentro más cercano con el psicópata, detallando cómo piensa, siente y actúa.

Capítulo 2

Perfil psicológico del psicópata integrado

> Para el psicópata puro, tu sufrimiento no significa nada. No hay empatía. No hay sentimiento de culpa. No hay remordimientos de conciencia. Cuando pasa por una situación que a cualquier otra persona le hubiera conmocionado (una imagen terrorífica por el sufrimiento que encierra, por ejemplo), su pulso no se altera y su ritmo cardíaco permanece en una frecuencia baja.
>
> MARIA KONNIKOVA, investigadora
> y profesora de Psicología

EL PSICÓPATA ES UN SUPERVIVIENTE

Durante la mayor parte de nuestra historia evolutiva, que se extiende hasta hace un parpadeo, nos hemos desarrollado como una especie confiada y cooperativa. Piénsalo: el género *Homo* tiene aproximadamente dos millones de años, y hasta hace unos 10.000, cuando nos asentamos en sociedades al descubrir la agricultura, vivíamos como cazadores-recolectores en pequeños grupos nómadas, donde la supervivencia era cuestión del esfuerzo consensuado de todos, con una mínima o inexistente estructura jerárquica. En otras palabras: por espacio del 99,99 por ciento de nuestra exis-

53

tencia en la Tierra hemos sido seres confiados y crédulos por muy buenas razones. El grupo debía de atender al herido, apoyarse en momentos de necesidad ante las fieras o en las escaramuzas con otros grupos nómadas, y confiar en que el enfermo sería alimentado aunque no cazara, porque en futuros momentos otros miembros serían los enfermos. No hubiéramos sobrevivido si en ese largo amanecer del *Homo sapiens* nuestros ancestros hubieran temido ser asesinados en cualquier momento por sus compañeros de grupo. Es más, hoy los antropólogos consideran que la razón principal por la que nuestra especie batió a los neandertales en la lucha por la supervivencia fue nuestra mayor capacidad de ser sociales, de poder crear lazos afectivos basados en la cooperación y, con el tiempo, de desarrollar el lenguaje y la cultura, que nos hicieron cada vez más poderosos frente a los desafíos del ecosistema.

Sin embargo, una corriente de la psicología (en la que me incluyo) mantiene que desde el devenir de los tiempos existió una minoría que, excepcionalmente, permaneció ajena a esa norma de la confianza recíproca, un pequeño número de sujetos que, en los diferentes grupos humanos, habiendo nacido con una deficiencia emocional profunda ante las necesidades ajenas, actuó con total indiferencia acerca de sus efectos en el resto de la comunidad. Estos miembros aberrantes serían los psicópatas, quiеnes pudieron subsistir hasta la actualidad precisamente porque eran lo suficientemente escasos como para no transmutar la solidaridad grupal en un clima de desconfianza y hostilidad. Dicho de otro modo: pudieron prosperar hasta hoy porque constituían un subgrupo lo bastante pequeño como para poder tener éxito en sus propósitos de engaño y explotación sin que el grupo en su totalidad se viera obligado a reaccionar con una violencia tal que los exterminara. Desde luego que estos prehistóricos «delincuentes», cuando eran detectados, eran castigados de forma severa, con la expulsión del grupo e incluso con la muerte; pero al permanecer como una minoría reducida, en muchos casos, si eran hábiles, podían sacar beneficio de sus engaños y actos hostiles, al menos durante el tiempo suficiente para que les mereciera la pena. Por otra parte, si su número hubiera crecido hasta dominar la vida del grupo, este hubiera colapsado, con lo que ya no habría gente a la que explotar.[1]

En resumidas cuentas, tenemos poderosas razones para pensar que los psicópatas forman parte de la sociedad del siglo XXI porque desde los albores de la humanidad sus fechorías (inseminar a mujeres que no les pertenecían, robar sin contribuir al bien común, fingir u ocultarse para no hacerse cargo de sus responsabilidades, etc.) les funcionaron el tiempo suficiente para que sus rasgos no se extinguieran en el proceso de la selección natural. En un sentido moral y psicológico, *el psicópata es una variación genética que resultó ser adaptativa*, una que prosperó porque un número suficiente de ellos tuvo éxito en sobrevivir mediante el engaño y la violencia y en reproducirse.

Pensemos en nuestra vida cotidiana. Si estamos rodeados de gente decente, no resulta descabellado que haya personas dedicadas a la mentira y la manipulación que se aprovechen de la expectativa generalizada y compartida de bondad y decencia en el comportamiento recíproco, así como de la sociedad en general (al menos, en un sentido amplio, pues está claro que desconfiamos de determinados grupos o colectivos por diferentes razones).

Así pues, los psicópatas aspiran a prosperar mediante engaños, estrategias de manipulación e incluso —en ciertos casos— con el uso o amenaza de la violencia. Su éxito dependerá de su potencial de recursos para explotar a los demás y de lo preparado para defenderse que esté la persona, grupo o sociedad donde él intenta medrar.

En el capítulo anterior hice una clasificación de la psicopatía de acuerdo con su grado de visibilidad: los criminales y los integrados. En este capítulo presento otra clasificación que tiene que ver con la existencia de dos variantes de personalidad en el psicópata integrado; ambas contienen los rasgos esenciales de la psicopatía, pero difieren en algunos aspectos significativos. A continuación, entraré en un terreno fascinante: ¿es cierto que los psicópatas no pueden ponerse en el lugar de los demás? Es el mundo de la empatía, más complejo de lo que parece. Posteriormente me detendré en analizar las características de la conversación típica del psicópata, así como señalaré algunas claves de su comportamiento.

Me gustaría presentar al psicópata integrado más capacitado para abusar de su posición y de sus recursos en su propio beneficio, el que los profesores Yildirim y Derksen[2] denominaron *psicópata primario controlado*, caracterizado por una personalidad dura y resistente ante las situaciones estresantes, y la ausencia de miedo ante las amenazas a su bienestar o integridad que en un momento determinado puedan surgir. Este psicópata es capaz de tener un elevado autocontrol, a lo que ayuda que sea inteligente y que haya tenido la suerte de contar con una buena educación. Para él, el afán de dominación es la meta suprema, ya sea en su vida personal, laboral o social.

Es el psicópata más peligroso, porque cuenta con un cerebro —particularmente su lóbulo prefrontal— que funciona correctamente para tomar decisiones pragmáticas en su propio interés (a esto se le denomina la «función ejecutiva» del cerebro). Al mismo tiempo, su sistema nervioso simpático —en cuyo centro está la amígdala, la principal responsable de activar emociones— permanece en silencio (o casi) cuando se trata de enviarle señales para que tenga miedo frente a una amenaza, o se apiade o tenga compasión por un semejante que sufre. En general, cuando pensamos en psicópatas integrados que alcanzan el éxito social en los negocios o en la política —pero que, recuerda, son dañinos para la sociedad—, estamos haciendo referencia a este psicópata primario controlado, cuyo origen tiene una base genética importante. Estos son sujetos duros, con una vida emocional superficial, centrados en lograr lo que quieren a cualquier precio. Aman el riesgo, sí, pero lo hacen con el freno de mano puesto. Es, por así decirlo, una impulsividad «controlada»: se dejan llevar por el afán de vivir experiencias intensas (en los negocios, en la política, en la vida personal), pero sin perder de vista los posibles obstáculos y riesgos a los que pudieran enfrentarse.[3]

Por el contrario, el *psicópata primario impulsivo o desinhibido*, aunque es igualmente duro y superficial en sus emociones (por su base genética), no tiene esa capacidad de focalizar toda su atención y energías en aquello que anhela. Es, por decirlo así, menos reflexivo, le puede más su deseo de querer convertir en realidad aquello que anhela en el momento, es más impulsivo y desatento con los riesgos inherentes a su comportamiento y desarrolla un estilo de vida más irresponsable y errático que el tipo controlado. Por ello, es menos resistente ante las dificultades y es menos perseverante en sus metas. El caso de la mujer que se prostituía por internet del capítulo anterior sería un ejemplo de este tipo de psicopatía.

Mientras que el controlado es más capaz de contenerse emocionalmente y dejar en suspenso conductas que le gustaría llevar a cabo (como destrozar a un competidor), el impulsivo, al disponer de una mente menos hábil en la toma de decisiones —una peor función ejecutiva—, alcanzará el éxito social con mucha mayor dificultad, ya que carece de la constancia y la astucia que caracteriza al tipo controlado.

¿Cómo se describiría a sí mismo un psicópata de este tipo? Permíteme un pequeño ejercicio de imaginación. Si nos hablara abiertamente, podría describirse como aparece en el cuadro siguiente.

Soy inteligente, pero sobre todo tengo una mentalidad práctica; lo que importan son los resultados. No soy nada emocional: me intereso por los demás en la medida en que mi análisis me permita manipularlos. Puedo leer su mente, pero no me afecta su opinión de mí o que me consideren una «buena persona»; lo que sientan, sufran o padezcan no es algo que me afecte en absoluto. No me siento comprometido por ningún principio, valor o norma moral. El mundo se divide entre los que mandan y los que obedecen, y la ética es un asunto que concierne a los perdedores. Por eso me rodeo de dos tipos de personas: los que me permiten llevar una vida normalizada y que me facilitan la vida, como mi pareja o ciertas amistades (las cuales se creen que son amigos míos, lo que no es cierto, porque la amistad no es un sentimiento que conozca), y los que me resultan útiles para mis propósitos. De estos, me aprovecharé de mis habilidades para engañar a los que estén por encima de mí en mi profesión, y someteré con amenazas y con mi poder a los que tenga por debajo. Soy muy bueno en manipular porque no siento ningún reparo o ansiedad cuando miento, ya que no tengo una conciencia que me acuse de romper con las normas que obligan a los otros. A veces me meto en líos porque me aburro y decido correr riesgos o hacer «locuras» en mi vida personal o profesional, como tener varias parejas a la vez sin que ellas sean conscientes de ello o arriesgar en inversiones que me atraen porque podrían darme un alto beneficio aunque estén lejos de ser seguras. Si la ocasión es propicia, estafaré y corromperé a quien pueda. Si me veo obligado, puedo ser realmente desagradable y aniquilar mentalmente a quien se me oponga. En un momento de ira puedo llegar a la violencia física o, con más tiempo, a acosar a alguien para que me deje el paso libre o incluso se suicide, lo que para mí sería un gran triunfo. La clave de todo es aparentar: los demás han de verme como alguien razonable que, si comete algún desliz, pueda explicarlo como un accidente o un error.

Un ejemplo de psicópata controlado

Un ejemplo de psicópata primario controlado lo encontré en Sudamérica, en el transcurso de un programa que estaba desarrollando para Naciones Unidas en la prevención de la delincuencia para Latinoamérica. El hombre —llamémoslo Rubén—, de unos cincuenta años, dirigía una empresa que se encargaba de suministrar el equipamiento correspondiente a diferentes talleres que existían en los centros de reforma para delincuentes juveniles. Rubén había servido en la Policía un tiempo, pero me dijo que «por mucho que pudiera ascender, no iba a recoger sino para vivir». Al resguardo de una mesa grande y una cena abundante, estuvo sentado a mi lado en el transcurso de una cena protocolaria. Por espacio de cerca de tres horas me explicó muchas cosas que, según él, «había aprendido para no pasar por la vida como un desgraciado». Por lo que deduje, esas cosas habían incluido: quedarse con una cantidad variable de «plata» (dinero) que le daba el Estado o la Administración provincial para la compra de material en los diferentes talleres; aceptar dádivas de familias pudientes para que sus hijos estuvieran mejor atendidos mientras estaban presos, y simultanear el cargo de director de la empresa con otros que, me dijo, «son los que realmente me dan plata», uno de los cuales era un cargo importante en un municipio del país.

Ante la expectativa de tener que aguantar su inflado ego y sus logros basados en el engaño y la connivencia de otros por largo tiempo, me lo tomé con espíritu científico y le presté mucha atención; al volver a mi habitación del hotel anoté los comentarios que recordaba como más significativos. Vivía con una mujer quince años más joven que le había dado un tercer hijo, ya que tenía dos de otra mujer a la que se refería de modo displicente como «la morena» (entiendo que por el tono de su piel); esa primera familia vivía en otra provincia, y me pareció que era poco más que una anécdota de su vida. Cuando le pregunté si veía con frecuencia a esos dos hijos, me contestó algo así como: «Sí, los veo cuando paso por allá, están bien, aunque la morena no me cuenta mucho». Fin de la conversación sobre esto, y en realidad sobre su nueva familia, que tampoco parecía interesarle. En cambio, se detuvo mucho tiempo en desgranarme sus opiniones políticas y en saber cosas de España y sus oportunidades de negocios. Textualmente me dijo, cuando ya estaba bien entrada la velada y el vino había hecho su efecto, que «en este país tienes que andar listo si quieres sacarte algo, porque es así como funciona la cosa, pero has de parecer el mejor amigo de todos».

Días después tuve oportunidad de informarme sobre él, y averigüé que, en efecto, se le había abierto un expediente por «distracción de material financiado con fondos públicos», algo que nunca llegó a nada debido, supongo, a que tenía amigos «convenientes».

Observa que este hombre podría ser considerado como un psicópata de «éxito», un tipo con dinero e influencias, pero en la tipología que he descrito en el capítulo 1, no dejaría de ser un psicópata delincuente oculto, además de alguien que propaga un ejemplo de amoralidad en la sociedad.

La investigadora Anna Forés explica qué sucede cuando nuestro cerebro percibe una amenaza:[4]

> La amígdala envía una señal al hipotálamo que, a su vez, activa el sistema nervioso simpático para que el cuerpo se prepare para la acción [...]. Simultáneamente, las glándulas suprarrenales aumentan la producción de noradrenalina, lo que acelera el ritmo cardíaco y aumenta el flujo de sangre cargada de adrenalina hacia los músculos y la epidermis. Cuando adrenalina y noradrenalina entran en contacto, los músculos se contraen y se tensan.

Ahora, nuestro cuerpo y nuestra mente están centrados en responder a la amenaza..., pero hay una circunstancia importante en esta reacción. La persona que percibe la amenaza puede sentirla como algo muy grave y, en consecuencia, desarrollar una alta ansiedad o miedo, o bien puede quitarle hierro al asunto, lo que se verá correspondido con un ánimo menos angustiado y más decidido.

En un principio tener poco miedo parece una gran cosa, porque estar relativamente poco alterados cuando nos encontramos en un aprieto nos permite mantener la cabeza fría y tomar así una decisión más racional o efectiva para combatir la amenaza. Una de las notas distintivas de los héroes de ficción como James Bond es que, en situaciones de verdadero apuro, son capaces de hacer algo audaz o inteligente para conjurarlas (Indiana Jones, sin embargo, hace algo todavía más difícil, porque lo vemos terriblemente asustado y, sin embargo, es capaz de encontrar la salida del atolladero). Bond es capaz de controlar la situación porque juzgamos que tiene menos ansiedad que cualquiera de nosotros ante la amenaza inminente que le acecha.

Ahora bien, asumimos que Bond puede actuar así porque ha sido debidamente entrenado. Cuando ve a alguna persona inocente en un riesgo vital no permanece impasible, sino que procura ayudarla en la medida de sus posibilidades. En otras palabras, Bond conserva la empatía y, al mismo tiempo, controla su miedo ante el peligro.

A pesar de que durante algunos años se puso de moda por parte de estudiosos de la cultura popular calificar a James Bond como «un psicópata», cualquiera que haya estudiado la psicopatía encuentra esta afirmación ridícula: el agente 007 es leal a su país, lucha por los valores del mundo libre y se siente responsable de la gente que orbita a su alrededor (como finalmente dejó muy claro la película *Sin tiempo para morir*). Por el contrario, el psicópata *no siente empatía profunda*, entendida esta como la facultad de resonar emocionalmente en relación con los demás, porque, *precisamente*, siente menos temor o ansiedad ante situaciones estresantes. ¿Por qué ocurre esto? *Porque aprendemos a ser empáticos cuando vemos el sufrimiento ajeno y nos provoca ansiedad o miedo;* esta emoción es perturbadora, nos altera, queremos evitarla. Por eso, si vemos que una persona está sufriendo, tenemos más probabilidades de socorrerla si nos funciona la empatía que si su contemplación nos deja «fríos»: al no vernos afectados, dejamos correr el asunto. Una nota distintiva del psicópata es la falta de empatía, como sabemos, y esto está asociado a que, por razones genéticas y ambientales, desde niño sintió menos ansiedad ante los peligros o los castigos que el resto de menores.

Esta ausencia de empatía, a su vez, tiene otras repercusiones negativas. No se trata solo de que el psicópata es un candidato muy improbable para ayudar a gente que lo necesita, sino que, debido a ello, tiene un freno mucho más débil para no aprovecharse o dañar al otro. Si no siento su dolor, ¿qué me impide humillarlo o estafarle? El profesor James Blair se ha referido a esta facilidad para dañar al otro como el fracaso del «mecanismo de inhibición de la violencia», y es algo trágico, porque otra consecuencia para el psicópata de su falta de empatía y de su facilidad para ser violento o injusto con sus semejantes es que no siente culpa alguna o remordimientos.[5] Como se dice habitualmente, el psicópata «no tiene conciencia».

Y, sin embargo..., a veces hemos sabido que algunos psicópatas conocidos por su crueldad homicida han mostrado sentimientos que parecen nacidos de una *probable empatía* hacia determinadas personas. Quizás el ejemplo más famoso sea el del célebre *serial killer* Ted Bundy, quien, cuando fue capturado definitivamente en el estado de Florida, accedió a confesar su identidad —se trataba de una época en la que la relación policial entre estados era casi inexistente, así que los agentes que lo detuvieron no sabían que era el célebre asesino en serie buscado en medio país— a cambio de que le permitieran hacer una llamada a Liz Kendall, la que fuera su pareja durante varios años. Bundy la llamó e hizo un amago de pedir disculpas y de querer sincerarse ante ella, explicarle por qué *no pudo evitar* hacerle daño con su abandono y con lo que en poco tiempo averiguaría sobre él.[6] Mi opinión es que tales actos son un mero eco de la empatía real, o bien una manifestación transitoria empática —provocada por un momento de gran desolación personal, por ejemplo, al saberse definitivamente apresado— de una emoción que nunca llega instalarse en la psicología del psicópata.

La empatía de los psicópatas

Un ejemplo de empatía que dio lugar a una conducta efectiva de ayuda la protagonizó un brasileño que vivía en Dublín (Irlanda), en noviembre de 2023.[7] Todo empezó cuando se desató la ira de muchos ciudadanos que reaccionaron con gran violencia en las calles al saber que un hombre había atacado a tres niños y una maestra con un cuchillo y al propagarse el rumor de que el asaltante era un emigrante, un hecho que inflamó una realidad social sometida a mucha tensión por causa de los problemas económicos que sufren los irlandeses. Cuando Caio Benicio pasaba con su moto vio la agresión y, sin pensárselo, se detuvo, agarró con fuerza su casco y dirigiéndose hacia el agresor le golpeó «con toda la fuerza que pude imprimirle» en la cabeza, lo que lo dejó sin sentido y a disposición de la policía. «Actué de forma instintiva, no me lo pensé», dijo Benicio, que en esos momentos trabajaba como mensajero de Glovo. Esta respuesta de auxilio ante un peligro inminente de otras personas se ha registrado en numerosas ocasiones en el ámbito de la psicología del altruismo, desde que empezara a estudiarse este fenómeno de manera extensa a partir de los años setenta del pasado siglo. Lo que está detrás de ese altruismo es una personalidad moral sólida, germinada a través del cultivo de una empatía hacia el otro. Los ejemplos de rescatadores de judíos en la Segunda Guerra Mundial son numerosos: cuando se activa una situación de peligro, hay gente que da un paso al frente porque no se puede quedar indiferente ante una situación que ellos piensan que pueden evitar o paliar.

La personalidad altruista contrasta con la del psicópata porque se instalan en mundos diferentes. El altruista quiere también prosperar, tener éxito en la vida, pero en su escala de valores hay un compromiso hacia ciertas normas morales o principios, entre los que se incluye el que, ante determinadas circunstancias, hay que prestar ayuda. El ejemplo que he puesto se remite a una acción que podríamos llamar heroica, porque el joven brasileño se enfrentó a un hombre armado preso de un frenesí de violencia, algo que ponía en peligro su vida, pero quiero hacer notar que es la disposición amable y abierta a colaborar en pequeños detalles de ayuda lo que resume mejor el altruismo cotidiano, que es la base de la convivencia pacífica: esa profesora que se queda quince minutos después de terminar sus clases porque no quiere dejar al niño solo esperando a su padre, que se ha retrasado, y miles de ejemplos más. Mientras que el psicópata ve siempre al otro como un enemigo a batir o un posible acólito de sus planes, el altruista se siente conectado con los que le rodean. El primero no tiene más principios morales que los que se derivan de su profundo egocentrismo, y no hay modo de que entienda que su destino está vinculado a que cada uno haga su parte en el contrato implícito de convivencia que conforma la sociedad, como lo estamos todos.[8]

La empatía está detrás de esa vida colectiva, aunque no nos paremos a pensarlo. No me gustaría que un estudiante se marchara defraudado porque fui desatento o perezoso a la hora de abordar su problema; esta conducta haría que me sintiera culpable. La «empatía de grado cero» del psicópata, como señala el profesor de la Universidad de Cambridge Simon Baron-Cohen, es lo que le permite utilizar a los demás como meros medios para sus fines.[9]

Lucy Adeniji es una escritora evangelista cristiana y autora de dos libros sobre cuidado infantil. Esto no pareció suponerle ningún problema a la hora de traficar con dos adolescentes (la más joven tenía once años) y una mujer de veintiún años desde Nigeria para que sirvieran como esclavas en su residencia del este de Londres. Y no exagero cuando hablo de esclavitud, pues las hacía trabajar veintiuna horas cada día y no dudaba en golpearlas si incurrían en su enojo. En marzo de 2011, el juez Simon Oliver, dirigiéndose a ella después de imponerle una condena de once años de cárcel, le recriminó con tono grave: «Usted es una mujer malvada. No tengo ninguna duda de que ha arruinado la vida de esas dos jóvenes. Sufrirán toda su vida las secuelas del daño que les infligió».[10]

El profesor de Cambridge Baron-Cohen diría que esta mujer presenta una *empatía de grado cero* —esto es, que no es capaz de ponerse en el lugar de los demás— y atribuye a este hecho la causa del comportamiento de los psicópatas, porque un grado cero implica que el otro es un mero objeto, no una persona con sentimientos y necesidades. Ahora bien, junto a los psicópatas, Baron-Cohen incluye en la categoría de la «empatía cero» a los autistas. Sin embargo, hay una diferencia esencial entre estos dos grupos: el psicópata representa el *grado cero negativo* porque en su opinión esta ausencia total de empatía es lo que explica su conducta cruel y exploradora. Por el contrario, las personas autistas se ubicarían en el *grado cero positivo*, porque en su caso la ausencia de empatía se ve acompañada por una naturaleza «sistematizadora», a partir de la cual tienen una intensa tendencia a establecer patrones, a ser regulares y consistentes. Como resultado, les gusta seguir las normas y las reglas, que es la base de la vida cívica. (Si has visto la película *Rainman* lo verás muy claro.)

Pero esta no es toda la historia, porque decir que los psicópatas, sin más, no tienen empatía, nos presenta una paradoja: ¿cómo es posible que sean hábiles en contarnos mentiras y manipularnos? ¿Acaso eso no requiere la capacidad de empatizar con la víctima de sus desmanes, es decir, de «ponerse en sus zapatos» con objeto de, precisamente, poderla manipular? La solución a la paradoja se encuentra en que la empatía, en realidad, es de dos tipos.

Un primer tipo es la *empatía cognitiva* o «teoría de la mente», a partir de la cual la persona desarrolla una teoría acerca de cómo piensa y siente la persona que tiene delante. El segundo tipo de empatía —que es a la que se refiere Baron-Cohen— es la *empatía emocional o profunda*, que añade a esas dos funciones de la empatía cognitiva una resonancia emocional en virtud de la cual el individuo siente las emociones del otro, sin que ello, naturalmente, implique que ese reflejo sea de igual intensidad, porque el que padece un mal tiene una experiencia única de su dolor. Aquí vemos estas diferencias. La persona que tiene una empatía profunda también cuenta con las dos modalidades de la empatía cognitiva.

Empatía cognitiva (a): *Sé lo que estás pensando*
Empatía cognitiva (b): *Sé lo que estás sintiendo*
Empatía profunda (c): *Siento lo que tú sientes*

Lo que sucede es que el psicópata primario controlado posee el primer tipo de empatía, la cognitiva (a y b), pero no la emocional o profunda (c). No obstante, he de señalar que no todos los psicópatas son igualmente buenos en esta facultad, particularmente los psicópatas impulsivos: algunos la han desarrollado muy bien, tanto en la modalidad (a) como en la (b), mientras que los hay capaces de comprender las ideas pero no las emociones, es decir, solo (a); e incluso los hay con dificultades para entender bien las ideas del otro, esto es, ni (a) ni (b). Estos últimos suelen formar parte del grupo de los psicópatas criminales identificados, cuya socialización es mucho más precaria.

En otras palabras, si la «teoría de la mente» se puede elaborar sobre dos planos —los pensamientos y las emociones—, solo los más dotados de los psicópatas controlados dominarán ambos. Observa que esta facultad está en el terreno del pensamiento: el sujeto *lee* las ideas y emociones del otro, pero *no siente* —no «resuenan» en su cerebro— estas últimas.[11] (A partir de este punto, cuando señalemos que el psicópata carece de empatía, nos referimos siempre a la profunda o emocional, salvo que se diga lo contrario.)

Otro individuo aparentemente exitoso que esconde en realidad a un psicópata integrado homicida es el extraordinario caso del cirujano Paolo Macchiarini. Su legado de muerte y miseria no podría ser explicado sin su gran capacidad para la empatía cognitiva en sus dos niveles, pensamiento y emociones, lo que revela cuánto amplifica el mal disponer de esta facultad. En este capítulo me limito a analizar su actividad profesional. En el siguiente, dedicado a la familia, volveré a él porque tampoco tiene desperdicio en este ámbito.

67

FIGURA 4. Representación de la empatía que puede tener un psicópata, tomando como ejemplo el caso del cirujano italiano que se comenta en el capítulo.

EL CIRUJANO DE LA MUERTE

Imagina a un cirujano que decide que operar a pacientes que sufren de graves patologías de la tráquea requiere de un nuevo método revolucionario. Y entonces encuentra a un cliente que le va como anillo al dedo porque es consciente de que le puede hacer famoso y, por ende, disputado por las mejores clínicas del mundo. Ese nuevo método consiste en crear una tráquea sintética; una vez injertadas en ella células madre del paciente, se le incrusta a este en la garganta. Pero ahora viene lo mejor: esa supuestamente milagrosa tráquea no es más que un tubo de plástico que simula ser dicho órgano, y no hay ni rastro de células madres en ella.

¿El resultado? Paolo Macchiarini operó a ocho personas con ese sistema y solo una sobrevivió... porque se le extrajo a tiempo el tubo de plástico. Su historia es la de un psicópata integrado cruel, pero también es el relato de cómo los medios e incluso las autoridades del hospital en que llevó a cabo la mayor parte de las operaciones lo encumbraron. En el caso del centro médico en el que operaba —el Instituto Karolinska, en Estocolmo— la responsabilidad es mayor, puesto que hizo caso omiso primero a un reportaje del *New York Times* donde se alertaba de sus métodos fraudulentos y, lo que es peor, a los informes que le presentaron los tres asistentes de Paolo, quienes, a esas alturas, ya sospechaban de él; informes que mostraban con toda claridad que los pacientes operados no solo morían, sino que pasaban por una tortura inenarrable.[12]

Digo que los medios ayudaron a encumbrarlo porque repitieron hasta la saciedad sin contrastar la información los supuestos éxitos del cirujano. Los pacientes, al principio, parecían recuperados, pero a las pocas semanas (incluso días) ya empezaban a sufrir dolores y problemas de todo tipo. Los medios solo cubrían las ruedas de prensa que Paolo orquestaba para demostrar su genialidad, a la que asistía el paciente recién operado. Pero luego nadie seguía su evolución; o —mejor dicho— casi nadie, porque es justo decir que fueron dos medios los que acabaron con su letanía de horror: el mencionado reportaje del *New York Times* de noviembre de 2014 y, sobre todo, un documental emitido en 2016 por la televisión sueca con el título *Dokument inifrån: Experimenten* [Los experimentos]. Duele verlo. Allí se cuenta el sufrimiento y muerte de sus pacientes. Al respecto, la serie documental *El gran cirujano del engaño* también es excepcional,[13] porque tiene acceso a los vídeos que el hospital grababa de las operaciones y a otros tomados por las familias de los pacientes, y para nuestros propósitos son un material excelente donde evaluar su mundo emocional.

Interrogado en un programa de noticias de televisión después de que saliera el reportaje del *New York Times*, Paolo lo niega todo, apelando a la presunción de inocencia. Un observador atento puede notar en su rostro que no hay nada de indignación: solo una mirada seria de frustración y fastidio por tener que prestarse a ser cuestionado. ¿Qué cirujano honesto no estaría muy alterado si pensara que se han publicado calumnias que ponen en peligro su carrera y su labor? Nada de esto se trasluce en Paolo, quien unos meses después, ante la pregunta de otro periodista que estaba produciendo un programa de televisión crítico sobre su persona (y que terminaría conformando el documental *Dokument inifrån: Experimenten*), le contesta que «Usted no sabe nada de los protocolos a seguir» a su pregunta de dónde estaban los ensayos clínicos previos con animales, que son exigidos siempre antes de probar una nueva técnica en humanos. La mirada aquí ya no es seria, sino hostil: Paolo, que sabe bien que no puede esconderse por su condición de cirujano de fama mundial, da la cara pero no oculta el profundo desprecio que siente hacia el periodista. Es un fragmento breve pero muy potente: este hombre ha torturado y matado y lo único que siente es una profunda irritación porque se está poniendo en duda su imagen de cirujano genial.

Pero lo que más me interesa en este momento es destacar la formidable «teoría de la mente» que posee Paolo, lo que le vuelve mucho más peligroso porque sabe muy bien cómo embaucar a sus pacientes y familiares.

Un indicador extraordinario de su psicopatía integrada es su capacidad para fingir que está plenamente comprometido con el bienestar de sus enfermos. Los vídeos son impactantes. Les sostiene la mano, les habla muy dulcemente asegurándoles que todo irá bien. De verdad que se te encoge el alma de saber que minutos después les va a condenar a una agonía larga y dolorosa y a una segura muerte al incorporar en sus gargantas una mera tubería de plástico. La crueldad de Paolo destaca, sobre todo, en dos casos. El primero es una niña que nació sin tráquea; la acaricia como si fuera su hija al tiempo que es del todo consciente de que no sobrevivirá a la operación. El segundo es Julia, una joven mamá rusa de San Petersburgo. Está esperanzada; lo primero que él le dice al verla es «Eres muy guapa», y en efecto lo es, pero el destino que le espera no lo puede siquiera imaginar. A las pocas horas de la operación, ella aparece en una rueda de prensa diciendo que quiere volver a estudiar, sin saber que, al poco tiempo, ya en su casa, va a sufrir un calvario. Su madre declaró después que Julia «no paraba de expulsar por la boca trozos de tejido y sangre».

Cuando los productores de un programa de televisión hecho a la mayor gloria de Paolo (*Supercells*) contactan a Julia por *email* para saber cómo se encuentra y qué tal funciona la tráquea, su respuesta no puede ser más elocuente:

> Me encuentro muy muy grave. He pasado más de medio año en el hospital de Krasnodar. A las tres semanas de la primera operación empecé a pudrirme por dentro, y sigo pudriéndome. Ahora peso 47 kilos. Apenas puedo andar, me cuesta respirar. No tengo voz. Mi cuerpo apesta tanto que la gente se estremece. Las tráqueas artificiales son una mierda. Lamento decirlo. Sinceramente, Julia.

Antes, las imágenes grabadas en el quirófano nos han quitado el aliento: con Julia consciente, uno de los asistentes le dice a Paolo que «la tráquea se ha doblado», dando a entender que no va a servir, pero eso no le hace cambiar de opinión, como tampoco que, el día anterior a la operación, sus asistentes en San Petersburgo le anuncien, alarmados, que «ninguna de las tráqueas tiene las medidas adecuadas». Después de mostrar una cierta consternación, el cirujano se limita a decir: «Procederemos mañana según lo previsto». También intervino a una chica turca que, durante cuatro años y medio, estuvo viviendo en la UCI, porque cada cuatro horas tenían que retirarle las mucosidades que le impedían respirar. La tuvieron que operar 190 veces hasta que finalmente falleció.

¿Qué llevaba a Paolo a cometer esos actos de indecible crueldad? Creo que la respuesta tiene dos fundamentos. El primero es su deseo de gloria; su afán narcisista, su seguridad de que el destino no le debe sino los mayores éxitos. Sabemos que presentar un yo inflado está en la *faceta 1 interpersonal* de la psicopatía, al igual que mentir y manipular sin freno, rasgos en los que Paolo es un maestro. Era característica de él su imagen cosmopolita, viajando incansablemente a diferentes lugares para ver a sus pacientes o dar conferencias. Su base estaba consolidada a las afueras de Barcelona, de cuyo Hospital Clínico fue jefe de cirugía torácica durante unos años, pero también en el Instituto Karolinska, donde, según él, llevaba a cabo sus investigaciones, y donde contaba con un equipo de tres cirujanos asistentes que, si bien al principio eran incondicionales suyos, con el paso del tiempo tuvieron que concluir que esta estrella de la cirugía estaba engañando a todo el mundo, porque su revolucionario método nunca había sido probado anteriormente con animales; en otras palabras, que los pacientes eran literalmente conejillos de indias, porque nunca antes se había introducido una tráquea artificial en ningún ser vivo. Pero hasta que fue desenmascarado, su narcisismo estratosférico marcó su comportamiento: quería admiradores, ser célebre y que no le complicaran las cosas. «Venía al Instituto [Karolinska] después de alguno de sus innumerables viajes, y le esperábamos como si fuera el dueño al que el perro está esperando que le arroje un hueso», declaró después uno de sus asistentes.

Otro momento del documental nos revela su monstruoso narcisismo. En una ocasión Macchiarini deja bien claro cuál es su posición en el universo en el transcurso de una conversación que tiene con uno de los miembros de su equipo del

Karolinska: «Por encima de mí solo está Dios», afirma. Este, asombrado, le pregunta si acaso no está por encima de él el papa. «¡En absoluto!», le contesta Paolo, con toda seriedad.

Pero es la *faceta 2 afectiva* (crueldad, falta de empatía, emociones superficiales y ausencia de conciencia) la que le permitía matar sin pestañear: sencillamente, para él los pacientes no eran sino un medio para obtener fama y fortuna. Después de la operación se desinteresaba por completo de su suerte. *Gracias a su teoría de la mente o empatía cognitiva* sabía muy bien lo que pensaban y sentían sus clientes (él era un rayo de esperanza para sus graves problemas de salud) y familiares, lo que le permitía engañarles para que se sometieran a sus operaciones. A él le daba exactamente igual lo que les pasara: su sufrimiento y segura muerte no eran su problema.

En 2022 le imputaron en la corte de Estocolmo por tres agresiones con agravantes, que se correspondían con tres pacientes suecos que operó y fallecieron. La sentencia, sin embargo, dejó a todos consternados, porque solo le condenaron a un periodo de libertad a prueba más dos años de suspensión para ejercer la medicina. Aunque la fiscalía apeló y la nueva condena fue más severa (dos años y medio de cárcel), Paolo apeló al Tribunal Supremo, el cual aún no se ha pronunciado cuando escribo estas páginas.

LAS EMOCIONES DE LOS PSICÓPATAS

La ira y la venganza

La ira es la emoción que surge de las relaciones con los demás cuando se frustran nuestros deseos. Para Hervey Cleckley, el autor que describió al psicópata a mediados del siglo XX en su concepción moderna, la cólera genuina está ausente en el psicópata: solo siente irritación y perturbaciones menores en su estado de ánimo.[14] Sus reacciones visibles son actuaciones para los demás, no expresiones genuinas de ira. En cambio, dos psiquiatras forenses que estudiaron a los psicópatas en los años setenta, Yochelson y Samenow, opinaron que el psicópata sufre una cólera extrema y persistente que dirige a los demás. Cuando se encoleriza —escriben—, el psicópata «intenta reafirmar el valor de su entero ser», generalmente mediante actos hostiles y violentos, que pueden incluir la agresión física severa en los psicópatas impulsivos y sociópatas, o formas más refinadas como la humillación y el abuso psíquico en los psicópatas integrados controlados.[15]

En todo caso, los individuos tendentes a la ira tienen generalmente un *error perceptivo* que interpreta las situaciones neutrales como amenazantes; también presentan problemas en la regulación de las emociones, dificultades para la toma de decisiones y el razonamiento moral, y una mayor probabilidad de usar la violencia —física o psíquica— como estrategia de resolución de conflictos. Con respecto a los psicópatas, la investigación más actual los ha caracterizado —particularmente a los integrados— como *sobrecontrolados* en su manejo de la ira: públicamente aparecen como sociales, libres de preocupaciones; y aunque niegan el sentimiento de ira, mi convicción es que la pueden sentir, y en un grado sumo (su negativa a reconocerla se explicaría porque sería reconocer que alguien es capaz de alterarles).[16]

De hecho, la ira está asociada con la venganza. Esta podríamos describirla como una ira controlada, que se canaliza mediante un plan para ejecutar un futuro acto de desquite. Los psicópatas controlados pueden mostrar una ira contenida al tiempo que están pensando en tomar cumplida venganza, haciendo bueno el viejo refrán de que «la venganza es un plato que se sirve frío». Un psicópata integrado controlado, debido a su mejor regulación de las emociones (a diferencia del impulsivo, mucho más tendente a la descompensación en sus estados de ánimo), es idóneo para desarrollar un acto predatorio. Los que hayan seguido la serie de culto

House of Cards (a la que regresaremos en el capítulo 5) habrán podido observar la finura y eficacia de los planes vengativos de Frank Underwood, primero como aspirante y luego como presidente de Estados Unidos.

El psicópata que actúe vengativamente puede tener dos audiencias. Una es, lógicamente, la del sujeto objeto del desquite. Si su *faceta 2 afectiva* (sin empatía y sin conciencia, con crueldad) está muy pronunciada, la venganza puede tener componentes sádicos; así, se asegurará de que pague dolorosamente por la ofensa que —según él— recibió. Se deleitará en su desgracia o caída, y puede hostigarle hasta que decida suicidarse. La otra audiencia es el público que le rodea: si dispone de un estatus elevado y tiene a su cargo un cierto poder, el placer que siente se multiplica al tiempo que supone un aviso para otros potenciales ofensores. El caso del empresario Ray Dalio, que vimos en el capítulo anterior, sería un ejemplo de venganza calculada y sádica que sirve como advertencia a otros. En el caso siguiente, la audiencia era una sola persona: su víctima.[17]

Ocurrió en Castellón, en 2016. Iván tenía diecisiete años y aparentemente no había revelado que era homosexual, por lo menos a su familia. Un día entró en una página de contactos y empezó a chatear con un hombre, cuarenta años mayor que él. De acuerdo con la periodista María Fabra que siguió el juicio:

> Luego debió de arrepentirse y dejó de contestarle. Entonces el hombre empezó a mandarle mensajes de WhatsApp: «Te voy a enseñar a no hacer perder el tiempo», «Te voy a enseñar a no fastidiar», «Voy a por ti», «Te juro que te vas a comer un buen marrón», «Voy a arruinar a tus padres por tu culpa».

Nada menos que 119 mensajes le envió en las primeras tres horas de las siete que duró el acoso. Iván contestó algunos de esos mensajes pidiendo disculpas («No lo volveré a hacer») y luego suplicando («Por favor, no lo hagas»). Nada fue suficiente. El hostigador redobló su ira vengativa: «Vas a llorar lágrimas de sangre delante de los jueces y de tus padres». Poco después, el 1 de diciembre de 2016, Iván se arrojó al vacío desde una azotea. Tuvieron que pasar ocho meses para que el volcado de su móvil permitiera descubrir lo sucedido. El culpable tenía sesenta y dos años, con antecedentes por un abuso sexual cometido años antes. Fíjate en su brutal falta de empatía, en su deleite en la venganza («¿Quieres saltar ahora?», «Pobre de ti, la que te va a caer encima...»). Incluso después de que se hubiera suicidado, el psicópata siguió enviándole mensajes parecidos acompañados de fotos, simulando que lo había denunciado. Fue condenado a catorce años de cárcel por homicidio.

Resentimiento, celos y envidia

El resentimiento (o rencor) es una marca distintiva del psicópata integrado, porque es una emoción que afecta a su ego, es decir, que es el producto de su narcisismo herido. El resentimiento implica desprecio por el ofensor, y es diferente de la vergüenza, ya que esta emoción nace de que alguien es expuesto como un desviado de las normas morales de su comunidad («¡Debería darte vergüenza!»), y ya sabemos que al psicópata tales normas no le comprometen en absoluto. Es materia de discusión si ese resentimiento o rencor es más o menos pasajero. Se diferencia de la ira en que es una emoción menos intensa, y de la venganza porque esta exige planificación y demorar el golpe al adversario. Yo entiendo que el psicópata integrado no puede dejar de sentir desprecio por quien le obstaculiza en su intento de dominio, y pienso que este puede perdurar en tanto en cuanto la persona que le ha ofendido siga presente en su vida y, por ello, le siga suponiendo un incordio. Si no es así, probablemente dejará pasar el asunto porque para él es más importante seguir con su tarea de manipular a los que le son fieles.[18]

¿Y qué hay de los celos? ¿Es el psicópata un celoso? Si los celos implican que odiamos a la persona que destaca por encima de uno mismo, entonces podemos decir que sí, pero en tal caso lo homologamos con la envidia. Si entendemos los celos en un sentido amoroso (odiar a quien nos priva del amor de otro), entonces la respuesta es no, porque lo que le irrita es que le quiten a alguien que controla, no que le arrebaten un afecto que no siente.

LA COMUNICACIÓN DEL PSICÓPATA

La investigación ha considerado generalmente que el psicópata tiene un estilo comunicativo caracterizado por usar un lenguaje sin contenido emocional real o profundo, así como una tendencia a invadir el espacio personal del otro y una ausencia de nerviosismo o ansiedad.[19] Sin embargo, es necesario reconocer que la mayor parte de los estudios se han realizado con psicópatas encarcelados, lo que supone una limitación importante a la hora de extender las conclusiones a los psicópatas integrados. A pesar de esta limitación, debido a que tanto los psicópatas condenados por crímenes como los integrados comparten al menos el «núcleo duro» de la psicopatía que es la *faceta 2 afectiva* (falta de empatía, de conciencia; crueldad e insensibilidad emocional), puede ser útil considerar el estudio de Romberg y su equipo,[20] quienes analizaron la comunicación explícita y la implícita (o emocional) de tres asesinos en serie bien conocidos: Peter Lundin, Richard Kuklinski y Aileen Wuornos. Lo que hallaron es que dominaba en sus declaraciones el uso de expresiones verbales teatrales, esto es, impostadas y defensivas, empleando una voz monótona pero de ritmo errático (por ejemplo, partes donde hablaban muy rápido y otras donde hacían muchas pausas). También sobresalía la mirada fija con el interlocutor y el titubeo frecuente.

Finalmente, cuando se examinó su pauta de comunicación emocional, vieron que era habitual que mostraran una serie de emociones negativas variadas (ira, rencor, desprecio), una pose de indiferencia emocional, una ausencia de miedo, una creencia de ser sujetos especiales y peligrosos, una falta de percibirse afectados por las cosas negativas que les sucedieron y una imposibilidad de explicar de modo profundo los crímenes que cometieron.

Lo que se puede concluir de este estudio es que *el psicópata se complace en actuar frente al entrevistador, se pone a la defensiva y trata de intimidarle* (esa mirada fija ocular; esa presunción de peligrosidad). Igualmente, no está dispuesto a profundizar en su psicología y en las circunstancias que podrían dar luz a sus actos monstruosos. Yo sospecho que esto se debe en parte a que no se siente cómodo en algo en que no sabe bien cómo proceder, y en parte porque debe aburrirle.

El valor de estos resultados se puso de relieve cuando otros investigadores ampliaron el estudio hasta incluir a 2.862 sujetos, una parte de los cuales no estaba encarcelada, es decir, eran psicópatas integrados funcionales.[21]

En general encontraron cosas muy interesantes, como las siguientes:

1. La comunicación varía en términos de su activación emocional (si el asunto le interesa o no) y el control que sienten que tienen de la entrevista. Les gusta dominar, tener el control de la conversación y no tocar temas que les exijan un gran esfuerzo, como las relaciones con los demás o su infancia (probablemente porque aquí han de hablar de sus familias). Cuando se dan estos requisitos, son más comunicativos, aunque no necesariamente más veraces.

2. Si les cuesta hablar en profundidad de su familia o de sus relaciones es, probablemente, porque caminan por un terreno resbaladizo, esto es, tienen que entrar en un ámbito donde van a ciegas. Ahora bien,

si lo creen necesario —por ejemplo, para justificar-se frente a graves acusaciones—, pueden decir que vivieron determinadas experiencias que les trauma-tizaron, pero lo más habitual será mantener la ima-gen de estar perfectamente sanos.

3. Si se sienten obligados a hablar —porque temen las consecuencias de una negativa—, son poco coheren-tes, se contradicen con frecuencia; cambian los te-mas y llegan a conclusiones ilógicas. Un psicópata que se ve obligado a hablar no será nunca claro acer-ca de lo que realmente quiere decir.

4. Muestran desapego afectivo y referencias imperso-nales a los hechos que se comentan; escaso miedo o ansiedad y menor expresividad en general; y empa-tía superficial y poca apreciación de los otros. Pue-den emplear palabras desagradables para intimidar o afirmar su poder.

5. En general, prefieren hablar de cosas materiales en lugar de temas personales o sociales.

La importancia de analizar la comunicación del psicópa-ta la veremos en los siguientes capítulos, pero aquí podemos adelantar las principales implicaciones.

La primera es que pretender tener una conversación ho-nesta y profunda con un psicópata integrado controlado es una quimera. Piensa que los resultados anteriores incluían a psicópatas controlados pero también a impulsivos —que ya sabemos que son más inestables y menos dominadores—, lo que nos dice que el primer tipo será más inteligente y astuto en su intento por manipularnos mientras hablamos con él.

La segunda es que, precisamente, por ese modo peculiar de mantener una conversación, el recurso al diálogo puede ser una poderosa herramienta para identificar a un posible psicópata. Te adelanto algo aquí: *un psicópata no puede entrar a discutir un tema profundamente humano con sensatez, debido a que tiene muchos problemas para entender el contenido emocional profundo del lenguaje.* Y esto es vital, dado que nada podemos hacer para confrontarle con éxito si primero no lo identificamos. No importa que no estemos del todo seguros; lo relevante es comprobar si hay indicadores de que la persona que te interesa al menos presenta rasgos, dificultades o estilos de comunicación o relación que entran dentro del espectro de la psicopatía. Pero, como digo, de todo esto nos ocuparemos más adelante.

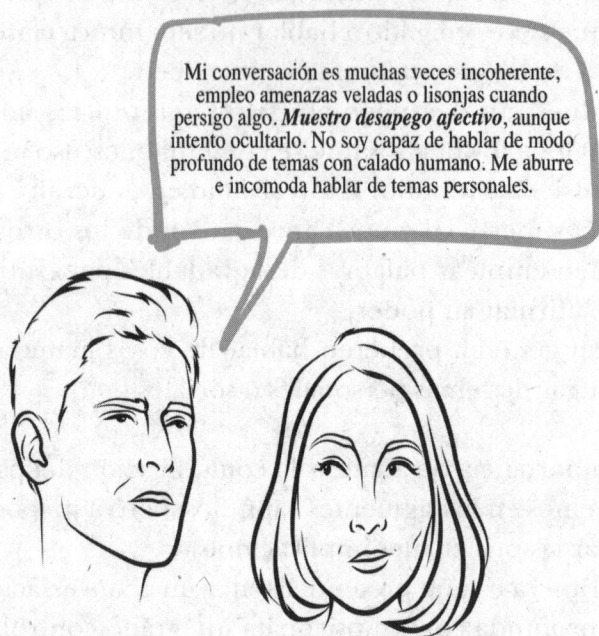

FIGURA 5. La conversación del psicópata.

EL COMPORTAMIENTO DEL PSICÓPATA

Hasta ahora hemos visto que el psicópata tiene profundas deficiencias emocionales: la vergüenza, la culpa, la empatía, la compasión y el sentimiento de lealtad o de justicia le son ajenos. Tenemos, pues, a una persona que cuenta con una ventaja importante a la hora de engañar o abusar de alguien, pues, a diferencia del no psicópata, no mostrará signos de nerviosismo o ansiedad —producto de una conciencia acusadora de quebrar las normas morales— y podrá concentrarse en esa tarea.

Pero hay otra característica de su comportamiento que debes saber. El psicópata *está vacío espiritualmente*, lo que significa que no busca encontrar ningún propósito en la vida que se proyecte en amar o cuidar a personas o entregarse a una misión noble. Esta peculiaridad suya procede de su incapacidad para el vínculo afectivo, ya desde pequeño. Ausente tal vínculo, ha de rellenar ese vacío espiritual aspirando a sentir que él (o ella) tiene el control, que domina, que tiene poder. En otras palabras, *su propósito en la vida es explotarnos, porque eso es lo que le hace sentirse vivo*. Es por ello que es coherente, junto a la deficiente vida emocional/espiritual, otra limitación hallada por los investigadores: *una incapacidad para ajustarse a las circunstancias cambiantes del contexto*, resultado de que su atención está hiperfocalizada en la consecución de sus objetivos, por lo que nada fuera de ese foco merece su interés.

El profesor Christopher Patrick ha estudiado esa incapacidad para modular la atención del psicópata en tareas de laboratorio, y asegura que existe un «cuello de botella» en la información que suscita su interés cuando está inmerso en lograr algo.[22] Digo que tiene sentido esta deficiencia porque si su vida se resume en lograr lo que anhela, entonces tiene lógica que ponga todo su interés en ello, y en ese proceso será menos receptivo a todo lo que no tenga relación con el logro de su objetivo. Esto puede explicar que haga caso omiso de los riesgos inherentes a lo que desea: *no solamente es que sienta menos miedo, sino que además no presta atención a los posibles castigos o consecuencias negativas que puedan afectarle por lo que hace*. El cirujano italiano ya comentado es un buen ejemplo: a pesar de que sus pacientes estaban sufriendo una terrible agonía y muriéndose, él siguió con sus operaciones en medio del escándalo que ya había comenzado a salpicarle. Sencillamente, lo que él anhelaba era lo más importante, y todo el ruido mediático, una distracción a la que no iba a dar demasiada importancia.

Así que, en resumidas cuentas, ¿qué puedes esperar del comportamiento de un psicópata integrado? Por lo que respecta a su conversación, esta suele estar preparada, pues habitualmente hay una agenda oculta. En ella podemos encontrar un uso frecuente de expresiones de dominio e intimidación, si la situación lo requiere, o bien de palabras zalameras y de aprecio tendentes a embaucar, en caso de que se halle en una fase de captación del interés de la otra persona. Sin embargo, si profundizas y prestas atención, hallarás graves lagunas en su discurso, tanto en su contenido como en su forma.

Su conducta será manipuladora, lo que significa que tenderá a influir en tu comportamiento jugando con tus expectativas y emociones y mintiéndote las veces que sea necesario. Buscará, como un ilusionista, que no veas lo que en realidad hace, *sino aquello que te dice que hace*. En ocasiones puedes esperar abuso verbal y explosiones de ira, algo de lo cual intentará convencerte de que eres tú el culpable. Cuidará mucho su imagen ante los demás, porque es consciente de que en esa máscara tiene el fundamento de su poder.

Ahora bien, es importante que tengas en cuenta que, lejos de lo que nos muestran las películas, las series de televisión y las novelas, el psicópata no tiene ningún superpoder. No es mejor que tú «leyendo la mente» del otro, puesto que carece de la empatía profunda *que tú sí tienes*. Se ha demostrado en estudios de laboratorio que los psicópatas no leen mejor las expresiones emocionales de los demás ni, por supuesto, tienen una especial habilidad para ver quiénes tratan de engañarlos.[23] ¿Recuerdas la serie de televisión *Miénteme*, que se emitió hace unos años, interpretada por Tim Roth y Kelli Williams? Aparecían especialistas capaces de detectar mentiras y analizar el comportamiento de las personas mediante la interpretación de los gestos producidos por los múltiples músculos de la cara. Estaba basada en los experimentos del doctor Paul Ekman con las denominadas «microexpresiones», sutiles movimientos de los músculos faciales que apenas son perceptibles.[24] Sin embargo, la investigación es rotunda cuando concluye que no es un método válido para detectar la mentira; solo unos pocos especialistas muy entrenados son capaces de superar el porcentaje de azar en acertar si alguien miente o no.[25]

Entonces ¿dónde radica la capacidad de engañarnos del psicópata? Básicamente descansa en dos pilares. El primero es que el engaño es su modo de vida, está en su naturaleza, lo que le lleva a intentar el embuste una y otra vez. *Si los «mejores» psicópatas integrados nos engañan es porque tienen muchos años de práctica y asumen una naturalidad pasmosa.* Al estar centrados en ese esfuerzo vital, invierten muchos recursos, puesto que nada les parece más importante. Sin embargo, si bien pueden desarrollar esa habilidad, lo que les hace temibles es el segundo pilar: *se especializan en detectar personas vulnerables, y las buscan de forma incansable.*[26] Pueden haber fracasado muchas veces en otros tantos intentos, pero de forma invariable, al cabo de un tiempo, escogerán a una a la que estén en disposición —aparentemente— de ofrecer aquello que precisamente necesita o está deseando.

Capítulo 3

El psicópata en las relaciones afectivas y familiares

La lucidez y el conocimiento representan demasiadas veces cualquier cosa menos un consuelo: al contrario, inquietan y trastornan.

FERNANDO SAVATER, *La vida eterna*

Llegados a este capítulo, donde damos inicio al análisis del psicópata en los diferentes escenarios donde actúa, es buena idea retomar algunos conceptos esenciales del capítulo anterior, que nos ayuden a situarnos para hablar de uno de los ámbitos donde aquel causa un dolor más íntimo y personal: las relaciones afectivas y la familia. Aquí nos ocuparemos de la pareja psicópata y de cómo identificarla, así como del problema de los niños y adolescentes que presentan síntomas propios del espectro de la psicopatía.

Uno de los campos más fructíferos para el psicópata es el de las relaciones de pareja. Hay innumerables episodios reales que lo atestiguan. Todo empieza por una fase inicial donde se produce primero el interés hacia él (o ella) y luego la seducción, donde con suma habilidad nos convence de que «merecemos ser amados por este ser increíble». Ya en sus redes emocionales, las cosas irán bien por un tiempo (que puede ser muy variable), hasta que él se encuentre en el lugar en el que quería, o simplemente ya no les satisfaga seguir con el juego y nos muestre su auténtica faz. Y cuando decide que se ha acabado la pantomima, nos pone en un auténtico aprieto, porque tendremos que *encajar golpes que de ningún modo esperábamos* y, lo que es peor, someter a nuestra mente a un proceso tortuoso para poder encontrar una explicación «razonable» a todo lo que nos empieza a suceder. Felizmente, la mayoría de nosotros llegaremos a un punto final, donde ya no nos queda otro remedio que abrir los ojos a la realidad.

Esta fase, que bauticé en un libro anterior (*Cara a cara con el psicópata*) como de «revelación y horror», llega después de un periodo de un enorme estrés psicológico, donde nos ha obsequiado con las técnicas de manipulación que ha considerado apropiadas para reconducirnos y que no rompiéramos la atadura emocional. ¿A quién le gusta mirarse al espejo y descubrir que le han vendido una historia del todo ficticia? Llegar a esa conclusión es particularmente doloroso, así que intentamos todo con tal de encontrar esa explicación «racional» que justifique el carrusel de emociones dañinas que de un tiempo a esta parte nos invade sin que podamos controlarlo. Pero acabar con el proceso de engañarnos a nosotros mismos es la única salida, o, mejor dicho, el inicio de la salida. No podemos superar ese duro proceso si antes no hemos comprendido que hemos estado en manos de un psicópata (revelación) y en qué medida ese hecho nos ha puesto en el abismo (horror).

En relación con el segundo apartado de este capítulo —los hijos en riesgo de psicopatía—, he de advertirte desde ahora mismo que la psicopatía no se consolida hasta que termina de desarrollarse la personalidad, generalmente en los primeros años del decenio de los veinte. Por lo tanto, no te dejes llevar por la angustia si identificas en tu hijo algunos de los rasgos y comportamientos que analizo aquí. ¿Por qué no? Lo que sucede es que si bien sabemos que hay una continuidad entre los rasgos de psicopatía en la infancia-adolescencia y en la edad adulta, lo cierto es que (a) con frecuencia esos síntomas no terminan de desarrollarse en una psicopatía, y (b) se puede hacer mucho para lograr que esos inquietantes rasgos no vayan a más, de modo tal que el chico (o chica) pueda llegar a la edad adulta con todas las opciones para llevar una vida del todo normal.[1]

IDENTIFICAR AL PSICÓPATA: UNA VENTANA A SU MENTE

Sabemos que el psicópata piensa, siente y actúa de un modo peculiar. Su pensamiento es egocéntrico, focalizado en su meta. Es como un escáner que explora el lugar en que está a cada momento para recabar información útil. Recuerda que generalmente tiene la facultad —como cualquier otra persona— de poder entender tu punto de vista, así como las emociones que puedas dejar entrever, si bien emocionalmente no será capaz de sentir lo que tú sientes (ya que no tiene empatía profunda). De este modo, en el arte de engañar, cuenta con la ventaja de que puede seguir con su agenda privada sin que se vea afectado o distraído por cómo tú reacciones a lo que él haga o diga. Por supuesto, él puede decirte que sí toma en consideración tus quejas, opiniones o sugerencias, pero que lo haga dependerá de si le conviene o no. No obstante, en función de lo que digas y de tu reacción emocional, puede mostrarse enojado si percibe tu comentario como un intento por tu parte de bloquear su control o manipulación (por ejemplo, si le dices: «Eso no me lo creo. Es una mentira más»).

Por lo que respecta a su comportamiento, recuerda que su conversación es una ventana a su mente. Una regla esencial es que «razonando» con él no vas a ganar nada: su conversación es siempre un juego de poder y manipulación. Cualquier intento de que se avenga a razones o colabore de modo honesto para encontrar una solución al asunto que estéis tratando es solo una pérdida de tiempo. Observa este fragmento de una conversación que tuve con una persona

(AH) que buscaba tener la custodia compartida de su hijo a pesar de que apenas había mostrado interés en verlo en los últimos dos años:

VG: Supongo que entiende que su exmujer se quedara extrañada cuando le manifestó que quería la custodia compartida, ya que el convenio que firmaron ambos no lo contemplaba.

AH: No sé por qué..., simplemente ahora las cosas han cambiado, y soy su padre. A nadie se le puede privar del derecho de estar más tiempo con su hijo.

VG: Ciertamente, eso es del todo cierto, pero, dígame, ¿qué cosas han cambiado para que ahora sí le pueda dedicar el tiempo que exige una custodia compartida? Se lo pregunto porque, según me consta, a pesar de que usted tenía dos fines de semana alternos al mes, la mayor parte de estos dos años últimos usted no ha ejercido ese derecho, que al mismo tiempo era una obligación...

AH: [Molesto.] Bien, antes tenía un negocio que me ocupaba todo el tiempo, era autónomo, ya sabe, y en este país eso te absorbe por completo... Ahora tengo una ocupación distinta, y mi vida es más regular.

AH vivía en la misma ciudad que su hijo, y esa explicación era una mentira burda para contestar a mi pregunta. ¿No tenía tiempo para ver cuatro días al mes a su hijo? Por otra parte, la razón última de este cambio de parecer era que ahora tenía una nueva pareja, y muy probablemente quería demostrarle que *podía ser un buen padre*, porque de lo contrario ella podría preguntarse qué clase de persona era. Su ocupación actual era la de administrador de un negocio de su nueva pareja actual, esto es, AH había logrado otra *asistente-proveedora* a la que poder controlar y un empleo cómodo.

Obviamente, al entrevistarle en un contexto formal, el psicópata no se muestra tal cual es, *pero no puede evitar ser lo que es*. Como a continuación le presioné un poco más, él no tuvo más remedio que enseñar sus cartas, o al menos una de ellas:

88

VG: Le agradezco que haya querido venir a verme, ya que no tenía ninguna obligación de hacerlo, pero mi deber es preguntarle si usted cree que podrá solucionar alguno de los problemas que su exmujer me ha contado que tuvieron en su relación. Comprenderá la importancia de este punto, porque el año que pasaron juntos después del nacimiento del niño fue, según me dijo ella, muy doloroso, porque, repito, según sus palabras, usted se desentendió por completo del niño y no la ayudó en ese tiempo, sino que, más bien, tuvo una vida complicada... ¿Me equivoco? [Lo que sucedió entre ellos fue que él la insultaba habitualmente, llamándola «gorda» y «vaca» por su aspecto, y que pasaba muchas noches fuera de casa porque decía que «ese jodido niño es insoportable», debido a sus frecuentes —y normales— lloros, sin que ella supiera dónde se encontraba.]

AH: ¡Todo eso son patrañas de loca...! [Con ira contenida.] Nunca ha estado bien de la cabeza, y me separé porque cuando nació el niño acabó de enloquecer... Ahora podré ocuparme de que mi hijo tenga un ambiente más sano, no le quepa duda. Y, si es necesario, la obligaré a que se haga un examen psiquiátrico.

Está claro que él *no podía obligarle* a que se hiciera un examen psiquiátrico, ya que eso solo es potestad del juez, pero es visible aquí su arrogancia, al tiempo que su absoluto desinterés por su hijo, al que apenas vio en dos largos años. La conclusión es que el niño en realidad ha estado protegido durante dos años de su influencia, y ahora, si tiene éxito en su propuesta, ya no será así. Felizmente, a pesar de sus artimañas, no prosperó su petición en este caso —buscó un psicólogo que firmara un informe donde se le calificaba de «padre idóneo» y quiso hacer valer diagnósticos de salud mental de su mujer que habían sido el producto del maltrato emocional severo que él le había infligido durante años—, pero por desgracia en otras muchas ocasiones personas parecidas han logrado convencer al juez de que la presencia de un padre en la vida de su hijo «más vale tarde que nunca», cuando ciertamente, en el caso de los psicópatas, es justo lo contrario: mejor nunca que tarde.

¿Qué es lo que puede esperar cualquiera que se interese sentimentalmente por un psicópata en el transcurso de sus conversaciones? La respuesta es —recordando lo visto en el capítulo anterior—: un diálogo lleno de contradicciones (si no en el mismo momento de tener la conversación, sí con respecto a otras conversaciones mantenidas), un uso de expresiones exaltadas o dramáticas que suenan impostadas, una lógica recurrente de culpabilización del otro y, sobre todo, una profunda incapacidad para comprender el asunto esencial (el conflicto humano) discutido. El fracaso emocional conlleva también una pobreza significativa del pensamiento. Percibimos en el psicópata una ausencia de imaginación asombrosa cuando se trata de comprender realmente los profundos dramas humanos, lo que necesariamente se revela en su comunicación si prestamos la debida atención. Insisto: una clave para identificar al psicópata es su incapacidad para entender en profundidad las cuestiones que tienen un complejo calado humano.[2] No estoy hablando de que no entiendan las conversaciones «elevadas» o filosóficas, nada de esto; me refiero a, digamos, cuando tú tratas de explicarle los sentimientos encontrados que puedes tener acerca de, por ejemplo, cambiar de empleo (tienes miedo de perder a unos buenos amigos, dudas acerca de si lo disfrutarás tanto como el actual a pesar del aumento salarial que vas a disfrutar...) o el modo en que educas a tu hija (¿no serás a veces muy impaciente con ella?, ¿te excedes cuando la presionas para que rinda más en la escuela?). Si es un psicópata, te mirará perplejo y saldrá al paso con cualquier expresión rutinaria, o sencillamente se aburrirá y no entrará realmente a conversar.

En otro momento me entrevisté con una mujer —pongamos que se llamaba Laura— que expresó esta carencia de su esposo ya fallecido. Vino a mí porque había leído un libro mío, y quería resolver una cuestión que le había angustiado durante los treinta años que duró su matrimonio: *¿quién era en realidad él?*

Después de más de una hora, le pedí que me pusiera ejemplos de conversaciones en las que ella pensaba que había podido profundizar con su marido en asuntos que en aquellos momentos consideraba importantes. No me sorprendió que no pudiera recordar ningún episodio en el que hubiera podido sentirse realmente comprendida, en el sentido de que sus comentarios parecían no haber podido traspasar un cierto velo de superficialidad, teñido con una ligera irritación ante el hecho mismo de tener que mantener esa conversación:

De entre todas las situaciones, recuerdo una en particular que me dejó muy afectada durante largo tiempo. Iba a ser sometida a una operación de importancia y, si salía bien, iba a estar aproximadamente un mes sin poder ocuparme de mi hijo, lo que me preocupaba porque solo tenía dos años y, como es lógico, requería de toda mi atención. Él en aquella época trabajaba en casa, porque tenía su estudio ahí. Le pedí si podía arreglárselas para poder atenderlo después de que saliera de la guardería, a partir de las tres de la tarde. Mi marido no tenía padres, y yo no quería que se fuera a casa de los míos, porque vivían muy lejos de nuestra ciudad, además de que mi padre estaba delicado de salud y mi madre ya tenía mucho que hacer en atenderle. Él puso cara de fastidio y me dijo que era del todo imposible, que no podía dejar de trabajar por las tardes... Cuando yo le dije que quizás podría empezar a trabajar antes (porque lo hacía sobre las once de la mañana, no le gustaba madrugar), *pareció no creer lo que le estaba pidiendo*. Sencillamente, vi que era incapaz de comprender lo que yo necesitaba oír en esos momentos —angustiada como ya estaba por la operación— y, lo que era peor, que el bienestar de nuestro hijo estaba muy por detrás en importancia en relación con sus hábitos.

Junto a la conversación, la otra gran clave para detectarlo es *su recurrente fracaso en acompasar lo que dice a lo que hace*.[3] Lo primero —lo que dice— es la consecuencia de que él sabe lo que otros quieren que diga, y tiene como finalidad mantener su buena imagen social, algo prioritario para él; lo segundo —lo que hace— señala realmente lo que persigue en toda relación: el poder y el control. Un ejemplo flagrante de esa característica lo podemos ver en un caso en el estado de Utah (Estados Unidos), el cual aparece en el cuadro siguiente.[4]

El marido de Kouri Richins (treinta y tres años), Eric (treinta y nueve), había muerto en 2022 de forma súbita. El 7 de marzo de 2023, justo un año después del fallecimiento de Eric, su joven viuda publicó un libro titulado *Are you with me?* [¿Estás conmigo?]. Según ella misma explicó en un canal de televisión, el dolor que le había causado la muerte de su marido, y la preocupación por el efecto que podía tener en sus tres hijos habidos en el matrimonio quedarse de forma repentina sin padre, le llevó a escribir ese libro, donde explicaba de manera accesible a los niños cómo procesar una pérdida tan terrible. La solución se encontraba en que, si bien ya no podrían verle, *sí podrían sentirle*, porque su padre estaría siempre con ellos. La cuestión es que, mientras tanto, la fiscalía estaba recabando pruebas muy inquietantes. «¿Cuánto es una dosis letal de fentanilo?» era una de las muchas búsquedas que Kouri había realizado por internet, junto a otras acerca de seguros de vida. La autopsia y el análisis toxicológico subsiguiente de Eric hallaron cinco veces la dosis letal de esta droga en su organismo.

En su declaración al programa de televisión, antes de que se destapara su implicación como sospechosa de asesinar a su marido, Kouri había dicho, con tono compungido pero esperanzado, que «mis hijos y yo escribimos este libro para tratar las diferentes emociones y el duelo que estuvimos experimentando durante este último año. [...] Les confortó mucho saber que su papá todavía estaba con ellos, aunque de un modo diferente».

Las búsquedas encontradas en el iPhone de Kouri incluyen las frases: «¿Puede la Policía obligarte a pasar una prueba de detección de mentiras?», «Prisiones de lujo para los ricos en Estados Unidos», «Certificado de defunción pendiente, ¿hay que seguir pagando el seguro de vida?», «Si alguien ha sido envenenado, ¿cómo se escribe en el certificado de defunción?» y «Cómo eliminar permanentemente la información de un iPhone de forma remota».

Eric Richins fue encontrado muerto al pie de la cama de la pareja en marzo de 2022. Su esposa les dijo a los investigadores cuando la interrogaron que le llevó a su esposo un cóctel al dormitorio de su casa en Kamas, Utah, que luego se fue a dormir con su hijo en su habitación y que regresó alrededor de las tres de la madrugada, para encontrar a su esposo tirado en el suelo, frío al tacto.

Dado que todavía no ha sido juzgada cuando escribo estas líneas, es necesario decir que, en caso de que sea considerada culpable, podríamos inferir una alta probabilidad de que Kouri sea una psicópata integrada criminal, porque esa escisión entre lo que se dice y lo que se hace requiere en su caso de una absoluta falta de conciencia y de empatía —esto es, el núcleo duro de la psicopatía—, además de un arte curtido en la mentira más abominable. Piénsalo: asesina muy probablemente a su marido y escribe un libro para niños donde espera obtener un beneficio económico con la pretensión de ayudar a que sus hijos puedan hacer un duelo emocionalmente reparador. Es algo diabólico.

Como resulta lógico, no es sensato pretender que puedas identificar a un psicópata en un sentido estricto: para eso se necesitan unos conocimientos especializados en psicología, psiquiatría o criminología. Afortunadamente eso no es necesario, porque lo que necesitas es saber si te estás relacionando con alguien que tiene *modos de actuar* (incluyendo sus respuestas emocionales y sus diálogos) que *recuerdan a los sujetos que están dentro de ese espectro,* es decir, del espectro de la psicopatía. Quizás no sean psicópatas plenos, porque sus síntomas no tienen la presencia o intensidad necesarias para recibir ese diagnóstico, pero en la medida en que, después de una valoración tuya honesta de la relación, llegues a la conclusión de que esta te hace desgraciada (o desgraciado) *porque te exige actuar en contra de tus valores esenciales y te hace infeliz,* entonces es el momento de tomar medidas para alejar de ti a esa persona.

En el cuadro siguiente figura una lista de «síntomas de alarma» que deberías tomar en consideración. Lo siento, pero no voy a darte un valor a partir del cual tengas que preocuparte. En cada relación, cada síntoma puede tener un peso diferente, y en realidad lo que más importa es que te preguntes si el modo en que estás viviendo ese tiempo compartido se ajusta en mayor o menor medida a algunos de estos puntos, y si tú crees que tu estado de ansiedad o infelicidad se relaciona directamente con ellos.

Síntomas de alarma en el ámbito de la familia

1. Es capaz de «leerte la mente», pero en general lo hace para sacar ventaja de un modo u otro, no para algo bueno para ti (como consolarte o darte una sorpresa agradable).
2. Es muy raro verlo genuinamente afectado ante las desgracias o sufrimientos de las personas que le rodean.
3. Cuando tratas de explicarle algo de gran importancia para ti que exige una comprensión profunda de la situación o de tu inquietud, no logra llegar a ese nivel en la conversación: notas que se queda en la superficie.
4. Casi sin darte cuenta, vas dejando de hacer cosas que antes te gustaban por no contrariarle, o quizás porque has llegado a convencerte de ello (por ejemplo, abandonar la idea de cambiar de empleo o renunciar a la reunión mensual con tus amigos).
5. En ocasiones puede darte miedo cuando te mira, o bien puedes percibir un sentido de amenaza velado en algunos de sus comentarios.
6. Puede resultar impredecible en muchos momentos de la relación porque se deja llevar por el impulso, reacciona con frustración ante algo o cambia planes o de idea acerca de algún proyecto sin darte explicaciones.
7. Sabes con certeza que te ha engañado o mentido en cosas más o menos importantes, y temes que ese comportamiento pueda ser más habitual de lo que pensaba. Exagera o inventa sus méritos.
8. En situaciones de conflicto has podido notar un profundo desdén, que puede ir acompañado de abuso verbal, emocional y (más raramente) físico.

9. En realidad no muestra aprecio real por nadie, ni siquiera por gente de quien se considera amigo. No ves que quiera de verdad a su propia familia (padres, hermanos, etc.), y a pesar de lo que te dice, tú no lo sientes de ese modo.

10. Si hay hijos, los tolera más que los cuida y ama.

11. Tu intuición te dice que «aquí hay algo raro» que te preocupa de forma insistente.

12. Su conversación abunda en frases dramáticas. Su ego está siempre en el centro de todo lo que dice, aunque se hable de otras personas y de sus problemas.

13. Le gusta dominar la conversación, esto es, imponer el tema y la opinión triunfante.

14. Se cree un ser superior; está encantado de conocerse. Lleva muy mal las críticas a su persona.

15. Puede pasar tiempo planeando una venganza, aunque sea por una ofensa trivial, pero en ocasiones puede explotar, igualmente, sin una razón que lo justifique.

16. Vive a tu costa, o tú aportas mucho más económicamente que él.

17. Tiene reacciones emocionales que no se corresponden con la situación en las que se expresan.

18. Dice o da a entender que el mundo es de los fuertes, y que los menos afortunados tienen la suerte que se merecen, por perezosos, incapaces o estúpidos.

19. Te adjudica tareas fatigosas que podría compartir contigo sin ninguna excusa válida.

20. Es capaz de ofrecer una imagen a los demás de ser alguien resuelto e íntegro.

Y, por supuesto, no olvides lo más importante: *comprueba si dice una cosa pero hace otra*. Ejemplos: te presenta a alguien que es «su mejor amigo», pero luego nunca le llama o lo vuelves a ver; asegura que se ocupa del bienestar de sus empleados, pero sabes que varios de ellos han buscado o están buscando otro trabajo; te hace promesas que raramente cumple, o lo hace obligado; dice que quiere mucho a los hijos de su anterior matrimonio, pero en realidad cuando está con ellos los deja rápidamente en casa de sus padres, etc. Recuerda que buena parte de las mentiras entra dentro también de esta pauta (por ejemplo, dice que va al gimnasio, pero en realidad queda con compañías que tú desapruebas y que él —o ella— había acordado en dejar apartadas).

EL SISTEMA DE VIGILANCIA FRENTE AL PSICÓPATA

Ahora es el momento de que te explique qué cosas puedes hacer para poder tener la mente despejada, de modo tal que tengas elementos suficientes para tomar una decisión acerca de si debes alejarte de esa compañía, es decir, *de si hay buenas probabilidades de que estés junto a un psicópata.* Son, por así decirlo, herramientas para poder pensar más profundamente y tener mejor información, algo con lo que podrás repasar esa lista de síntomas de alarma para comprobar en qué se ajusta a tu realidad. Es un sistema de vigilancia compuesto por las siguientes herramientas: (a) la intuición; (b) el autoconocimiento; (c) el diálogo interior; (d) la observación objetiva, y (e) el diálogo con personas de confianza.

Antes de empezar, deja que te diga que, del mismo modo que el 1 por ciento aprendió a sobrevivir en un mundo hostil para quien no tiene principios morales, el resto de los mortales también desarrollamos un sistema de vigilancia para detectar al tramposo y al versado en el engaño. El protocolo por defecto es, como ya he dicho, la credulidad, porque de lo contrario sería imposible la convivencia, pero eso no significa que nos traguemos cualquier mentira. Si tu hermano te dice que esta vez se encuentra determinado a acudir a un programa de desintoxicación, te mantendrás escéptica hasta que no lo veas si es que antes ya te hizo esa promesa en vano. Si alguien del que sospechas que puede ganar algo mintiendo te ruega *por favor* que le creas, lo más normal es que pongas también entre paréntesis su declaración. Y aunque es cierto que mucha gente parece creer en cosas absurdas, como que la Tierra es plana o que el hombre no llegó realmente a la Luna (y todo fue un montaje de la NASA), la verdad es que no es tanta como la atención que suscitan. Como afirma el científico del pensamiento Hugo Mercier, las más de las veces lo hacen justamente por llamar la atención y mejorar su autoestima, o porque obtienen otros beneficios secundarios como formar parte de grupos que les ofrezcan un sentido de pertenencia social o incluso dinero mediante la preparación de eventos o venta de camisetas o pines con ciertos lemas.[5]

Así pues, nos encontramos lejos de estar inermes frente a los maestros del engaño: los psicópatas. Ellos han podido sobrevivir porque son relativamente pocos comparados con el total de la población, pero a su vez son constreñidos por el sistema de vigilancia que cada persona y sociedad (mediante sus instituciones de control de la vida pública) establecen sobre los que logra detectar. Cuando hablo de ellos como «maestros» es porque dedican la vida a ello, y los más inteligentes (del tipo primario controlado) buscan una y otra vez un fallo en este sistema de alarma, pero no porque sean mejores que nadie leyendo la mente o la expresión corporal o facial de los demás, unas estrategias que ya sabes que no son válidas para detectar a los mentirosos. De ahí la importancia de que, cuando nos enfrentemos al embustero más dedicado, utilicemos una serie de estrategias de forma combinada, sobre todo si el potencial psicópata ha traspasado con éxito la primera de nuestras defensas: la intuición.

FIGURA 6. El sistema de vigilancia frente al psicópata en las relaciones afectivas e interpersonales.

LA INTUICIÓN

Para la intuición hay varios términos sinónimos que puedes encontrar en libros de divulgación, como «cognición rápida», «razonamiento instintivo», «conocimiento inconsciente» o «conocimiento intuitivo», pero todos vienen a significar lo mismo. Como ha escrito Malcolm Gladwell: «Si los seres humanos hemos logrado sobrevivir tanto tiempo como especie ha sido solo gracias a que hemos desarrollado otra clase de aparato de decisión capaz de elaborar juicios muy rápidos a partir de muy poca información».[6]

Imagina dos planos en el cerebro: el primero se corresponde a la parte superior, donde está la corteza o córtex; el segundo está a mitad de altura, donde aparece el «cerebro emocional» o amígdala, que está conectada con el córtex, pero que se encuentra también muy atenta a todo *input* que entra por tus sentidos. Según Gladwell, cuando nos reunimos con alguien por vez primera, cuando entrevistamos a alguien para un empleo o cuando tenemos que tomar una decisión rápida en una situación estresante, utilizamos esta segunda parte del cerebro. Solemos confiar más en las decisiones conscientes, pero en ocasiones los juicios instantáneos «constituyen medios mucho mejores de comprender el mundo», afirma.

En este punto coincide también el escritor y neurocientífico Mariano Sigman, quien nos advierte de que no debemos ver la intuición como enemiga o contraria a la razón o inteligencia consciente, dado que «resulta que la razón y la intuición no son tan distintas: la primera es una deliberación consciente; la segunda, inconsciente». ¿Qué es lo que ocurre cuando se activa la intuición? Básicamente —sigue Sigman—, tu cerebro está analizando, sin pedirte permiso, cuáles son las mejores opciones que tienes para enfrentarte a una situación, y expresa, a través de tu cuerpo, cuál de ellas es la más conveniente.[7] Y es que, según asegura Gerd Gigerenzer, profesor del Instituto Max Planck de Berlín, «las partes inconscientes de nuestra mente pueden decidir sin que nosotros —el yo consciente— conozcamos sus razones».[8]

Subrayo la expresión «a través de tu cuerpo», que mencionaba Sigman, porque, en efecto, ese conocimiento inconsciente o intuición tiene un reflejo corporal que, en caso de que se relacione con una situación de amenaza o con una persona que no vaya a encajar con tus valores, se expresa en forma de incomodidad interior, ansiedad, sentido de estar alerta, extrañeza, confusión y una agudización de los sentidos. El punto clave es que la intuición es capaz de leer rápidamente una situación (no tiene por qué ser de amenaza, pero estas son las que nos interesan en este libro) porque, de algún modo, gracias al conocimiento acumulado de forma consciente durante el tiempo, eres capaz de emplear un atajo para concluir algo que quizás, si te tomaras mucho tiempo para deliberar sobre ello, no verías con tanta claridad. Gladwell pone el ejemplo de los experimentos hoy célebres de John Gottman.

Gottman quería saber por qué los matrimonios o bien eran capaces de mantenerse en una relación estable, o bien acababan separándose. Con tal fin invitó a muchas parejas a que tuvieran una conversación en su laboratorio, en cuyo transcurso Gottman y su equipo tomaban notas exhaustivas acerca de su comunicación verbal y expresión corporal, amasando miles de datos que posteriormente eran analizados mediante programas estadísticos en su ordenador. El resultado fue un impresionante fondo de conocimientos que le permitió predecir con éxito qué parejas se iban a mantener unidas y cuáles se iban a separar quince años después. Lo asombroso fue, sin embargo, lo que vino después, porque se dio cuenta de que todas las parejas tienen un patrón característico, «una especie de ADN marital que aflora en cualquier tipo de interacción importante», señala Gladwell. De este modo, Gottman y su equipo fueron capaces de realizar la misma predicción exacta con tan solo observar los tres primeros minutos del diálogo de cada nueva pareja. ¿Cómo era posible? Porque *de forma intuitiva*, fundamentándose en el fondo de conocimientos que les había proporcionado examinar durante cientos de horas a muchas parejas, habían llegado a descifrar inconscientemente si el matrimonio se ajustaba en su interacción —esto es, en su ADN particular de relacionarse— al patrón de relación asociado con los matrimonios que perduraban. En el caso de las parejas hay una serie de emociones clave que se filtran entre las palabras del diálogo, y una de ellas, la más importante, es *el desdén*. Gottman lo explica porque quien expresa desdén se considera superior al desdeñado y, por ello, legitimado para humillarlo, algo diferente a la crítica, la cual, aunque suponga algo negativo para la otra persona, no conlleva ese plus de desprecio.[9] (Algo que el psicópata puede sentir perfectamente, como vimos en el capítulo anterior.)

Otro de los descubrimientos de Gottman es que, para que una relación marital funcione y sea longeva, la proporción entre emociones positivas y negativas en un enfrentamiento dado tiene que ser de al menos cinco a una.

Así pues, ¿cómo opera la intuición? Cierta parte de la actividad humana es predecible porque sigue un patrón. Cuando hemos creado un fondo de conocimientos acerca de una actividad (en otras palabras: cuando tenemos una larga experiencia en un ámbito determinado), en ocasiones solo necesitamos un poco de tiempo para que nuestro inconsciente reconozca ese patrón. Por ello un experto puede «saber», por ejemplo, si una obra de arte es una falsificación en un tiempo asombrosamente rápido, esto es, por la capacidad que tiene nuestro inconsciente para encontrar patrones en situaciones y comportamientos a partir de una visión rápida del asunto o situación. Gladwell lo resume así: «Cuando tomamos una decisión repentina o tenemos un presentimiento, nuestro inconsciente hace lo mismo que John Gottman: criba la situación que tenemos delante, desecha todo lo que no es relevante y nos permite concentrarnos en lo que realmente importa». Y la verdad es que en ocasiones da mejor resultado que las formas de pensamiento más deliberadas y exhaustivas, porque en estos casos podemos razonar o enmascarar la realidad que no queremos —o nos da miedo— afrontar. En otras palabras, puede que desoigamos nuestra intuición porque nuestras reacciones instintivas tienen que competir contra nuestras emociones, intereses y actitudes. Algunas mujeres intuyen que sus exparejas pueden hacerles algo malo a sus hijos, pero los dejan marchar con ellas porque no tienen razones admisibles para negarse ante un juez... para ver después, desesperadas, que han sido asesinados. La intuición es muy importante porque el ser humano precisa de un mecanismo rápido para hacer frente a una amenaza, y ocurre que en ocasiones esa amenaza no eres capaz de verla en tu pensamiento consciente o racional, *pero sí puedes sentirla.*

Sin embargo, es posible que desoigas tu intuición y sigas adelante con una persona a pesar de que en tu interior algo rechine. Por suerte, no contamos solo con este recurso: contamos también con otras armas.

¿Te acuerdas del doctor Macchiarini? Además de ser un cirujano muy célebre y peligroso, también era un don juan. Una de sus novias fue Benita Alexander (cuarenta y siete años), una periodista de investigación muy prestigiosa, quien relató para el documental de Netflix los viajes de ensueño a los que Paolo (cincuenta y seis años) la llevaba, siempre en los mejores hoteles y restaurantes de París, Venecia y otros muchos sitios. Paolo «cuidaba todos los detalles», «era muy romántico», «te hacía sentir muy especial». Y en efecto, gracias a los vídeos que ella conservó, el espectador puede ver a este aparentemente amante solícito decir muchas veces de forma empalagosa «Te quiero» o «Eres mi vida», al tiempo que lanza besos a la pantalla.

Por supuesto, todo eso es una estupenda interpretación. Paolo le había dicho que estaba en trámites de separación de su esposa, que no tenía hijos y que esperaba llevarla un día a Barcelona, donde tenía su residencia. Lo cierto es que tenía una cónyuge que no sabía nada de ese supuesto divorcio y dos hijos pequeños viviendo en la ciudad condal... y que su «novia» anterior había sido nada menos que la madre de un chico al que él había operado en Italia y que había fallecido. Increíble pero cierto: Paolo se acercó a ella después de la muerte de su hijo como un cirujano abnegado que había hecho todo lo posible para salvarlo y la conquistó. Tuvieron un hijo juntos, pero pronto se desatendió de ella para poder vivir su romance con Benita.

Es obvio que Benita también estaba destinada al ocaso en el corazón del peculiar cirujano, cosa que descubrió cuando vio unas fotos muy comprometedoras en las que aparecía Paolo con una mujer muy interesante en un viaje de placer, cuando se suponía que debía estar trabajando. En fin, no vale la pena incidir en todas las mentiras que se creyó Benita, entre ellas que los iba a casar el propio papa Francisco en su residencia de verano de Castel Gandolfo (¡nada menos!)

o que Elton John iba a actuar en la ceremonia (de verdad, verlo para creerlo). Lo que quiero destacar aquí es cómo en numerosas ocasiones Benita señala en el documental que «había cosas que le extrañaban» (avisos de la intuición), pero a las que no prestó la atención suficiente. ¿Por qué? Porque estaba enamorada y deseaba desesperadamente que fuera verdad que un guapo, maduro y célebre cirujano la adorara para siempre. La intuición quedó acallada por otras necesidades.

No quiero ser injusto con Benita. Los psicópatas controlados han desarrollado la habilidad de detectar cuándo una persona está en un estado vulnerable; era su caso, por razones emocionales (sola, peligrosamente cerca de los cincuenta...), como lo fue la madre italiana del chico fallecido a quien había operado Paolo. Pero, a pesar de esto, ambas no solo no escucharon su intuición (la novia italiana se había quedado muy confundida cuando murió su hijo de repente, después de que la operación hubiera sido un «gran éxito», pero no inquirió nada más), sino que no emprendieron una tarea necesaria cuando se trata de ver si la relación *que tú quieres mantener* con la otra persona puede hacerte feliz o no. Me estoy refiriendo a la tarea de que te preguntes si tus valores básicos son compatibles con ella. ¿De verdad quieres vivir con alguien que cada dos días te deja porque tiene que volar hacia cualquier país del mundo y no le vuelves a ver hasta dentro de siete o quince días?

Una vez una chica me contó que, a pesar de que le producía un gran pesar, había accedido a no tener hijos porque su novio no quería tenerlos (él no tenía ninguno). Le pregunté si eso no la iba a hacer desgraciada, y me contestó: «Aprenderé a vivir con ello. Él me da seguridad. No quiero sufrir». Años después está todavía con él, por lo que quizás eligió bien... si todo a lo que ella aspiraba era a vivir sin sobresaltos. Pero si uno tiene claro que quiere un compañero con el que poder compartir la vida diaria, y que te incluya en sus planes y retos, es obvio que Paolo no cumplía con nada de eso. Nunca les decía a sus mujeres qué iba a hacer el día siguiente, o cuándo volvería a verlas.

¿Cómo quieres actuar ante los retos que te plantea la vida? ¿Qué es para ti lo más importante, lo irrenunciable? ¿Cuáles son tus valores esenciales o el propósito que te impulsa? ¿En qué quieres creer? ¿En qué medida la relación que estás teniendo va en contra de tus principios? Mi experiencia me dice que estas preguntas son omitidas por las mujeres y hombres que quieren seguir manteniendo una relación con el psicópata porque piensan —muy erróneamente— que eso que les atrae de ellos *es algo necesario* para su felicidad.

Un ejemplo dramático de desactivación de la intuición y de ausencia de diálogo interior fue el de la abogada zaragozana Rebeca Santamalia.[10] Rebeca conoció a José Javier Salvador Calvo en 2003, cuando se hizo cargo de su defensa en un caso penal. José Javier estaba acusado de haber matado a su mujer, Patricia Maurel, el 22 de mayo de ese año, mediante nueve disparos de escopeta, en la Puebla de Híjar (Teruel), dejando a sus tres hijos huérfanos de madre. Patricia se había presentado como candidata del Partido Popular a la alcaldía. El juicio terminó con una condena de dieciocho años, con la atenuante de confesión a la policía.

Rebeca se tomó a pecho su defensa. Argumentó ante la Audiencia Provincial que el asesino había actuado por celos y luchó con ahínco para que, además del hecho de confesar, también constaran las atenuantes de obcecación y arrebato, si bien no prosperaron. También fue su valedora ante los medios: explicó que los celos enfermizos comenzaron cuando empezó a recibir llamadas de teléfono anónimas en las que le decían que su mujer le era infiel. Según su relato, él trabajaba muchas horas y la había visto chatear bien entrada la noche en el ordenador con su supuesto amante; todo lo anterior le había «superado», llevándole a encargar una carabina para matarla.

No se sabe muy bien si Rebeca se enamoró de José Javier posteriormente, en las visitas a la cárcel con motivo de preparar la apelación, o si fue a su salida en libertad condicional, quince años después, en enero de 2017, pero lo que sí sabemos es que mantuvo una relación con él a pesar de estar casada, y que el 17 de enero de 2019 fue asesinada por José Javier a cuchilladas en su domicilio de Zaragoza. Poco después, a las dos de la madrugada, un coche patrulla de la Policía Nacional lo vio caminando; al acercarse a él, José Javier echó a correr y, cuando llegó a la altura del viaducto, se arrojó, falleciendo como consecuencia de la caída. Llevaba más de mil euros en el bolsillo, lo que me dice que el suicidio no era su primera opción, sino que pensaba huir, pero cuando vio que lo iban a volver a apresar no pudo soportar la idea de pasar veinte años más en la cárcel, así que decidió acabar con todo.

Estoy seguro de que, en algún momento, la intuición avisó a Rebeca sobre el peligro de esa relación, un aviso que no atendió. Igualmente, tampoco mantuvo un diálogo interior profundo sincero, o, al menos, no mientras estaba a tiempo. Un hombre había asesinado a su mujer; sus celos heridos pudieron más que el tabú del asesinato y, lo que es más importante, que el amor a sus hijos, pues con objeto de satisfacer su ego herido no había dudado en privar a sus tres hijos (de siete, nueve y catorce años) de su madre para siempre. Este hombre no amaba a su mujer ni a sus hijos, o, si lo prefieres, no los amaba de un modo sano, que es la única forma de amar, porque el amor «enfermizo» no es amor auténtico, sino un sucedáneo peligroso. Rebeca *tenía que saber* que un hombre que no sabía amar no era alguien con el que ella podría ser feliz. ¿Quizás pensó que podría redimirle? Si una mujer culta como Rebeca, plenamente conocedora de lo que aquel había hecho, se engañó de ese modo, es porque no quiso preguntarse *qué sentido* tenía esa relación para ella como persona, o porque lo hizo demasiado tarde y esa fue la causa de que la matara (al decirle que lo suyo tenía que acabarse).

Doy por sentado que difícilmente la observación es del todo objetiva —siempre ponemos cosas nuestras en lo que vemos: nuestros prejuicios, nuestra forma de ver el mundo—, pero ciertamente podemos aprender a anotar las cosas de forma descriptiva, y eso en sí mismo tiene valor, porque lo que realmente importa en la tarea de identificar a un psicópata es lo que tú ves (y cómo te hace sentir) de manera reiterada. Créeme que es algo que todos podemos hacer, sobre todo si tenemos oportunidad de convivir un tiempo con él. Por ejemplo, observa lo que anotó Eugenia, hablando de su padre:

> Es un manipulador brutal, que retuerce las normas, el discurso e incluso el pasado para adaptarlo a sus intereses del momento. Miente sin escrúpulos si le interesa, es impulsivo, necesita constantemente sentir el control en todos los aspectos de su vida, utilizando para ello todos los medios a su alcance, especialmente el financiero. Maltrata psicológicamente hasta llegar a romper a las personas y en contadas ocasiones ha perdido el control hasta agredir físicamente.
>
> Estas agresiones físicas, sin embargo, solo se dan con sus figuras significativas cuando se siente desafiado por ellas, y ahí es donde está mi duda: por momentos sí parece más humano. Sí es capaz de crear algo parecido a relaciones humanas significativas, pero solo con personas que considera una extensión de sí mismo (su madre, su hermana, su mujer, sus hijos) y siempre en la medida en que se comporten como un eco de sí mismo: en el momento en que esto deja de ser así, pierden valor y rompe la relación, o los transforma en «el otro» o «el enemigo».
>
> Con el mundo carece de empatía, pero con estas figuras significativas tiene algo que se le parece, aunque siempre al servicio del autoconcepto. Por ejemplo, cuando se erige en la figura de «el salvador», o cuando se alegra por sus logros, siempre lo hace alabándose a la vez a él mismo: «Como tu padre»,

«Ya te lo decía tu padre». E incluso, cuando parece afectado por una desgracia de ellos, siempre acaba siendo él el centro: «No sabes lo duro que es tener un hijo que es [...]». Algo parecido sucede con la culpa: en casi cuarenta años le he visto tenerla en unas cinco ocasiones, por momentos breves y solo hasta que logra retorcer el discurso y «devolverle» esa culpa a la persona que se la ha hecho sentir. De hecho, en mi fuero interno él es una especie de Anakin Skywalker que ha mutado a Darth Vader: cada vez su parte humana está más diluida.

Es cierto que Eugenia ha tenido cuarenta años para conocerle, pero no es necesario tanto tiempo. Basta con que te fijes en lo que ocurre cuando habla y actúa contigo, con sus amigos, con su familia y compañeros de trabajo. *Es sobre todo en esta estrategia donde tienes que tener en cuenta todos los indicadores de la psicopatía que te mostré anteriormente.* Un psicópata puede fingir, pero no puede ocultar su verdadera naturaleza todo el tiempo. Si eres consciente de lo que estás buscando, puedes suscitar diálogos para ver en qué medida se ajusta a los rasgos conversacionales que antes te señalé. ¿Todo va sobre él? ¿Le echa siempre la culpa al otro? ¿Tiene accesos de furia cuando se le contradice, o bien utiliza el sarcasmo o da por finalizada la conversación? ¿Quiere convencerte de que sus incoherencias o contradicciones no son tales, y que solo existen en tu imaginación? Y, lo que es más importante, pregúntate de manera fría qué es realmente lo que ha hecho por ti. ¿Ha supuesto un sacrificio real para él lo que sea que tú consideres que hizo por ti? Y si le supuso realmente un costo esa acción que supuestamente te ayudó (o al menos dijo que tuvo esa intención), pregúntate: ¿Es posible que esto fuera un paso —a modo de inversión— para lograr algo para él?

Por ejemplo, en mis archivos figura un caso muy interesante en el que una mujer joven se enamoró de un hombre unos años mayor, que se mostró muy solícito con su futuro suegro, alabando su forma de hacer negocios y su inteligencia comercial. Este, sin embargo, tenía serias reservas sobre su futuro yerno, porque en realidad no parecía que tuviera un trabajo estable, salvo ciertos negocios que el joven mencionaba de vez en cuando. Es cierto que tenía un título en económicas, pero no fue capaz de mencionar el nombre de una sola empresa en la que hubiera trabajado. Sea como fuere, al poco tiempo el suegro venció sus escrúpulos y, como su hija estaba muy enamorada, accedió a invertir una cantidad importante en un nuevo negocio que detalladamente el novio de su hija le explicó, relacionado con la importación de unos determinados productos que, según le comentó, iban a tener una enorme acogida en España. Lo cierto es que al cabo de un tiempo, después del matrimonio, el suegro descubrió que ese negocio no existía, algo que no reconoció su yerno, quien le dijo simplemente que «estaba haciendo los contactos, [y] que estaba tardando un poco más de lo esperado que cuajara y se pusiera en marcha». La joven había sido hasta ese momento muy feliz con él, se había sentido querida y valorada; él había invertido una buena suma en impresionarla (un dinero que pidió prestado a su familia, cuya relación con él distaba de ser ideal, en parte también por méritos de sus propios padres), pero cuando su suegro amenazó con exigirle su dinero e incluso con denunciarle, el psicópata mostró quién era de verdad. De manera inopinada se llevó a su joven mujer (veintidós años) al extranjero, y allí la obligó a trabajar de prostituta y la sometió a un trato vejatorio. Se puso en contacto con su suegro y le dijo que si quería recuperar a su hija tenía que firmarle un documento donde le exonerara de toda responsabilidad acerca del dinero invertido en su empresa.

Por otra parte, es cierto que «cuatro ojos ven más que dos». Benita se guardó para sí sus dudas y no las compartió hasta que se hizo evidente la mala praxis de Paolo como cirujano, y entonces ya había sido cruelmente humillada: dejó su trabajo en Estados Unidos y se trasladó con una hija que tenía de una relación anterior a Barcelona, donde supuestamente

109

la estaba esperando Paolo. También llegó a enviar lujosas invitaciones de boda y a hacerse tres trajes para la ceremonia. Muchas personas que se han vinculado amorosamente con psicópatas no piden la opinión de otros, quienes, debido a su relación de confianza, podrían darle su parecer si honestamente lo solicitaran. No lo hacen porque temen parecer ridículas, inseguras o sencillamente tienen miedo de descubrir que no son ellas las únicas en albergar dudas y temores acerca del sujeto en cuestión; es decir, temen el dolor que podría reportarles saberse engañadas. No te estoy aconsejando que le preguntes a tu mejor amigo si le parece que tu pareja «es un psicópata», desde luego, pero sí le puedes hacer otro tipo de preguntas: ¿Hay algo que te inquiete en él (o ella)? ¿Ha dicho o ha hecho cosas, que tú sepas, que te hayan provocado sorpresa o quizás un cierto estupor? ¿Te parece alguien sincero? ¿Hay cosas en él que «no te encajan»? Es importante que las personas a las que preguntes no hayan sido seducidas por él, ya que de ser así solo reforzarás tu propio engaño. Igualmente, han debido de tener la oportunidad de estar con él en diversos escenarios para que pudieran hacerse una idea de su conducta en general. No son necesarios muchos años. Esa información puede ser muy valiosa para que te formes tu propia opinión o para que obtengas una imagen más completa del puzle de quién es en verdad tu pareja.

EL PSICÓPATA PERSEVERA EN SU NATURALEZA

Créeme si te digo que, por muy doloroso que sea el descubrimiento, no podrá compararse a lo que te espera si sigues adelante con la relación. Quizás logres un cierto estado de tregua, debido en buena medida a que le dejes hacer y no te metas en su vida ni le exijas nada. Pero el precio a pagar es una vida (o los años que aguantes la situación) desperdiciada, llena de sinsabores y, en el mejor de los casos, de resignación y honda decepción.

La investigadora Donna Andersen —que trabaja en una institución dedicada al análisis del fraude amoroso y la recuperación de las víctimas en Nueva Jersey (Estados Unidos)— y varios colegas quisieron comprobar si, como suele pensarse, las personas del espectro de la psicopatía experimentan una disminución de los síntomas a medida que se hacen mayores, singularmente a partir de los cincuenta años de edad.[11] Es una investigación necesaria, porque hasta ahora se sabía, gracias a otra investigación (esta vez por parte de la profesora Courtney Humeny),[12] que las personas que habían sobrevivido a una relación romántica con un psicópata habían tenido que sobreponerse después de la separación a una variedad de tipos de abuso —financiero, físico, sexual, emocional y psicológico—, pero no se había explorado cómo evolucionaban los psicópatas en sus conductas explotadoras a lo largo de su ciclo vital.

Con tal fin encuestaron a una muestra de 1.215 personas, quienes tuvieron que señalar si su pareja o familiar presentaba o no los síntomas de la psicopatía, y posteriormente indicar qué comportamientos habían observado que podrían considerarse antisociales, inmorales o violentos, bien en su propia persona o bien en la de otros. Como consecuencia del estudio, se pudo conocer quiénes puntuaban alto en los síntomas de la psicopatía y quiénes eran los que habían cometido más actos reprobables. *Los resultados indicaron que existía una correlación elevada entre el actuar dañino y el grado de psicopatía estimado.* Esto difícilmente puede ser una sorpresa, pero sí fue un hallazgo muy importante el que, a juicio de las personas que evaluaron a los psicópatas y que los conocieron tanto antes como después de que estos cumplieran cincuenta años, su comportamiento antisocial y vejatorio *no había disminuido con el paso del tiempo.* En el reporte de estos actos dañinos había todo tipo de vilezas —desde robos hasta violencia, pasando por el abuso de alcohol y drogas—, pero lo que más se repetía era el abuso físico y emocional. También es digno de destacar que fue-

111

ron los síntomas característicos de la *faceta 1 interpersonal* (narcisismo y manipulación) y de la *faceta 2 afectiva* (falta de empatía, crueldad) de la psicopatía los que más se ajustaban a los sujetos que los encuestados calificaron como psicópatas.

¿Qué se desprende de esto? Los autores del estudio concluyeron que

> la mayoría de los sujetos que presentaron tales rasgos [psicopatía] no remitieron en sus actos antisociales, sino que, contrariamente, se convirtieron en personas peores después de los cincuenta años de edad, continuando su labor de dañar seriamente tanto a las víctimas como a la sociedad.

Es una confirmación empírica de que, salvo que sean forzados a ello por imperativo legal (es decir, mediante una condena penal), *los psicópatas no van a abstenerse de aprovecharse de ti*, de un modo u otro. Es importante recordar que la investigación revisada se ocupaba de una muestra general, no extraída de las cárceles. No cuesta imaginarse la miseria que los psicópatas expandieron en las víctimas de sus relaciones. Quedarte con un psicópata porque piensas que lo vas a «salvar» es una muy mala decisión.

En el capítulo 6 nos detendremos en comentar de qué forma se puede sobrevivir e incluso crecer personalmente tras este tipo de experiencia.

Los hijos en riesgo de psicopatía

Hace ya varios años que leí un artículo en el que una madre angustiada contaba su constante pelea para que las instituciones sanitarias y escolares tomaran en consideración a los niños y jóvenes con un «trastorno de conducta grave», así que lo recorté y lo guardé. La mujer, Charo Díez, estaba ya desesperada porque eran muchos años de lucha, y la situación se había agravado mucho más porque su hijo había sido detenido por agredir a una pareja homosexual que se estaba besando a las puertas de una discoteca en una madrugada de domingo.

En una carta abierta para toda la sociedad, Charo decía:

> Imagina que tienes un hijo *adoptado* cuando tenía dos años, diagnosticado a los diez años de TDAH [trastorno de déficit de atención con hiperactividad; incluye problemas para mantener una atención mínimamente sostenida y una gran agitación motórica, esto es, «no se puede estar quieto»]. Imagina que los centros educativos no entienden la problemática [...], que es castigado continuamente [...], enviado a casa [...]. Que no se aplican las medidas necesarias para hacer frente a su escolarización.

La madre se lamenta del poco conocimiento acerca de este trastorno, y hace todo lo posible para que se reconozca su importancia como un factor de riesgo para el fracaso escolar y la comisión de actos antisociales.

> Aún hay gente que niega su existencia. Es el primer trastorno que se puede diagnosticar a los pequeños a partir de seis o siete años. Luego, de adultos, en algunos casos desaparecen, en otros continúa y a veces va acompañado de otras patologías.[13]

Lo que quiero destacar ahora es esta última frase: «A veces va acompañado de otras patologías». Una de esas patologías —sin duda la más grave dentro de los trastornos de conducta— es la psicopatía. De acuerdo con Charo, su hijo fue también diagnosticado de un trastorno antisocial de la personalidad, que es el nombre que se corresponde con el diagnóstico psiquiátrico oficial para la psicopatía. Charo pone el énfasis en el TDAH para explicar los problemas de su hijo, pero yo no estoy tan seguro; la psicopatía no precisa de esta deficiencia en el aprendizaje para prosperar. De hecho, la mayoría de los niños que tienen un TDAH *no desarrollarán de*

113

adultos esta condición, aunque sí que tienen una mayor probabilidad de hacerlo en comparación con los que no la presentan, del mismo modo que los niños que muestran frecuentes comportamientos de desafío, desobediencia, rechazo de las normas y uso de la agresión física contra objetos, animales o personas, tienen también un mayor riesgo, aunque no presenten los síntomas específicos del TDAH.[14]

No es el primer niño adoptado que presenta este problema, lo que puede interpretarse, posiblemente, como que estos niños quizás sufrieran de un *apego inseguro o rechazante* antes de llegar a sus padres adoptivos, una de las causas ambientales que pueden activar los rasgos psicopáticos en el futuro. En el apego inseguro, por hablar en términos generales, el vínculo afectivo entre la madre (o persona que la sustituya) y el niño no se ha establecido, con el resultado de que el recién nacido se enfrenta al mundo sin el apoyo de unos brazos cálidos que le ofrezcan el amor y la seguridad necesarios para que pueda crecer confiado mientras lo explora. El resultado es que el niño se protege emocionalmente de un mundo que se le antoja hostil, y donde el abuso de los demás le parece una respuesta lógica, ya que no siente culpa por sus actos dañinos.[15]

En su carta, Charo Díez entraba en detalle en algunas de las experiencias amargas que supone educar a un niño con un grave problema de conducta:

> Imagina que [el hijo] empieza a consumir cannabis y se pone muy agresivo y acaba ingresado diez días en la unidad psiquiátrica de un hospital público [...]; imagina que asiste a la unidad de conductas adictivas y le dan de alta porque no quiere dejar de consumir, en lugar de hacerle la terapia para ayudarle a dejar el consumo [...]; imagina que es agresivo y se pelea continuamente. Que vas pagando sanciones económicas [...] y que la sentencia siempre es la misma: multa o prisión sin saber cómo acceder a que le conmuten por servicios a la comunidad, para que sea él quien pague por las consecuencias de

sus actos [...]; imagina que vas viendo, y además te lo dicen, que el único camino es la prisión. ¿Cuántas madres y padres no se imaginan todo esto y más, sino que lo están viviendo día tras día? Yo soy una de estas madres y me encuentro impotente ante esta sociedad [...] que llena las prisiones con enfermos sin buscar otras soluciones.

Es interesante que en otro momento de la carta Charo diga que su hijo «no es homófobo», al igual que el resto de su familia, porque subraya el grave descontrol que tiene el chico en cuanto a la gestión de sus impulsos, lo que se revela en un historial muy largo de agresiones. Para mí —y es una opinión, dado que no lo conozco personalmente y no tengo más información que la que proporciona Charo en su misiva— el joven (que contaba diecinueve años en el momento que su madre dio a conocer su caso) representa los rasgos de *la psicopatía más impulsiva*, lo que implica que es menos seguro de sí mismo, es menos hábil mintiendo o manipulando y, sobre todo, es mucho menos reflexivo y emocionalmente equilibrado. Es ese déficit severo de autocontrol —y la ausencia de miedo ante las sanciones— el causante de sus problemas con las autoridades y la justicia, a diferencia del tipo controlado, sin que podamos descartar la influencia de una inteligencia mediocre, escasamente desarrollada por los problemas de conducta recurrentes en la escuela y frecuentes expulsiones y suspensos, convirtiéndose esta variedad de la psicopatía en los principales candidatos a tener graves problemas con la justicia.

No obstante, he de decir que, desafortunadamente, los azares de la genética en ocasiones bastan para que el niño esté en riesgo de desarrollar una psicopatía, en cualesquiera de sus variedades. Ocurre esto porque cuando el sistema nervioso es vulnerable a la psicopatía, no basta con que el hogar donde se cría y educa el niño *no sea* inadecuado o *sea* «normal», *sino que ha de ser particularmente bueno y eficaz para contrarrestar esa tendencia innata*. Lo que quiero decir es que un niño puede desarrollar problemas de conducta porque se ha criado en un hogar *inepto*; por ejemplo, ha visto modelos de violencia en sus padres o estos han desatendido gravemente su educación o su bienestar, siendo objeto de castigos severos o abuso emocional. En otras ocasiones, como sucede en niños que han sufrido una ausencia de apego seguro, estos pueden encontrar obstáculos muy serios nada más nacer, una dificultad que puede perdurar, aunque posteriormente sean atendidos por padres solícitos. Aquí también incluiríamos aquellas condiciones dañinas para el cerebro que recibe el niño si la madre ha abusado durante el embarazo del alcohol o drogas o si ha sido sometida a un severo estrés, entre otras circunstancias.

Todo esto son causas ambientales, ya sea que afecten al niño antes o después de nacer. El TDAH y el trastorno de conducta grave pueden ser consecuencias directas de estas experiencias. Pero hay otros niños que nacen en hogares cálidos y afectuosos, con padres plenamente dedicados a atenderles y satisfacer las necesidades de una buena crianza... y, sin embargo, desarrollan un comportamiento violentos o antisocial, que puede limitarse al ámbito familiar o extenderse a la escuela o la calle. En estos casos el peso del problema recae en su personalidad innata. ¿Significa esto que los padres no pueden hacer nada? Al contrario, significa que *los padres tienen que esforzarse mucho más* para enderezarlo y prepararlos para llevar una vida fructífera.

Son estos niños, en riesgo de desarrollar una psicopatía al llegar a la edad adulta, los que constituyen el desafío más formidable para ser educados. La investigación de los últimos treinta años no deja lugar a dudas de que la presencia de la *faceta 2 afectiva* de la psicopatía (insensibilidad emocional, falta de empatía) en los niños con trastornos de conducta convierten su educación en una tarea extraordinariamente compleja, al tiempo que aumenta el riesgo de que desarrollen conductas más violentas e ingobernables. Por lo que respecta a su vida en la familia, son estos niños a los que consideré cuando escribí hace ya casi veinte años *Los hijos tiranos: El síndrome del emperador.*[16] La investigación que realicé para ese libro y la que continué en los años siguientes me llevó a conocer a muchos padres honestos y amantes de sus hijos que, simplemente, *se habían dado casi por vencidos,* porque todo lo que habían intentado para educarles —y que funcionaba perfectamente con sus otros hermanos, así como en la inmensa mayoría de los menores— no había sido eficaz con ellos.

En la figura que aparece a continuación podemos ver que los enunciados de las tres columnas se corresponden con cualidades o atributos del psicópata que ya hemos revisado en este libro, así como los indicadores o «síntomas de alerta» correspondientes.[17]

En el cuadro siguiente presento un caso de mi archivo personal que se corresponde con una psicopatía impulsiva.

	INSENSIBILIDAD EMOCIONAL	POCO MIEDO AL CASTIGO	GRAN ANHELO DE LOGRAR LO QUE DESEAN
cualidades	Falta de empatía y de sentimientos de culpa Dificultad para comprender y sentir el daño que produce en las otras personas	Bajo sentido de la contención: no cree que los adultos tengan la autoridad y el poder para castigarlo Dificultad para tener ansiedad	Tiene gran confianza en conseguir sus metas egocéntricas Da un gran valor a lo que desea conseguir, y poco valor al castigo que pueda recibir
indicadores	Actos de crueldad excesiva en consideración a la edad que posee Los sentimientos parecen superficiales No hay culpa auténtica, y la disculpa solo se produce por la amenaza del castigo No hay amigos de verdad; solo compañeros de circunstancias	Las mentiras y embustes son muy frecuentes, incluso aunque se demuestre la obviedad de esa mentira Cualquiera tiene la culpa menos él, siempre hay una excusa en sus labios Los razonamientos no sirven para nada, así como tampoco hacerle ver los efectos de sus actos en él mismo o en los demás Los castigos son ineficaces o, como mucho, sólo son eficaces durante un breve periodo de tiempo	Desmotivación por las tareas que suponen la aprobación de los adultos (en casa y la escuela) Deseo por hacer cosas que le suponen poder sobre los otros, más que el mero disfrute de las cosas. Violencia, extorsión, en ocasiones robos y destrucción de la propiedad Cuando quiere algo pone todo su empeño, aunque sepa claramente que va a ser castigado, o que al final le va a suponer más inconvenientes que ventajas

FIGURA 7. Cualidades e indicadores de los niños y jóvenes en riesgo de desarrollar una psicopatía en la edad adulta.

Es un joven con poco autocontrol; el tipo primario controlado sería más cerebral, más metódico y discreto en sus mentiras. Ambos comparten los síntomas del espectro de la psicopatía, pero Jaime no tiene la seguridad en sí mismo y la autoestima que presentaría un psicópata controlado. También resulta evidente que el chico es poco inteligente —un fracasado escolar a pesar de que solo lleva un año de retraso—, y busca refugio a su malestar emocional en el consumo compulsivo de cannabis.

Cuando tengo delante a Jaime (16 años, 1,78 cm de alto), encuentro en él una mirada desafiante y una ira contenida. Ha venido a verme por pura presión de sus padres, los cuales, literalmente, le han dicho que si no venía a nuestra cita se iba a quedar sin su paga en las Navidades, que están ya cerca. Está nervioso, su pierna derecha no para de moverse. Lo comprendo. En primer lugar, está harto de ir a ver a «loqueros» (su expresión) que, por supuesto, «no sirven para nada»; para él es una pura pérdida de tiempo. Pero es que, además, tiene conciencia de que le voy a pedir que me conteste ciertas preguntas para las que no tiene respuesta, o al menos no las puede encontrar fácilmente, ya que requiere que «se estruje el cerebro», y eso es algo para lo que tiene mucha dificultad. Sus padres me han dicho que hay veces que se deprime o se encoleriza por cualquier cosa, que tiene profundos altibajos emocionales, y que lo mínimo que pueden esperar de él, cuando se enoja, es un insulto u otras formas de abuso verbal. Le cuesta estar concentrado en clase y abusa del cannabis diariamente; han intentado quitárselo, pero entonces se revuelve, rompe cosas y se marcha de casa durante horas, así que han cedido para evitar males mayores. Cuando quiere algo, se obsesiona con ello, y son siempre cosas materiales. Odia ir a la escuela. Allí no plantea muchos problemas porque espera con impaciencia a que suene la hora de su liberación. Según me ha dicho su madre:

De pequeño nos dio faena, pero lo podíamos controlar. Fue al llegar a los trece años donde todo fue a peor. Tampoco ha ayudado que sea un chico grande, ya que él se ve fuerte y le hace ser más chulo y desafiante. También a esa edad más o menos empezó a meterse con saña con su hermano, al que le lleva tres años. Lo ve como nuestro favorito y le tiene mucho rencor, a pesar de que nosotros siempre procuramos que ambos tengan la oportunidad de disfrutar de las mismas cosas. Pero como Jaime incumple muchas de las normas de la casa y es tan agresivo, resulta castigado mucho más que su hermano, y él no puede ver que es su responsabilidad que esto suceda.

En este libro no puedo extenderme en tratar este problema, pero es importante darse cuenta de que hay un tipo de violencia de los hijos a los padres (la cual, repito, puede extenderse fuera del hogar) que, más allá de *realities* y las consabidas tertulias donde se culpa a los progenitores por ser blandos y sobreprotectores, tiene su origen en los síntomas de la psicopatía, los cuales pueden ser exacerbados o activados por un ambiente de crianza negativo, *pero que pueden aparecer también en un buen hogar.* Por ello, lo último que deberíamos hacer es culpar a los padres; al contrario, deberíamos ayudarles en todo lo posible, como bien ponía de manifiesto la desesperada carta de Charo Díez. Un buen diagnóstico a tiempo y la capacitación profesional adecuada para tratar estos casos tan complejos son medidas necesarias y muy justas, porque en estos niños y adolescentes el uso del razonamiento, los refuerzos contingentes («Si terminas los deberes, podrás ver la televisión») y otras estrategias habituales de una buena crianza no son eficaces. (En el último capítulo incluyo algunas ideas al respecto de la prevención de la psicopatía en niños y jóvenes.)

Capítulo 4

El psicópata en la empresa
y las organizaciones

Del mismo modo que quien desea ser feliz en una relación amorosa debería preguntarse si tal persona aporta calidad a su vida, si le ayuda a crecer y a sentirse más satisfecho (un test que en modo alguno pasa el psicópata), los accionistas o responsables de una empresa deberían procurar que sus directivos lograran algo parecido con sus empleados. No estoy siendo ingenuo; cualquier tratado de *management* señala que el estilo directivo más exitoso pasa por desarrollar las mejores cualidades profesionales de los trabajadores, y que cuanto más satisfechos se encuentren estos en su empleo, mejor rendirán. Por desgracia, los psicópatas *son expertos en hacer justamente lo contrario*, y si en ocasiones parece que son empresarios modélicos es porque, como señalé en el capítulo 1, los llamados «psicópatas de éxito» *no son en realidad psicópatas*, sino personas que solo tienen alguno de los rasgos del espectro, y no se les puede considerar como tales (son los «falsos psicópatas» del gráfico que aparece en dicho capítulo). En particular, su *faceta 2 afectiva* (ausencia de empatía, crueldad, falta de conciencia) no se corresponde con la de los psicópatas auténticos, quienes se dedican a explotar sistemáticamente a los otros; antes bien, los «falsos psicópatas» tienen sentimientos morales y ciertos principios éticos. Pueden destacar más en la *faceta 1 interpersonal* (narcisismo y manipulación), pero es algo lógico si comprendemos que el libre mercado del capitalismo exige el arte de convencer y saber los puntos débiles del rival. Y qué duda cabe de que la gente que se cree muy buena en lo suyo proyecta ese aire satisfecho típico del narcisista. Sin embargo, no debemos confundir el orgullo elevado acerca de uno mismo con el narcisismo patológico que es habitual en el psicópata controlado. Finalmente, es importante señalar que existen empresarios de mucho éxito que muestran un modo de ser antagónico con el del psicópata; este siempre fracasa, más tarde o temprano.

En este capítulo te invito a sumergirte en la psicopatía de empresas, organizaciones y corporaciones. Analizaremos por qué estos individuos llegan a lo más alto y veremos ejemplos significativos, así como algunos medios para poder tenerlos bajo control.

El psicópata como líder destructivo

Una parte importante del espectro más poderoso de la psicopatía, ese 1 por ciento maligno, se esconde entre los consejos de administración de las empresas, como ha escrito Robert Hare, el creador de la moderna definición de la psicopatía.[1] Ya vimos en un capítulo anterior que los psicópatas son más abundantes en los puestos de poder de las empresas financieras y otras corporaciones. No te sorprenderá que te diga —como veremos en las páginas que siguen— que el psicópata es el líder más destructivo de los que existen, entendiendo por «liderazgo destructivo» en el ámbito empresarial aquellas decisiones intencionadas tomadas por el líder con el fin de:

a. provocar resultados que van en contra de los intereses legítimos de la empresa, lo que puede incluir cometer delitos de todo tipo, desde los que atañen a la integridad y vida de las personas, o a su economía, hasta los que afectan a la seguridad y sanidad públicas y el medio ambiente; y

b. abusar, explotar, humillar o maltratar de cualquier forma a sus subordinados, produciéndoles daños psicológicos y económicos, que sin duda afectarán a su vida privada y familiar.

A pesar de que los psicópatas han existido desde siempre, este nivel de *amenaza global* de la psicopatía es algo relativamente nuevo. Antes de que aconteciera la Revolución Industrial en el siglo XIX, tan solo la pequeña parte de la población que componía las élites (la aristocracia y el poder religioso y militar) tenía capacidad para tomar decisiones que podían ser particularmente dañinas para la población en general. Pero a partir de la expansión de las ideas igualitarias de la Ilustración en el siglo XVIII se empezó a construir una sociedad más equitativa, en la cual, con la expansión de la educación, el mercado y las estructuras democráticas que se iniciaron en el siglo posterior y alcanzaron su pleno desarrollo después de la Segunda Guerra Mundial, se crearon los medios para que muchos ciudadanos —y con ellos, los psicópatas— pudieran acceder a puestos de responsabilidad y de poder.[2] Piénsalo: un sistema capitalista, basado en la capacidad de «hacerse a uno mismo», daba mucho espacio para que los tramposos y manipuladores decididos pudieran sortear los débiles filtros de la buena imagen (honestidad, rectitud) y del mérito, que son las cartas de presentación de alguien que aspira a un puesto importante. Si te fijas, el trío de genocidas más grande de la historia, cuya «contribución» a la humanidad suma decenas de millones de muertos (e indirectamente incontables más), Mao Zedong, Hitler y Stalin, provenía de familias de clase baja, cuando no humildes.

Esto hubiera sido imposible siglos antes, donde el linaje marcaba la frontera de quién podía gobernar. En el ámbito de los negocios, aunque las familias poderosas suelen transmitir sus bienes y poder a la siguiente generación —y existen personajes dentro del espectro de la psicopatía que heredan los privilegios de la generación anterior (o más allá), como Donald Trump y Ghislaine Maxwell, ambos hijos de magnates—, lo cierto es que muchos psicópatas que hicieron fortuna con sus empresas partieron de la clase media, como Jeffrey Epstein, Bernard Madoff, Harvey Weinstein o Elizabeth Holmes.

No debe extrañarnos que el ámbito empresarial sea tan atractivo para el psicópata, ya que supone una vía rápida para obtener dinero, prestigio y poder, los cuales constituyen sus metas esenciales, que podemos reducir al poder, puesto que este se sirve usualmente de los dos primeros. Los ejemplos de Theranos y la bolsa de criptomonedas FTX, que veremos más adelante, ponen de relieve que en el mundo actual es posible ser billonario antes de los treinta años, y no siempre por medios lícitos. Por otra parte —y probablemente ya lo habrás adivinado—, el psicópata tiene atributos que también atraen a las empresas, sobre todo aquellas que están en una situación desesperada y anhelan encontrar al «líder milagro» que tome decisiones rápidas y efectivas, así como a las que están fuertemente orientadas a obtener beneficios sin que importen demasiado los medios para obtenerlos.

Ahora bien, es evidente que en situaciones especiales de crisis en ocasiones es necesario tomar decisiones rápidas, y muchas veces sin contar con toda la información que sería deseable, pero no hay ninguna razón basada en la evidencia que nos indique que el psicópata está mejor preparado para tomar una decisión en esos momentos de dificultad que el directivo cabal.

¡Con cuánta frecuencia los consejos de administración se dejan engatusar por el líder que parece tener la estrategia ganadora a toda costa, sin importar los costos económicos y humanos que a medio o largo plazo puedan suponer! El psicópata parece, por su naturaleza intrépida y extrovertida, por su gran seguridad en todo lo que dice, el sujeto ideal para salvar a la compañía en momentos difíciles, cuando lo cierto es que, al contrario, son los que se comportan con integridad y se preocupan por sus trabajadores «los que triunfan hasta en las situaciones más temibles» —en palabras del experto en liderazgo Norman Augustine—, como han probado una y otra vez los estudios de líderes eficaces en las empresas.[3]

El problema es que el psicópata *parece un gran activo*, porque se ajusta a cierta expectativa generalizada de cómo debería ser el líder ideal en una corporación. Pero esa correspondencia es falsa. Fíjate en las dos columnas siguientes:

Determinación	*Temeridad*
Liderazgo, carisma	*Encanto superficial, manipulación*
Ideas innovadoras	*Mentiras, fraudes, apropiación de ideas*
Renovación	*Conducta inmoral y destructiva*

La primera columna son *atributos deseables* que las compañías buscan en sus líderes; la segunda son síntomas de la psicopatía. ¡Qué duda cabe de que un buen director ejecutivo ha de mostrarse decidido y seguro en la gestión de los riesgos! Pero el psicópata no juega en la misma liga: lo suyo es buscar el riesgo por la excitación que le produce y la posibilidad —aunque improbable— de apuntarse un gran éxito, sin que le detenga la exigencia de no causar perjuicios innecesarios o, en ocasiones, quebrantar las leyes. Los responsables de contratar al líder, si no están despiertos, *pueden confundir las dos cosas, y claramente no son lo mismo.* Norman Augustine recomienda que, en los momentos más críticos, «los líderes deben hacer una pausa para evaluar con calma y sin pasión, en términos humanos, las cuestiones fundamentales que intervienen, y deben tomar siempre partido por la integridad».[4]

De igual modo, el psicópata pretenderá parecer carismático e inspirador, cuando en realidad se vale de la manipulación (del entrevistador si aspira a ser contratado, así como de otras personas con influencia), de las mentiras dichas con aplomo y de su encanto superfluo para producir esa impresión. Ya en el cargo, mediante el reclutamiento para su bando de personas a las que ha seducido, le resulta más sencillo aparentar que dirige con sabiduría la empresa, cuando en realidad utiliza tácticas de acoso y derribo de los que no le son leales y la está gangrenando por dentro. Una vez que domina la organización, toda idea innovadora que ofrece suele provenir de dos fuentes: bien las ha robado de otros, bien son solo ideas que no pueden concretarse en la realidad, y son caminos seguros al fracaso. La mentira y los fraudes son su arma para ello. Finalmente, cuando la empresa aspira a que su director ejecutivo inicie un proceso de renovación, está cavando su propia tumba si pone a un psicópata al frente, porque dicha renovación estará al servicio de su agenda privada, y aunque al principio puedan resultar muy vistosas las medidas tomadas, el desastre final estará asegurado.[5]

LOS PSICÓPATAS CORPORATIVOS TAMBIÉN PUEDEN MATAR

Olvídate de los asesinos en serie como Ted Bundy o el Zodíaco, o de asesinos múltiples psicópatas como Anders Breivik, responsable de la matanza de la isla de Utoya (69 jóvenes asesinados). La historia de la corporación Purdue Pharma y su producto estrella, la *oxicodona*, es un relato más terrorífico y letal (existe al respecto un excelente *true crime* de ficción llamado *Dopesick*). Seguro que sabes que Estados Unidos lleva años sufriendo una auténtica epidemia en forma de adicción a fármacos opiáceos prescritos legalmente por los médicos (recientemente está de moda el fentanilo), con una capacidad de crear adicción muy superior a la heroína. El libro escrito por Patrick R. Keefe, traducido al español con el título de *El imperio del dolor*, es una crónica veraz y terrorífica de la familia Sackler (en particular de Richard Sackler, presidente de la compañía), responsable principal del crimen contra todo el pueblo estadounidense que supuso la comercialización del fármaco oxicodona, que según los expertos tuvo una gran contribución en el desarrollo de la epidemia de la adicción a los opiáceos en Estados Unidos.[6] Fue, en efecto, una epidemia, que tuvo su origen en el fenómeno de adicción rápida e intensa que provocan estas drogas, lo que llevó a contabilizar por el Departamento de Salud de dicho país 500.000 muertes asociadas al uso indebido de estos fármacos para el periodo 1999-2019.

Cierto que no todas esas muertes cabe atribuirlas a la oxicodona, pero, en palabras del periodista de investigación John Carreyrou, «sí una buena parte de ellas».[7] A eso tendríamos que añadir que la familia Sackler se aseguró el éxito del fármaco comprando la colaboración de miles de médicos mediante regalos, vacaciones y otros lujos, y que basaba la publicidad para convencer a los médicos —mensaje que estos transmitían a otros colegas y a los pacientes— de que «solo producía adicción en el 1 por ciento de los casos», lo cual era indudablemente mentira. Cuando fueron llevados a juicio, se estimó que los Sackler habían ganado con la oxicodona 13.000 millones de dólares.

Keefe cuenta en su libro una anécdota que explica claramente por qué la familia Sackler (sobre todo los hermanos Mortimer y Raymond y uno de los sobrinos, Richard, el responsable último de la oxicodona) fue denominada en los medios como «la familia más malvada de América». En abril de 2019 el comediante John Oliver dedicó parte de su espectáculo para la cadena HBO a comentar de forma satírica y mordaz las declaraciones que uno de los Sackler había hecho recientemente ante los tribunales, todo ello en el contexto de una opinión pública que empezaba a conocer la responsabilidad de esta familia en la epidemia y a mostrar claros signos de indignación en los medios. Pues bien, Jacqueline, una de las mujeres casadas en el clan, como quiera que no lograra impedir que se emitiera ese segmento del programa, envió un *email* a otros miembros de la familia quejándose de que este era el favorito de su hijo, y lamentándose del daño que podría ocasionarle para su reputación entre sus compañeros, así como para otros hijos del clan. «Están destruyendo la vida de los niños», escribió. Los cientos de miles de muertos atribuibles a su familia no le importaban, o quizás simplemente, por salud mental, nunca se planteó siquiera que aquello fuera verdad.

No me cabe duda de que varios miembros de la familia, y en particular Richard, están muy arriba en el espectro de la psicopatía. Purdue Pharma era consciente del brutal potencial de adicción que generaba, de la facilidad con que la oxicodona destruía la vida de la gente, y todo lo que hizo fue buscar medios para vender más el producto, por ejemplo, premiando a los médicos que prescribían dosis más elevadas y durante mayor tiempo. Nadie de la familia asumió nunca la responsabilidad de lo sucedido, y mientras escribo estas líneas se encuentra todavía vivo el litigio penal en el que se le solicitan indemnizaciones billonarias a la empresa. Lo peor es que otros psicópatas vieron el negocio y actuaron de un modo parecido, aunque no con la capacidad destructiva de los Sackler, que mereció el calificativo de la CNN de erigirse como «unos de los peores traficantes de la historia».[8] En la película titulada en España *El negocio del dolor* (título original: *The Pain Hustlers*) se narra la historia de John Kapoor y su empresa Insys, cuyo *modus operandi* fue el mismo que el empleado por Purdue Pharma: corromper a los médicos para que recetaran un fármaco que causaba una fuerte adicción que en muchos casos generaba un abuso y la muerte posterior. Tienen también en su haber incontables vidas arruinadas y miles de muertos por sobredosis o ingestas adulteradas del fármaco.

Así pues, la capacidad de destrucción del psicópata corporativo puede ser inmensa. De hecho, sabemos que en la actualidad hay corporaciones que rivalizan con el PIB de muchos países, y que tienen un impacto grande en la geopolítica global. El peligro de que estas empresas sean lideradas por psicópatas me pone los pelos de punta. Clive Boddy, profesor de la Business School de la Universidad Middlesex de Londres, afirma que los psicópatas de los bancos de inversión tuvieron mucha responsabilidad en el origen de la crisis financiera que asoló al mundo en 2008.[9]

LOS PSICÓPATAS «VISIONARIOS»

Durante muchos años los medios han estado dando pábulo a muchos psicópatas corporativos y se han dejado llevar —como los inversores— por el glamur de sus osadas y nuevas propuestas, usando con frecuencia el apelativo de «líder visionario». Es el caso de los ejemplos que analizo en detalle más adelante, pero también de otros muchos, como Jeffrey Skilling, CEO de la empresa de energía líder en el mundo Enron, que con su contabilidad fraudulenta les hizo un agujero de 11.000 millones de dólares a los accionistas, lo que dejó arruinada y sin sus pensiones a decenas de miles de personas en varios lugares del mundo. En un efecto dominó, al extinguirse la corporación en 2001, obligó a cerrar a la empresa internacional de consultoría Arthur Andersen, que era la encargada de supervisar las cuentas, lo que generó también la pérdida de empleo de otros miles de trabajadores.

El experto en crimen organizacional Frank Perri los ha estudiado bien. Llama a los visionarios «falsos profetas», porque vienen a predicar *la buena nueva* de que, si se les sigue con fe ciega, la prosperidad financiera de los seguidores estará asegurada.[10] De todos los que analiza Perri me quedo con Skilling, porque para mí representa muy bien los rasgos del psicópata primario controlado en el mundo de la empresa. En las palabras dirigidas a sus empleados vemos este narcisismo tan querido por ese 1 por ciento de la población: «Estamos haciendo algo especial. Mágico [...]. Estamos cambiando el mundo. Estamos haciendo el trabajo de Dios». (Que la revista *Fortune* calificara a Enron como una de las empresas «más admiradas» del mundo no le ayudó a bajar su ego.)

Skilling era conocido como el Príncipe, por la obra de Maquiavelo del mismo título, dado que obligaba a sus subordinados a leerla de principio a fin. Un exempleado de la empresa agradeció leerla, porque así, declaró, «pude entender mejor cómo tratar con el Sr. Skilling, porque cuando empezó a dirigir la empresa tuve la sensación de que me estaba comiendo vivo» (más sobre *El príncipe* en el capítulo próximo). Por su parte, el psicólogo clínico Ellsworth Fersch lo calificó de psicópata, porque era «manipulador, charlatán, superficial, egocéntrico, sin emociones reales, impulsivo y carecía de conciencia y de empatía».[11] Condenado inicialmente a veinticuatro años de cárcel por dieciocho cargos de fraude, posteriormente vio reducida su condena a catorce, en parte por un error judicial, aunque también contribuyó el que accediera a pagar 42 millones de dólares para indemnizar a las víctimas. Finalmente quedó en libertad tras doce años de reclusión por buen comportamiento.[12]

En el juicio, Skilling había declarado: «En cuanto a remordimiento, señoría, no puedo imaginarlo mayor. Tenía amigos que han muerto, hombres buenos. En cuanto a mí, me declaro inocente de todas y cada una de las acusaciones». La opinión de una testigo, Dona Martin, empleada de Enron durante veintidós años, era bastante diferente: «El señor Skilling ha resultado ser un mentiroso, un ladrón y un borracho».[13]

El psicópata en las organizaciones, como es natural, se expande en los diversos nichos que la tecnología va desarrollando. Así, una vez que las criptomonedas ocuparon su espacio en el mercado global del capitalismo, no tenía duda de que sería un campo ambicionado por aquel. El final de año de 2023 presenció la caída de dos titanes del fraude de las criptomonedas, nada menos que *los responsables de las dos primeras empresas de esta índole en el mundo.* El primero fue Zhao, el fundador de Binance, la empresa «cripto» más importante del planeta, acusado de fraude y blanqueo de capitales, cargos de los que se confesó culpable. Pero me interesa más el segundo, que se corresponde con la segunda bolsa de criptomonedas de importancia global, pues veo en él rasgos característicos del psicópata. Es Sam Bankman-Fried, el cerebro de la plataforma de criptomonedas FTX, hallado culpable de siete cargos de fraude y conspiración, que en el momento de escribir estas líneas se enfrenta a una pena máxima de ciento diez años de cárcel.

En realidad, el juicio fue plácido y rápido, porque sus tres colaboradores más cercanos —incluyendo a Caroline Ellison, su exnovia— declararon en su contra. El asunto fue que Sam estafó *al menos 10.000 millones de dólares* a sus clientes e inversores trasladando ese dinero a un fondo propio, el Alameda Research. Con ese dinero robado hacía sus propias inversiones y se dedicaba a llevar una vida de lujos y excesos.

El escritor Michael Lewis ya había retratado el mundo psicopático de Wall Street en los años ochenta del pasado siglo en su obra *El póquer del mentiroso.* Allí nos mostraba cómo jóvenes «con instintos asesinos» y sin ningún escrúpulo tenían como única meta vital llegar a lo más alto en el menor tiempo posible. En el mismo año en que estalló el escándalo de FTX (2023), Lewis se dio prisa en publicar un estudio sobre el personaje, y de su lectura se comprende quién era este hombre: arrogante mayúsculo, con ideas de grandeza (necesitaba «infinitos dólares», según le dijo a Lewis, para solucionar todos los males del planeta, incluyendo el cambio climático) y un «encantador de serpientes», dado que un jovenzuelo de menos de treinta años había conseguido convencer a los mercados financieros, pero también a congresistas, expresidentes de Estados Unidos y otros personajes influyentes, de que su negocio iba a proveer rápidamente pingües beneficios.[14] ¿Os suena esto? El cuidado de la imagen, la representación, es esencial para el psicópata corporativo, y Sam había elegido su aspecto con cuidado, la de un joven con un probable síndrome de Asperger (expresión leve del autismo) que alberga deseos hermosos y que, casualmente, *sabe cómo hacer mucho dinero.*

Si lees el libro de Lewis con atención te das cuenta de que Sam no puede profundizar al nivel que se espera en alguien inteligente y con honda conciencia social. Su diálogo resulta impostado, artificial, como si todo fuera una representación ante los medios o un *reality.* Ni siquiera tuvo el valor de aceptar la responsabilidad de sus fechorías, y se defendió diciendo que su exnovia —que era responsable de gestionar el fondo de inversión Alameda— había «tergiversado sus instrucciones», según informó el *New York Times.*[15] Pero la declaración de Ellison —quien era la testigo estrella del fiscal a cambio de una reducción de la condena— no dejó lugar a dudas sobre quién tomaba las decisiones y se aseguraba de que se ejecutaran. Fue instructivo saber que, según declaró su exnovia, Sam opinaba que «tenía un 5 por ciento de probabilidades de llegar a ser presidente de Estados Unidos».

La escritora y periodista Marta Peirano, en su artículo titulado «Nos gustan psicópatas», definió su personalidad en una sola anécdota: su exnovia Caroline Ellison, CEO de Alameda, declaró en el estrado que Sam defendía «hacer una apuesta a cara o cruz en la que cara significara que el mundo fuese el doble de bueno y cruz su destrucción», lo que revela su narcisismo incomparable, que Peirano define muy bien como «a medio camino entre Elvis y el ángel exterminador».[16]

¿Por qué resultan tan atractivos estos falsos profetas de la abundancia y las buenas intenciones? Mi opinión es que reúnen en su persona tres cualidades que atraen al público inversor. La primera es un aspecto sugerente, una máscara de persona «fuera de lo común» que da la impresión de que es alguien excepcional, asociado a un modo de comunicar que subyuga por lo que dice y cómo lo dice: proyecta una falsa integridad que genera confianza en los inversores. La segunda cualidad es una gran capacidad de ofrecer algo que promete ganancias asombrosas en poco tiempo, en forma de una idea innovadora y a prueba de errores. La tercera es un manejo asombroso de su propia arrogancia y narcisismo, lo que provoca la admiración incondicional de una serie de seguidores que contribuyen con su entrega a dotar de seriedad a la empresa, ayudando a crear un ambiente compartido de euforia que se traslada al parqué del mercado de valores. (En el capítulo siguiente me detengo en señalar cómo los líderes psicópatas son capaces de satisfacer los miedos y necesidades psicológicas de sus incondicionales, lo que se da en la empresa pero en mayor medida en la política.)

Un segundo ejemplo de psicopatía transmutada en un personaje visionario es Elizabeth Holmes, responsable de la empresa Theranos, construida sobre la supuesta existencia de una tecnología que, con tan solo unas gotas de sangre, podría diagnosticar un variado surtido de enfermedades. Es increíble cómo una joven en sus veinte años consiguió, al igual que el líder de FTX, convencer a exsecretarios de Estado como Henry Kissinger y a personajes célebres de la televisión y los medios (engañó nada menos que al todopoderoso dueño de Fox News y de las cadenas de televisión Sky y Fox, Rupert Murdoch) para que invirtieran sumas de dinero exorbitantes en su empresa o bien avalaran su gestión formando parte de su consejo consultivo. En ella podemos ver prístinamente las tres cualidades antes mencionadas.

Amanda Seyfried interpreta de forma asombrosa a Elizabeth Holmes en el *true crime* de ficción *The Dropout*.[17] He comparado los vídeos de la auténtica Holmes con su reencarnación por Seyfried y pone los pelos de punta. Lo que vemos es a una actriz profesional que interpreta a una mujer que a su vez interpreta a un personaje; el psicópata con su máscara es aquí una ambiciosa joven que se viste como su ídolo, Steve Jobs —trajes de negro—, y que no duda en seducir a Ramesh «Sunny» Balwani, un hombre maduro, veintiocho años mayor, para que le ayude en su plan. Sunny se convierte en su más férreo defensor, encargándose de tomar las medidas más extremas —en forma de amenazas, despidos y control de la información— para preservar la *start-up* y todo el proceso de engaño y fraude.

Todo su plan se basó en su imagen. Por ello impostaba su voz para conseguir un tono más grave y dar así un aspecto más serio a su personaje. Salió en portadas de revistas como la imagen de la mujer empoderada, cenó en la Casa Blanca y fue la estrella invitada en incontables programas de televisión. Según dijo, la idea de construir un sistema tan cómodo y práctico vino de su miedo a las agujas que se utilizan para la extracción de sangre. ¿Por qué no diseñar un pequeño aparato (de nombre «nanocontenedor») que, con solo un leve pinchazo en la yema de un dedo, pudiera extraer unas pocas gotas de sangre, acabando así con las molestias y el terror que muchos tienen a las agujas? El médico tomaría la muestra y la enviaría a Theranos, que a su vez devolvería los resultados, reveladores o no de posibles enfermedades. El problema era que se necesitaba un procedimiento válido de análisis; una vez guardadas las gotas de sangre del paciente, estas debían procesarse de un modo rápido y eficaz para poder disponer de ese diagnóstico. Todo el engaño descansó, precisamente, en que Theranos no disponía de ese sistema. En palabras del Departamento de Justicia de Estados Unidos, Holmes creó «un plan multimillonario para defraudar a los inversores, y otro plan separado para estafar a los médicos y a los pacientes». En el punto álgido de Theranos, el valor en la bolsa de valores era de 10.000 millones de dólares.

134

El fenómeno mediático «Elizabeth Holmes» pivotaba en torno a su imagen, como he dicho. Egocéntrica, narcisista, manipuladora y mentirosa; la mejor versión de su perfil —de acuerdo con el análisis que hace la profesora Medina Williams— señala que se creyó sus propias mentiras, lo que podría explicar el hecho de que en el juicio declarara que estaba siendo castigada por perseguir una visión que buscaba el bienestar de la gente, y que no comprendía cómo podía ser objeto de sanción penal por ello.[18] Pero yo no lo creo, pues hizo todo lo posible para intimidar, amenazar y desanimar de contar la verdad a los trabajadores inquietos de su empresa, y cuando en los programas de televisión le hacían preguntas incómodas, ella en todo momento evitaba contestar a lo que se le preguntaba. Es más, cuando tuvo necesidad de contar con otras empresas que incorporaran su método y lo distribuyeran a las clínicas médicas, siempre cerró los tratos sin desvelar su sistema, aduciendo la estricta seguridad necesaria para preservar su «descubrimiento». Y cuando asistió a la vista final, donde se le impuso la condena, declaró entre sollozos que «estaba devastada por sus errores», y pidió perdón a médicos, pacientes, inversores y a los empleados de Theranos.

Así pues, todos los que pusieron dinero, los que conformaron su consejo asesor, los médicos que introdujeron su sistema en las clínicas y los propios pacientes, fueron, sin quererlo, parte activa en el fraude al no tener la más mínima idea de cómo se hacía el diagnóstico a partir del nanocontenedor. Theranos devolvía los resultados tarde y mal, porque usaba un procedimiento ya inventado y con frecuencia eran erróneos. Todo fue mérito de Elizabeth, que empezó con solo diecinueve años y, tras dejar inconcluso su primer año en la Universidad de Stanford, se creyó capaz de lograr algo extraordinario. En 2023 ingresó en la cárcel para cumplir una condena de once años, ya casada, con un hijo y otro en camino. Por su parte, su exsocio y examante, Sunny, fue condenado a trece años.[19]

Sam Bankman-Fried y Elizabeth Holmes fueron emprendedores «visionarios» que crearon sus propias empresas y, después de un ascenso meteórico, fueron condenados por sus mentiras, fraudes y otros delitos. Pero un buen número de psicópatas trabajan para empresas y son contratados o ascendidos para que asuman puestos de dirección, y el modo en que actúan entraña graves problemas. Resumiendo brevemente lo visto hasta ahora, diríamos que no debemos confundir al empresario o directivo duro y eficaz en la negociación, que en ocasiones ha de tomar medidas drásticas e impopulares, con el psicópata. Este, aunque a corto plazo puede parecer una buena inversión —al proyectar la imagen de alguien que será capaz de hacer cualquier cosa para aumentar los beneficios o salir de un atolladero—, a medio y a largo plazo es una catástrofe, porque minará el clima laboral, provocará sufrimiento en sus empleados y, finalmente, dañará o hundirá a la empresa.

Por suerte, en los últimos años está surgiendo por parte de expertos y académicos de las organizaciones un interés creciente en detectar a los psicópatas para así poder estudiar mejor su funcionamiento y los mejores modos de controlar los daños que producen. La monografía que suscitó el interés moderno en este ámbito fue obra de Paul Babiak y Robert Hare, titulada *Snakes in Suits* [Serpientes en trajes], de 2006. Siguiendo la estela de este libro, son reveladores algunos de los títulos de los trabajos más recientes, donde se recurre a la imagen que tiene el público del psicópata como monstruo o asesino en serie gracias a los medios y a los productos culturales y se traslada al mundo corporativo. Así, por ejemplo, John Clarke tituló su libro acerca del psicópata corporativo *Working with Monsters* [Trabajando con monstruos];[20] y la profesora de la Universidad de Potsdam (Alemania) Ramzi Fatfouta se centró en el componente narcisista de la psicopatía, preguntándose cómo gestionarlo en su artículo «Facetas del narcisismo y el liderazgo: ¿una historia del Dr. Jekyll y Mr. Hyde?».[21]

En la figura siguiente tenemos un cuadro sinóptico donde se aprecia los diferentes modos en que los psicópatas corporativos actúan como depredadores en el ámbito laboral.

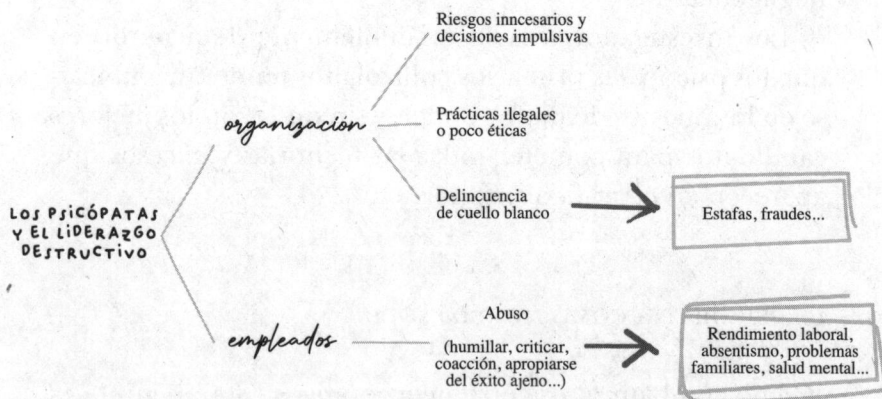

LOS PSICÓPATAS Y EL LIDERAZGO DESTRUCTIVO

organización
- Riesgos inncesarios y decisiones impulsivas
- Prácticas ilegales o poco éticas
- Delincuencia de cuello blanco → Estafas, fraudes...

empleados
- Abuso (humillar, criticar, coacción, apropiarse del éxito ajeno...) → Rendimiento laboral, absentismo, problemas familiares, salud mental...

FIGURA 8: Los psicópatas en la empresa y las organizaciones son una amenaza para la entidad y para sus empleados.

Como es lógico, no todos los psicópatas tienen los mismos efectos. Los ejemplos más llamativos son los que implican grandes estafas y fraudes: debido a que sus responsables destacan como psicópatas, son muy ilustrativos. Pero has de tener presente que muchos de ellos no roban o defraudan, y se limitan a «trepar» y amargar la vida a todos los que se le oponen, sin mayor interés en la empresa que apuntalar su narcisismo y disfrutar del poder, lo que indudablemente no es que sea un alivio, ya que esa actitud también es muy perjudicial para la empresa y para los empleados de los que abusa. En el gráfico, el término «Delincuencia de cuello blanco» (y no de «guante blanco», como erróneamente a veces se denomina) se refiere a la gente que ostenta autoridad en una organización y que delinque en el transcurso o como consecuencia de su actividad laboral. Destacan los fraudes y las estafas, así como otros usos indebidos del dinero como el blanqueo de capitales, pero pueden incluir otros tipos delictivos, como serían los delitos contra el medio ambiente (contaminación, vertidos ilegales...), contra la protección de datos y contra la salud pública (por ejemplo, alimentos o fármacos adulterados o peligrosos por malicia o negligencia).

Los investigadores están unánimemente de acuerdo en que los psicópatas primarios controlados tenderán a ubicarse en los puestos de mayor poder, y sin duda son los mejores candidatos para cometer todas las fechorías y excesos que aparecen en el gráfico anterior.

La psicopatía como modelo social

¿Cómo combatir al psicópata corporativo? Esta pregunta es muy relevante, pero, si somos sinceros, la respuesta está lejos de ser sencilla, y no solo porque el psicópata sea «duro de pelar», sino también porque nos obliga a examinar el tipo de sociedad en el que este florece y a concluir cosas que probablemente deberían alarmarnos, como hace tiempo lo están diversos pensadores e investigadores. Así, la profesora Helen Patey, alarmada por «la violencia que persigue a la sociedad estadounidense», ha estudiado en su país las narrativas en forma de novelas que representan personajes entregados a la violencia, y ha concluido que un hecho muy común en todos ellos es la psicopatía. Añade, con ironía, que «es interesante destacar que tales novelas frecuentemente transcurren en torno a la Bolsa de Nueva York». Su tesis es que la feroz sociedad consumista en la que vivimos constituye una auténtica patología social, hasta el punto de que «activa e intensifica una agresividad primaria en tal grado, yo creo, hasta ahora desconocido en la historia».[22]

La psicopatía en las empresas y organizaciones está, en efecto, al servicio de un ideario donde el poder es lo único que cuenta, libre de toda atadura ética, proyectando un modelo de comportamiento al mundo que es quizás su efecto más perverso. Los ejemplos de este capítulo hablan por sí solos, pero no debemos olvidar que es la lógica que está detrás de todas sus fechorías —que el ser humano es prescindible cuando se trata de lograr el éxito— la que parece haberse instalado en muchas corporaciones, hasta tal punto que nos parece normal. Pensad en lo que hizo una marca tan respetada en el mundo como Volkswagen, cuando sus ingenieros falsificaron en el periodo 2008-2015 las pruebas de emisión de gases contaminantes para que pasaran el criterio establecido por la Unión Europea. Esta estafa (que fue posible por la connivencia de los responsables de la empresa, pero también de los ingenieros que la hicieron posible) tuvo severas consecuencias, como señala la investigadora Margarita Leib: «Solo en Estados Unidos, la polución adicional que significaron los coches que emitían los gases contaminantes pudieron contribuir a la muerte prematura de docenas de personas».[23] En España, y más en concreto en Valencia, un caso que me dejó pensando si no podía estar detrás la personalidad psicopática fue el relativo a cuando, con la complicidad entre el empresario César Tauroni y el consejero de Solidaridad y Ciudadanía Rafael Blasco, fueron robados para beneficio propio 6 millones de euros que debían destinarse a países con grandes carencias y necesidades. La naturaleza de este acto es particularmente odiosa, pues se privaba así de una ayuda muy necesaria para muchas personas. Esta crueldad es típica de la *faceta 2 afectiva* (sin empatía ni conciencia) de la psicopatía.

Margarita Leib, que ha estudiado el modo en que grupos de personas colaboran para lograr resultados deshonestos (porque exige mentir), concluye que tales prácticas «son contagiosas y tienden a incrementarse» en la medida en que las empresas las encuentran provechosas. ¿Adivinas qué tipo de personas son las más proclives a fomentar esas prácticas?

Así es: los psicópatas o, como ella los llama, «mentirosos sin escrúpulos».

Adonde quiero llegar es a la conclusión de que los psicópatas y su penetración en el ámbito empresarial y financiero (así como en la política, como veremos en el capítulo siguiente) está facilitada porque nuestro sistema económico en muchos sentidos lo fomenta y, cuanto menos, lo permite. Piensa en el éxito de una serie aclamada en todas partes como *Succession*, llena de gente «horrible» pero que, al mismo tiempo, nos fascina ver. Los protagonistas, que utilizan helicópteros para desplazarse y llevan una vida que al resto de los mortales nos parece de ciencia ficción, están todo el tiempo hablando, pero casi nunca logran comunicarse, porque domina la duda, la sospecha, la paranoia. Sus diálogos expresan el problema profundo de la comunicación del psicópata, que nunca alcanza profundidad humana (y no me refiero con esto a si sus personajes lo son, sino que valoro *el clima moral donde interaccionan*, que es claramente psicopático). La intriga detrás de quién será finalmente el heredero del imperio le sirve al productor de la serie para mostrarnos una vida familiar profundamente disfuncional, *porque no tiene significado*, esto es, no satisface la necesidad que tenemos todos de trascender nuestro propio interés, como se aprecia claramente en el hecho de que no les importa en absoluto que las heridas que reciben como resultado de la lucha por el poder infecten a aquellos con los que se relacionan. De este modo, la serie *Succession* se convierte en un espejo donde una parte poderosa de nuestra sociedad global se mira y se reconoce.

Pero el psicópata, gracias al advenimiento de la tecnología digital, ha encontrado en este nicho un nuevo modo de hacer negocio mediante la creación de sitios web donde seducir a mentes inmaduras o afines y ganar con ello una fortuna. Uno de los ejemplos más alucinantes (e indignantes) de nuevas empresas psicopáticas lo representa Alex Jones y su página InfoWars, cuya vileza solo es posible porque existe el número suficiente de personas ignorantes o estúpidas —o quizás afines en su mentalidad psicopática— como para poder prosperar en su negocio. Esto subraya mi tesis de que el psicópata como problema que afecta a la sociedad solo puede prosperar si tiene suficiente apoyo entre la gente o por parte de las mismas autoridades, en ocasiones por miopía o dejadez.

¿Recuerdas el asesinato múltiple en la escuela elemental Sandy Hook, en Newton, estado de Connecticut (Estados Unidos)? Fue el 14 de diciembre de 2012, cuando Adam Lanza, de veinte años, después de asesinar a su madre Nancy, se dirigió a la escuela y mató a balazos a veinte niños y seis profesores. Una tragedia. Pues bien, el ínclito señor Jones tuvo una idea «brillante» al respecto, y se dedicó durante años a asegurar que todo había sido un montaje gubernamental para lograr un mayor apoyo popular a las iniciativas legislativas de los demócratas para limitar las armas de fuego. En consecuencia, todos los padres, familiares y gente simplemente decente que aparecieron en las noticias mostrando su angustia y su horror ante lo sucedido...: ¡eran actores pagados por el Gobierno![24]

Pero esto no fue lo peor. Cuando las familias lo llevaron ante los tribunales por difamación, esta historia surrealista empezó a compartirse de modo masivo e hizo a Alex Jones subir como la espuma en el *ranking* de las redes sociales, convirtiéndole en un hombre muy rico. Las familias, sin embargo, no quedaron tan bien paradas, ya que algunas de ellas en particular (que habían sido objetivo preferente de las infamias de Jones en su web) sufrieron un acoso continuado e insidioso, que incluyó amenazas de muerte, insultos crueles y otras vejaciones, tanto en internet como en el mundo real. Robbie Parker, padre de Emile, una niña que tenía ocho años cuando fue asesinada, fue uno de los preferidos por Jones para hacer su *show*. Cuando este le vio por televisión un día después de la muerte de su hija con ocasión de un homenaje a su memoria, Jones calificó su «actuación» de «asquerosa».

Lo he visto en sus vídeos; te encoge el alma. A pesar de que los tribunales le condenaron a pagar 1.000 millones de dólares a las familias en daños por su comportamiento difamatorio, Jones no reconoció su culpabilidad y siguió haciéndose la víctima. Al juicio (tuvo varios) donde se le impuso esa severa condena pecuniaria llegó en su propio avión privado, y solo apareció en la corte cuando tuvo que declarar. Una de las cosas que dijo fue que ese tribunal era una broma y que se le intentaba presentar como si fuera «un demonio». Y yo me pregunto qué otra cosa puede ser; no se me ocurre otro modo más deleznable de hacerse millonario a costa del dolor ajeno. La palabra *desalmado* se inventó para gente como él. Inmediatamente después de la sentencia, se declaró en bancarrota para que las familias no pudieran cobrar la indemnización. Pero, repito, el problema no fue solo Alex Jones, sino la masa de seguidores que atrajo. Internet, entre otros efectos perversos, ha permitido salir del escondite a muchas personas dentro del espectro de la psicopatía, y se reconocen y se apoyan en las redes sociales. Alex Jones es solo uno entre los millones que componen el 1 por ciento psicopático en el mundo.

La identificación del psicópata en la empresa

De todo lo escrito se desprende que identificar al psicópata en las empresas y organizaciones es una medida muy recomendable, y a esto voy a dedicar este apartado. Sin embargo, es preciso que haga aquí una advertencia: como han destacado muchos investigadores, y entre ellos el gran experto en psicopatía corporativa Paul Babiak, es muy factible que, a pesar de ser identificados por varios miembros de la organización, se mantengan en su puesto debido a sus dotes de comunicación y de manipulación interpersonal. Una investigación realizada por este autor con una muestra de 203 ejecutivos halló que los psicópatas tenían la capacidad en muchos casos de sobreponerse a las valoraciones negativas de los empleados y a la ausencia de buenos resultados empresariales bajo su gestión, gracias a que pudieron manipular a sus superiores y convencerlos de que ellos eran los líderes adecuados para su empresa.[25]

Con esta advertencia en mente, en el cuadro siguiente empiezo incluyendo los indicadores desarrollados por el experto en psicología corporativa Clive Boddy, quien se basó en los estudios de Robert Hare acerca de la *faceta 1 interpersonal* (manipulación, narcisismo) y la *faceta 2 afectiva* (sin empatía ni conciencia) para su detección en el ámbito laboral.[26] Como ya comenté en el capítulo dedicado a la familia, no tienes por qué tener la certeza de que el individuo con varios de estos indicadores sea un psicópata perfecto; basta con que estimes que tiene suficientes indicadores para que pueda incluirse dentro del espectro de la psicopatía, y en tal caso, dependiendo de tu posición en la organización, deberías tomar medidas para ver cuánto hay de cierto en esto. Más adelante vuelvo sobre este punto. Ahora fíjate en el siguiente listado de indicadores de psicopatía en la empresa.

Escala de psicopatía en las organizaciones (Clive Boddy)

1. **Encanto superficial, manipulador y aparente inteligencia**: Su fachada es ser carismático, íntegro, un genio financiero.
2. **Mentiroso**: Múltiples usos de las mentiras, medias verdades, mensajes ambiguos.
3. **Conductas engañosas, tramposas o ilegales**: Promesas incumplidas, alteración de los balances, fraudes, estafas, incumplimiento de la ética empresarial y de la legislación.
4. **Egocéntrico/narcisista**: Sentimiento de superioridad, extremadamente vanidoso.

5. **Sin sentimientos de culpa**: Por sus acciones en la empresa o hacia los empleados; se ve como víctima.

6. **Emocionalmente vacío**: Emociones superficiales y fingidas; no parece que nada realmente llene su vida, salvo estados transitorios de placer e irritación. Su meta es el control.

7. **Trato interpersonal sin empatía**: Insensible ante las necesidades ajenas; ausencia de vínculos significativos con la gente, incluyendo a la familia. No aprecia los gestos de bondad.

8. **Niega ser responsable de los errores o problemas**: El ejercicio irresponsable del poder no se corresponde con la asunción de responsabilidades. La culpa siempre es de los demás.

9. **Tranquilo y aparentemente racional**: La gente lo percibe como alguien fiable y buen profesional. No se pone ansioso fácilmente, mantiene la calma.

10. **No muestra una comprensión real o profunda de los hechos protagonizados**: Parece incapaz de comprender los efectos reales de sus acciones en la vida de la gente y en la salud de la empresa. No aprende de la experiencia.

En otro caso de mis archivos personales, AG, un ejecutivo responsable de un departamento de una multinacional dedicada a la importación-exportación, se mantiene en el cargo desde hace muchos años gracias al uso casi «idóneo» de los rasgos que aparecen en la escala de Boddy. Así, tiene la confianza ciega de su jefe, que lo considera un líder excelente y es incapaz de verlo tal y como es en realidad. A pesar de que no fue a la universidad ni tiene ningún historial que le avale como líder exitoso, alardea de su gran inteligencia y cuenta historias acerca de la empresa que lo presentan siempre bajo una luz favorable, historias que son inventadas o bien suponen una apropiación del mérito de otro. Si no puede atribuirse la autoría de un hecho favorable, se dedica a criticar y a minusvalorar al responsable.

Sus dotes de manipulación están al servicio del lema «Divide y vencerás», es decir, que selecciona a los empleados en función de, por un lado, si le resultan interesantes porque puede aprovecharse de su trabajo o, por otro lado, no tienen valor para él o se niegan a formar parte de su bando. En este último caso hará todo lo posible para que estos, hartos del abuso y acoso al que se ven sometidos, decidan abandonar su puesto, o bien decaigan tanto en su rendimiento que esto provoque que el departamento de recursos humanos los despida. Llama la atención cómo consigue que buenos profesionales le secunden en su conducta inmoral, hasta el punto de participar en el acoso de los «desafectos». Creo que esto lo logra de dos modos. Primero, al tener autoridad, el psicópata representa una figura superior que les da seguridad en sus puestos, al mismo tiempo que valida su buen hacer («Si cuento con el aprecio de mi jefe es porque soy bueno en lo mío»); es casi como una figura paternal. Segundo, sus «fieles» son conscientes de que fuera de su manto «hace mucho frío» y por nada del mundo quieren pasar por lo que les sucede a los «rebeldes». Entonces, se produce una suerte de distorsión cognitiva: el empleado fiel y sumiso «se carga de razones» para participar en el hostigamiento de los compañeros. A lo anterior hay que añadir el código del silencio que, en este caso, AG impuso en todo el departamento acerca de los abusos que cometía con los empleados perseguidos.

Sobre la base de los estudios de investigadores como Paul Babiak, Robert Hare y Clive Boddy, he desarrollado una serie de indicadores que utilizo cuando me toca analizar al psicópata corporativo. Verás que algunos coinciden con los de Boddy que acabamos de ver, pero he procurado introducir otros que ayudan a concretar más su patrón de comportamiento.

Indicadores de la psicopatía en el ámbito corporativo
(Vicente Garrido)

1. Roba, estafa, defrauda, comete actos que contravienen la legislación.
2. Lidera de modo errático o autocrático; enfatiza el halago a sus acólitos y el castigo a los que le confrontan, sin reparar en su rendimiento profesional.
3. Tiene un historial de mentira patológica y engaños. Las mentiras pueden cambiar de acuerdo con las circunstancias; puede reconocer algún «error» si es confrontado con pruebas, pero buscará salvaguardar la mayor parte de su relato de los hechos. Ante las contradicciones o inconsistencias que puedan achacarle, inventa nuevas mentiras o presenta excusas poco verosímiles.
4. En general mantiene el tipo ante situaciones complicadas; posee autocontrol.
5. No muestra signos de estar ansioso o realmente preocupado. Puede experimentar momentos de euforia cuando consigue salirse con la suya, pero sus emociones suelen ser transitorias. Aunque puede mostrar odio, envidia, resentimiento y otras emociones negativas de modo frecuente, y en algunos casos intensamente, no son emociones que le hayan «calado», es decir, su vida tiene un patrón definido que no parece alterarse por las emociones que pueda experimentar.
6. No aprende de la experiencia; salvo que se le recluya en un departamento o área donde no tenga poder ejecutivo y no precise del trabajo en equipo, no servirá de nada trasladarlo.
7. Utiliza su imagen de persona capaz y sus habilidades para subir en la organización; seduce a la «gente correcta».

8. Le gusta correr riesgos si percibe en ello una ganancia importante para su imagen o para consolidar su poder (financiero y de estatus).

9. Acosa, humilla, intimida, amenaza, toma decisiones arbitrarias solo para mostrar quién manda. En general se puede describir como alguien cruel o «desalmado».

10. Grandioso sentido de la valía personal (narcisismo). Se siente irritado por los que no le adulan; se adjudica méritos que no le corresponden.

11. Es carismático y posee un encanto superficial. Puede tener facilidad de expresión, pero en otras ocasiones utiliza más la mirada y las pocas palabras para transmitir su autoridad.

12. Manipula, busca los puntos débiles en los demás para obtener ventaja. Hace promesas vacías y «deja caer» a los que le han apoyado cuando ya no los considera de utilidad.

13. Falta de metas realistas a largo plazo: su toma de decisiones se orienta a mantener el poder en el presente.

14. Divide y enfrenta a los equipos y departamentos si lo ve beneficioso; conspira, difunde rumores falsos y calumnia a quienes se le oponen o de algún modo suponen un obstáculo para sus ambiciones.

15. Aunque no es habitual, en ocasiones puede ejercer la violencia física en el trabajo; en su casa empleará la violencia psicológica y ocasionalmente la física.

16. Nunca es responsable de nada; la culpa es de cualquier otro.

17. Es indiferente ante las necesidades ajenas; sin empatía, puede despedir o destruir a alguien sin pestañear.

18. Impone la «ley del silencio», un control férreo sobre la información de sus actividades, y actúa de forma implacable con los que quieren denunciarle.

Una cuestión que debes tener en cuenta es que el tipo de empresa en el que trabaje el ejecutivo psicópata y el lugar que este ocupe pueden ser factores muy relevantes si aparecen o no determinados indicadores. Por ejemplo, en una organización grande, donde trabajen muchos empleados, es más fácil crear división entre ellos, así como camuflar determinados actos inmorales —como acosar a los rebeldes— o incluso ilegales, mientras que si la empresa es más reducida esto es más complicado de hacer. Igualmente, no es lo mismo ser el director de un departamento que el CEO (director ejecutivo) o incluso el propietario fáctico por tener mayoría accionarial. Las fechorías se vuelven más comunes y graves en la medida en que el psicópata tiene más poder y, con él, una mayor impunidad. No obstante, en determinados negocios turbios no hace falta mucha gente; un empresario sin escrúpulos no necesita mucha infraestructura o personal para salirse con la suya.

Por ejemplo, un caso de 2023 que ocurrió en mi ciudad (Valencia) llamó mi atención.[27] Cuando JL conoció por vez primera la existencia de Expa Global Trade a partir de un amigo, no dudó un instante: «Lo tuve clarísimo: era una estafa». Sin embargo, esto no le impidió invertir entre él y su hermana 110.000 euros en la empresa, la cual resultó ser una estafa piramidal (aunque el caso aún se instruye mientras escribo estas líneas) nacida en dos colegios de élite de Valencia, «que enganchó a decenas de familias valencianas», según escribe en su reportaje de investigación para el periódico *Las Provincias* Alberto Rallo.

La decisión no fue inamovible. «Al tiempo vuelvo a hablar con él [su amigo] y me comenta que ya le han pagado los primeros intereses: 10.000 euros.» Un pensamiento comenzó a ganar espacio paulatinamente: «Ostras, que no miraré yo... Es que te ciegas, ¿por qué no voy a aprovechar esto?», pensaba.

No conozco a los implicados en el caso e ignoro si el cabecilla de la empresa está dentro del espectro de la psicopatía. Si lo menciono es porque quiero mostrarte que el psicópata no precisa ser un genio del crimen para hacer su labor de rapiña y destrucción: solo tiene que entender las necesidades y pasiones humanas básicas, como la codicia, el deseo de ganar en estatus o la pasión sexual, y créeme que esas las entiende muy bien. Lo que resta es aparentar, ponerse la «máscara de camuflaje» de persona honesta y capaz y montar el escenario apropiado. Por ejemplo, JL cuenta: «Fui a hablar [con el dueño de la empresa] cuando comenzaron los problemas con los pagos. Tenía la oficina en el centro. Disponía de un cochazo, vivía en un chalé, llevaba un Rolex».

Y esto fue justamente lo que hizo, pero en una escala nunca vista ni antes ni después en la historia de los negocios, Bernard (Bernie para los amigos) Madoff, a quien Clive Boddy aplicó su escala de psicopatía corporativa y concluyó que cumplía con creces los diez indicadores que vimos anteriormente.[28] Madoff, a quienes otros investigadores también han definido como un psicópata o un sociópata, había sido presidente del índice Nasdaq —un índice rival del mercado de valores de Wall Street— y creó y gestionó la estafa piramidal (también llamada estafa Ponzi) más grande de la historia: se apropió fraudulentamente de 18.000 millones de dólares de sus inversores, si bien inicialmente se estimó en más de 50.000 millones, pero esta cifra fue luego reducida porque se pudo recuperar parte del dinero robado, así como comprobar que muchas de las entradas dinerarias en los libros eran ficticias.

Los adjetivos aplicados a Madoff son de esta índole: narcisista, tramposo, astuto, manipulador, sin escrúpulos... Su táctica consistía en atraer a inversores con la promesa de un alto rendimiento en intereses, lo que resultaba atractivo porque era un hombre ya muy conocido en el ámbito de las finanzas; por otra parte, llevaba, con la ayuda de sus dos hijos, de forma paralela un negocio legítimo de inversión. Como ocurrió en el caso de Valencia, la trampa está en que, en un principio, Madoff paga realmente durante un tiempo esos altos intereses, porque recibe dinero entrante más que suficiente para ello y porque la mayoría de los inversores era gente de mucho dinero, que se contentaba con recibir anualmente un estado de cuentas fraudulento creado por la oficina clandestina —solo tenía acceso a ella su equipo más cercano, ni siquiera sus hijos podían entrar— desde la que operaba el fondo de inversión. La estafa estuvo en funcionamiento muchos años; solo la crisis de 2008, cuando muchos inversores reclamaron sus depósitos, puso en evidencia toda la trama.

La cultura popular se ha ocupado extensamente del caso: hay series de televisión de ficción y documentales sobre Madoff, por lo que no hace falta que me extienda aquí. Solo quiero subrayar que dejó a muchos inversores —provenientes de cuarenta países— en la ruina, que provocó el suicidio de varias personas —entre ellas de un financiero francés que confió en él y le proveyó de clientes, así como de uno de sus dos hijos— y que indirectamente causó la muerte de su otro hijo, ya que el estrés de todo el asunto reactivó un cáncer previamente en remisión y acabó matándole.

Es interesante también ver los rasgos propios del núcleo duro de la psicopatía en Madoff (*faceta 2 afectiva*: sin empatía ni conciencia). Así, se documentó que en la cárcel dijo en una ocasión «Que se jodan mis víctimas», y nunca mostró signo alguno de arrepentimiento, ni siquiera por el hecho de que gente muy cercana a él también se había arruinado por la estafa, ya que parte de su botín personal incluía dinero de su familia y amigos de siempre.

Por lo demás, Madoff utilizó las estrategias propias del psicópata corporativo de control férreo de la información:

su «siniestra» oficina era un búnker; además, su presencia intimidaba también a los auditores de la Comisión del Mercado de Valores, hasta el punto en que se negó a suministrarles los documentos que le solicitaban sin que estos reaccionaran. Gregg McCrary, perfilador de la célebre Unidad de Ciencias de la Conducta del FBI (célebre por la película *El silencio de los corderos*), dijo a propósito de los *depredadores corporativos*:

> En cuanto a los asesinos en serie, juegan a ser Dios, al tener la vida y la muerte de sus víctimas en sus manos. Se sienten seres grandiosos y superiores. Madoff hizo lo mismo, jugar a ser un dios de las finanzas, solo que en su caso les arruinó y les robó su dinero.[29]

Este «dios de las finanzas» fue condenado en 2009 a ciento cincuenta años de cárcel, y murió de causas naturales en abril de 2021 en la prisión que lo alojaba.

PREVENCIÓN Y CONTROL DE LA PSICOPATÍA EN LA EMPRESA

¿Qué podemos hacer? Antes que nada, es preciso partir de dos puntos básicos. El primero es que los psicópatas existen, pueden hacer un gran mal y abundan en los puestos elevados de las empresas y las organizaciones. Su presencia habitual en los bancos y fondos de inversión y su influencia en la crisis global de 2008 ha sido recalcada por muchos investigadores.[30] El segundo es que, a día de hoy, la mayoría de ellos no están detectados, por varias razones. La primera es el control disciplinario férreo que ellos mismos imponen, al que me he referido antes. La segunda es que muchas empresas todavía no acaban de creerse el primero de los puntos básicos, luego no toman medidas para su identificación y control. La tercera es que, desgraciadamente, hay numerosas empresas que siguen pensando que un psicópata al mando puede ser una buena inversión de futuro, algo que espero que, si has llegado hasta aquí, no creas en absoluto.

Pero supongamos que una empresa es consciente del peligro de que ingrese en sus filas un psicópata. ¿Cómo evitarlo? Es obvio que aquí el Departamento de Recursos Humanos tiene el peso de la tarea (si no existe, recae en la persona que tiene autoridad para ello). Debería tener en cuenta los indicadores de la psicopatía comentados en este capítulo, y es del todo aconsejable que, si se presenta una oferta de modo público, se haga hincapié en que se valorarán preferentemente las cualidades *más odiadas* por el psicópata: integridad, rendición de cuentas, transparencia en la gestión y adhesión a la ética del trato humano y responsable en su relación con los empleados. Es crucial que la empresa proyecte un ambiente laboral donde el valor supremo no sea la competencia despiadada por obtener beneficios, ya que este es el escenario ideal del psicópata. El experto en psicopatía corporativa Maxim Laurijssen ha señalado que «las organizaciones deben ser conscientes de las conductas que recompensan o sancionan, ya que de forma inadvertida pueden estar alentando las conductas abusivas del psicópata».[31]

El Departamento de RR. HH. tiene que saber entrevistar con pericia, y es muy recomendable que esté preparado para saber cómo interrogar a un sujeto si sospecha que pueda estar dentro del espectro de la psicopatía.[32] Si tal es tu función, junto al protocolo que suelas seguir, me permito hacerte una serie de recomendaciones complementarias:

1. Sé respetuoso. No muestres un lenguaje de sorpresa o escepticismo si escuchas algo que te parece muy improbable o que implica cierta confusión moral. Usa un tono relajado y cercano, sin perder la formalidad.
2. Indaga acerca de los trabajos anteriores que figuran en su currículum. Pregunta desde lo general (la labor que hacía, su responsabilidad, el volumen de negocios que manejaba, etc.) a lo particular, donde debe-

rás inquirir acerca de su relación con superiores e inferiores en el ámbito de la empresa y fuera de ella, su estilo de comunicación, cómo reaccionaba frente a los conflictos, las sanciones e incentivos que se aplicaban, etc. Pregúntale cuál es el resultado de su estancia en la empresa anterior (¿positiva?, ¿negativa?) y las razones para ello; que te diga cuál fue su mejor logro y cuál fue su punto más débil. Si presenta referencias, asegúrate de incluir alguna persona no mencionada por él con la que posteriormente puedas contactar.

3. Haz preguntas relacionadas con los indicadores de psicopatía. Por ejemplo, *si exploras el narcisismo*, puedes preguntarle: ¿Qué opinión tiene de sí mismo? ¿Qué cualidades personales piensa que le definen? ¿Cuáles son aquellas cosas de su personalidad en las que piensa que ha de mejorar? *Si exploras la empatía*, puedes preguntarle: ¿Podría ponerme un ejemplo de una situación en que uno de los empleados esté rindiendo menos por un problema personal y cómo lo solucionaría? ¿Qué haría usted si en un departamento dos empleados están teniendo problemas personales y eso afecta a su rendimiento y al grupo en general? Mi consejo es que el Departamento de RR. HH. prepare varias situaciones en las que ponerse en el lugar del otro sea la clave para su resolución, asegurándose de que el candidato ha de tener al menos un conocimiento adecuado de las emociones implicadas, es decir, acerca de lo que los distintos personajes *deberían estar sintiendo* en relación con el conflicto y sus consecuencias.

4. Explora su pasado laboral y sus estudios; asegúrate de que los certificados que presenta son legales. Pregunta por sus experiencias como estudiante, el nombre de algunos profesores; indaga acerca de sus prácticas al final de los estudios. Siempre que puedas has de

disponer de nombres de instructores, supervisores, tutores y otros relevantes que puedan informarte de su carácter y rendimiento.

5. No te fíes de la veracidad de lo que diga por el aplomo que presente. No confíes en que puedas saber si miente o no en atención a su lenguaje corporal, porque ya sabemos que esto tiene poca base científica. *La máxima ha de ser siempre contrastar la información*, y no únicamente a través de documentos, sino recabando la opinión de personas que lo conocieron el tiempo suficiente y dispongan por ello de información acerca de su carácter.

6. La información personal que requieras ha de ir orientada en el mismo sentido. Respetando la legislación acerca de la privacidad, procura averiguar si ha tenido conflictos con la justicia o ha recibido algún diagnóstico o terapia que tenga relación con comportamientos agresivos, pensamientos hostiles o manejo de la ira. Inquiere sobre sus aficiones, el deporte que practica; averigua si le gusta vivir situaciones de riesgo y las medidas que toma para evitar percances. Pregúntale qué valores esenciales cree que le definen. Es importante que específicamente le hagas responder a la cuestión de cuál es el propósito de su vida; sí, quiero que le preguntes: ¿Cuál es el fin último de tu vida, la razón última de tus proyectos y esfuerzos? ¿Cuál esperas que sea el balance final de tu vida? O sea, quiero que averigües si es capaz de ver fuera de su egocentrismo y si puede darte una *respuesta convincente* al respecto (y no un mero cliché).

7. Prepara algunas preguntas sobre aforismos o sentencias de pensadores ilustres y pregúntale qué quieren decir para él. No tienen que requerir, para su interpretación, de conocimientos especializados previos, sino de la cultura y vivencias de una persona que tiene inquietudes como ser humano. *El psicópata tendrá*

dificultades para entender el significado profundo de lo que dicen. Asegúrate de que las máximas requieran para su interpretación —que no tiene por qué ser unívoca— de una buena capacidad de comprensión de la naturaleza humana, sus angustias y conflictos. Puedes sacarlas de novelas, ensayos sobre pensadores, biografías, etc. No repares en la brillantez de las palabras escogidas para dar la respuesta, *sino en lo que significan e implican acerca del conocimiento del ser humano y los misterios y retos de la existencia.* (Sé que Hannibal Lecter pasaría con creces la prueba, pero recuerda que es un personaje de ficción.) Un psicópata se pondrá nervioso, mostrará su incomodidad: es un terreno para él cubierto por las sombras.

Un ejemplo: en una ocasión le pregunté a un ejecutivo qué significaba, para él, la frase del Talmud: «Quien salva una vida, salva al mundo entero». (Puedes escucharla en el momento más emotivo de la película *La lista de Schindler*, cuando los judíos de Schindler le ayudan a escapar ante la inminente llegada de las tropas aliadas.) Este hombre se quedó, de entrada, atónito. ¿Para qué diablos le hacía esa pregunta? ¿Qué tenía que ver con ser un ejecutivo en una empresa? Luego mostró una visible irritación: «¿De verdad me está preguntando eso?». Así es, le dije yo. «Puede que le parezca irrelevante, pero créame cuando le digo que gestionar el trabajo de las personas tiene mucho que ver con la interpretación de frases como estas», añadí. Se quedó pensando un rato con visible fastidio, y al final me dijo: «Bueno, que vale lo mismo salvar a uno que a todos». «Sí, pero ¿por qué? Esa es la cuestión, por qué valen lo mismo...», seguí yo, porque, dicho así, es absurdo. ¿Cómo va a valer lo mismo salvar a una persona que a 8.000 millones? No pudo contestar esta vez. (Te dejo que pienses en la solución.)

Pero desafortunadamente no hay un sistema seguro para filtrar a los psicópatas: es inevitable que algunos —o muchos, dependiendo del interés en detectarlos— se nos pasen. En tal caso, no todo está perdido, porque está demostrado que el contexto organizacional puede influir de una manera muy poderosa en controlar los desafueros del psicópata o, contrariamente, en fomentar sus tendencias destructivas. Ya señalé este punto antes, pero es que hay estudios que indican que aquellas empresas que dejan muy claras las reglas acerca de lo que *se espera* de sus empleados, así como de aquello que *no se espera* (las rutinas y conductas desaprobadas), son mucho más eficaces en controlar los desmanes que causan los psicópatas. En otras palabras, desde el plano de la intervención sobre el ambiente de la organización, la estrategia más efectiva es establecer líneas de conducta muy claras, tanto para lo permitido y deseado como para lo no permitido e indeseado. Por otra parte, también puede ser útil en este aspecto la mejora de la transparencia en la toma de decisiones y en las relaciones en general de los empleados. La transparencia implica hacer que el comportamiento de los mandos y líderes sea más visible para los superiores, subordinados y otros empleados, así como entre ellos mismos, lo que dificulta las conductas de explotación y abuso.

En resumen, del mismo modo que en el capítulo anterior apelaba a tu fortaleza interior y a tu integridad como ser humano, a que entendieras que *tú tienes más poder que el psicópata si te lo propones*, esta misma reflexión es aplicable al mundo empresarial, pero en el plano de la organización como una entidad viva y dinámica. Si una empresa abraza con determinación una ética de respeto y de fomento de las cualidades humanas de sus empleados, si considera que tiene una responsabilidad hacia la sociedad en cuanto a los principios que orientan su funcionamiento, entonces creará un escenario hostil para el psicópata, y sus oportunidades para prosperar en ella se verán seriamente limitadas.

Finalmente, me gustaría contestar a una pregunta relaciona-
da con mis indicadores de la psicopatía anotados anteriormente. ¿Sirve de algo trasladar al psicópata a otra división o
departamento de la empresa? Estoy tentado de contestar
con un «no» categórico, pues es presumible que traslade a
su nuevo destino los efectos perniciosos de su modo de ser.
Sin embargo, quizás pueda ser neutralizado en un nuevo
puesto donde tenga menos oportunidad de actuar sin supervisión o de tomar decisiones relevantes por sí solo. E incluso, si somos optimistas, en algunos casos es posible que
podamos sacarle un rendimiento positivo, si aquello que se
le encomienda *le sale de natural hacerlo bien* porque le permite expresar su deseo de vanagloria de modo constructivo.

Un ejemplo de mi archivo personal ilustra esta cuestión,
aunque he de decir que *es el único caso* de psicópata empresarial donde he podido recomendar esta línea de acción.
Los padres de Enrique, socios mayoritarios de una empresa
mediana dedicada a la hostelería, vinieron a verme porque
se encontraban en un dilema, uno de los más complicados
para los padres que también tienen a su hijo en nómina.
Enrique llevaba como CEO de la empresa familiar poco más
de un año, y solo recientemente se habían percatado de que
su vástago había tomado una serie de decisiones que habían
puesto en grave peligro la supervivencia del negocio, que en
esos momentos tenía 150 empleados. Parte del diálogo fue
el siguiente:

VG: Entiendo que buscan mi consejo acerca de qué hacer
con su hijo, puesto que, según me cuentan, sigue siendo el director ejecutivo.

PE [padre de Enrique]: Sí... Nosotros [mirando a su espo-
sa] pensábamos que el chico ya estaba listo, que podíamos re-
lejarnos y darle la iniciativa. ¿Sabe?, llevamos más de treinta
años dedicándole al negocio todo nuestro tiempo, y era hora

de que Enrique pilotara la nave, o eso creímos [resignado]. Ahora me parece evidente que vimos lo que quisimos ver.

VG: Sin embargo, o mucho me equivoco o estos hechos que me han relatado [las decisiones que habían puesto en peligro a la empresa] no han sido los únicos en alarmarles, ¿no es así? Quiero decir..., ¿no vieron o tuvieron noticia de acciones anteriores por su parte que no les gustaron? ¿No recibieron ninguna información premonitoria por parte de otros empleados?

ME [madre de Enrique]: Sí, pero no en este año que él ha tenido el mando, sino en los otros tres años en los que estuvo trabajando en la empresa desempeñando diversos puestos. No fueron cosas muy concretas, porque supongo que a los empleados les daba apuro decir algo negativo del hijo de los dueños, pero otros accionistas sí habían conversado con compañeros de nuestro hijo, y nos lo contaron.

En resumen, entre otros indicadores de comportamiento destructivo o incompetente en la empresa, los padres supieron de modo indirecto que su hijo en múltiples ocasiones se había ausentado sin decir nada del trabajo durante horas sin justificación, lo que obligó a que se cancelaran citas previstas; que había adoptado posturas chulescas y humillantes ante algunos empleados que llevaban muchos años en la empresa, y que había sido incapaz de trabajar en grupo con provecho cuando se programaban sesiones de actualización para afrontar nuevos clientes o pedidos, porque generalmente terminaban con reproches de su parte que no venían a cuento. Luego de indagar en el historial personal y familiar de Enrique, encontré pruebas evidentes de que su conducta tramposa, arrogante y ventajista había sido una constante desde la adolescencia, si bien su madre me dijo que durante los años que pasó en una escuela privada de negocios «pareció sentar la cabeza», aunque mi impresión fue que, dado lo costoso de la matrícula y la laxitud de la escuela, el estudiante tuvo mucho margen para disfrutar de la vida sin atender en exceso a las clases. Después de graduarse estuvo varios años de aquí para allá, «experimentando alternativas», según les decía a sus padres, haciendo «negocios» —nunca concretados— en varios países, hasta que finalmente, sin blanca, aceptó recalar en la empresa familiar, entiendo yo que más por obligación de su cuenta corriente que por devoción.

Pero, sea como fuere, a los treinta y cuatro años fue nombrado el director ejecutivo y, con el poder en sus manos, no había consultado con sus padres los movimientos arriesgados que había decidido llevar a cabo. ¿Debían despedirlo? La madre contenía el aliento de solo pensarlo; el padre estaba más decidido a darle un escarmiento, aunque tampoco se atrevía a tanto. Pero el asunto era grave, porque una hermana de Enrique, que también estaba empleada en la empresa, se había horrorizado por la situación actual, y achacaba a sus padres su negligencia en controlar a su hermano, lo que había creado muchos problemas en la familia (también con su yerno, un malestar que repercutía a su vez en la relación con los nietos).

Les pregunté «en qué era bueno Enrique» y, tras un buen rato clarificando exactamente lo que significaba esto, nos pusimos de acuerdo en que destacaba cuando se trataba de suscitar interés por los productos de la empresa, en ferias y convenciones. Era muy buen conversador y tenía «don de gentes», lo que le permitía conocer a potenciales clientes e intimar lo suficiente para llegar a acuerdos. Convinimos finalmente en que, dada la realidad innegable a la que había conducido su gestión, era necesario que otra persona tomara el mando, alguien externo a la familia y quizás también a la propia empresa. Enrique sería el responsable de transmitir la imagen de la firma al exterior, así como de captar nuevos clientes, sin ninguna facultad ejecutiva para firmar acuerdos. Insistí en que el sueldo fuera medio, y que se incentivaran bien los logros que pudiera conseguir en su cometido; unos objetivos que deberían especificarse con detalle, así como las remuneraciones correspondientes.

A Enrique no le agradó la idea, desde luego. Acusó a sus padres de «no tener visión» y de socavar su futuro profesional; amagó con irse con el argumento de que «podría trabajar donde quisiera» —aunque estoy seguro de que no tenía ninguna oferta real sobre la mesa— y, finalmente, aceptó a regañadientes su recolocación. Dos años después hice una llamada de seguimiento, y el padre me dijo:

Estuvo con nosotros un año y pico, y en general no fue mal; tuvimos algún problema, pero nada serio. Luego nos dijo que se marchaba, que se iba a meter en el negocio de la hostelería en Tailandia, que allí seguro que triunfaría por todo lo alto. Se fue hace unos cuatro meses, y no sabemos gran cosa, solo que ha abierto con algunos socios un restaurante.

¡Buena suerte, pues!, le deseé en mi interior, más por el bien de sus padres —que lo llevaban sufriendo toda la vida— que por convicción.

Capítulo 5

La patocracia: El psicópata en la política

¡Que ardan en el infierno!

DONALD TRUMP, en el discurso de Navidad
a sus seguidores, en contestación a una pregunta
sobre sus oponentes del Partido Demócrata,
diciembre de 2023

Guardaos de los falsos profetas, que vienen a vosotros vestidos con piel de oveja pero por dentro son
lobos rapaces.

MATEO, 7:15

EL GOBIERNO DE LOS PSICÓPATAS

El psicólogo Steve Taylor relató una interesante historia que
implicó a las dos personas quizás más diferentes en el mundo a mediados del siglo pasado: Gandhi y Hitler. En julio de
1939, a la edad de sesenta y nueve años, Gandhi vio con
preocupación la ocupación progresiva de territorios que
Hitler estaba llevando a cabo —primero los Sudetes, luego
Checoslovaquia entera, que culminaría con el ataque a Polonia en septiembre de ese mismo año, dando inicio así a la
Segunda Guerra Mundial— y decidió escribirle una carta:

Parece evidente que usted es la única persona en el mundo capaz de evitar una guerra que puede reducir la humanidad a un estado salvaje. ¿Está dispuesto a pagar ese precio por lograr su meta, por valiosa que esta sea? ¿Escuchará este ruego de alguien que deliberadamente ha rechazado la estrategia de la guerra con notable éxito?[1]

Gandhi no era un ingenuo. Recordaba que Mussolini, a quien había conocido personalmente, lo había escuchado muy atentamente y le había confesado su admiración por cómo se había enfrentado al Imperio británico, definiéndole como «un genio y un santo». Hitler no respondió, así que lo volvió a intentar en 1940: «Me dirijo a usted en nombre de la humanidad para rogarle que pare la guerra. [...] Si la gana, eso no demostrará que tenía razón, solo probará que su capacidad de destrucción era mayor».

También en este caso el Führer hizo oídos sordos. ¿Cómo podía ser de otro modo? Es muy probable que Gandhi pensara que estaba dirigiéndose a un hombre que atendía al dictado de la conciencia, no diferente de los demás salvo quizás por su ambición o por una ideología equivocada, lo que no era el caso. La historia nos ha revelado que fue uno de los grandes psicópatas, la élite del 1 por ciento maligno, por lo que seguramente despreciaba a Gandhi y todo lo que este representaba. Es más, creo que Hitler estaba del todo incapacitado para comprender los conceptos de humanidad a los que estaba apelando el líder hindú, porque estaban más allá de su universo mental, donde los principios morales más básicos y elementales («No hagas a los demás lo que no quisieras que te hicieran a ti») no tenían cabida. Esa incapacidad para la conexión humana se pudo ver en directo y en televisión en todo el mundo con motivo del juicio a uno de los lacayos y admiradores del genocida nazi, Adolf Eichmann —el llamado «arquitecto del Holocausto», secuestrado en Buenos Aires en una audaz misión por los servicios secretos israelíes—, celebrado en Jerusalén en 1961. Es muy revelador el momento en el que el juez insiste, una y otra vez, en que Eichmann conteste a la pregunta de si, en su opinión, matar masivamente a un pueblo inerme es o no un acto criminal monstruoso. Se puede ver, en el primer plano de su cara, como Eichmann sufre lo indecible para no tener que responder lo que no cree —que fue un crimen monstruoso— y al mismo tiempo decir algo que sea *moralmente soportable*, porque era consciente de que una respuesta honesta lo hubiera condenado definitivamente, si no lo estaba ya.[2]

Steven Taylor considera que Gandhi y Hitler son los polos opuestos de lo que él llama la «capacidad de conexión» de las personas con sus semejantes. Las «personalidades oscuras», como la psicopatía, los narcisistas patológicos y los maquiavélicos, están en la parte inferior de ese continuo, que puedes imaginar como una línea vertical, mientras que los individuos como Gandhi, Nelson Mandela o Martin Luther King estarían en la parte superior, por su capacidad para la empatía y la compasión, cualidades de las que carecen aquellos. Cito a estos grandes nombres como prueba de que puede haber políticos íntegros y entregados al bienestar general, pero hay otros muchos individuos anónimos altruistas que se situarían en la mitad superior de esa línea imaginaria; en cambio, ya sabemos que hay un 1 por ciento psicopático arremolinado en la parte más baja de la mitad inferior. Probablemente la mayoría de nosotros estamos en torno a la media altruista de esa línea, en ocasiones yendo un poco más arriba y en otros momentos yendo un poco más abajo. (Al fin y al cabo, no siempre somos igual de generosos o egoístas, depende de las circunstancias y de nuestra trayectoria vital.)

Para Taylor, los psicópatas son gente profundamente «desconectada», entregados a la acumulación de poder y estatus, por lo que los considera un riesgo grande para la humanidad cuando tienen cargos de responsabilidad política.[3] Otros investigadores se han referido a esta personalidad «desconectada» como «hiperconflictiva»[4] o contenedora del «síndrome de la arrogancia»,[5] y en lo fundamental destacan el carácter narcisista y manipulador de los políticos, que llegan a asumir que su interés personal es el mismo que el interés de toda la nación. En fin, un concepto muy gráfico —y mi preferido— es el de «patocracia», ideado por el investigador Andrzej Łobaczewski, quien sufrió a los nazis de niño en su Polonia natal y a los comunistas en su edad adulta.[6] Con ese concepto señalaba las raíces de las sociedades gobernadas por la maldad. Definió la *patocracia* como «un sistema de gobierno creado por una pequeña minoría patológica que toma el control sobre la gente normal de una sociedad». Y, entre esa minoría aberrante, los psicópatas son los más peligrosos, por su potencial expansivo de maldad: «Si un sujeto con poder político es un psicópata, él o ella puede crear una epidemia de psicopatología en gente que, en sí misma, no es psicópata», escribió Łobaczewski.

Ahora bien, quiero puntualizar que la alternativa a los líderes psicópatas no precisa ser una personalidad excepcional como la de los tres antes mencionados (Gandhi, Luther King y Nelson Mandela), sino que hay otros muchos líderes que, sin llegar a esas cotas, pueden arrojar al final un balance positivo, debido a que han tenido más luces que sombras, sin tener que haber pasado para ello por ninguna ordalía personal. Simplemente les ha bastado —muchas veces contando con la ventaja de una buena cuna— con seguir un criterio político de mayor justicia social y unos principios de mayor solidaridad o «conexión» entre los pueblos, como el caso de John F. Kennedy o Jacques Delors, el «padre» de la Unión Europea. Otras veces, es cierto, llegan al liderazgo desde unas condiciones sociales y políticas muy precarias, como el hijo de carpintero y Premio Nobel de la Paz Lech Wałęsa.

En este capítulo nos vamos a ocupar de analizar a los líderes políticos que se encuentran en el espectro de la psicopatía (unos con mayor grado de psicopatía que otros), su *modus operandi* y sus principales señas de identidad. Ahora bien, quedarse solo en la figura del líder sería un error, porque cuando hablamos de dirigir un país necesariamente tenemos que poner el foco también en los seguidores. La historia nos demuestra que, a pesar de la brutal opresión ejercida hacia su pueblo por parte del psicópata cuando ostenta el poder, hay mucha gente que le apoya; e incluso años después de muerto y enterrado, ya conocida la extensión de todos sus crímenes, mucha gente le sigue profesando admiración y respeto, como sucede en la actual Rusia con respecto a los nostálgicos de Stalin, y en diferentes países con los seguidores del nazismo.

He de significar que me voy a detener con más detalle en dos, Donald Trump y Vladímir Putin, pues existe sobre ellos mucha documentación sobre la que basar una opinión bien fundada acerca de su elevada posición dentro del espectro psicopático. De los dos, prestaré mayor atención a Trump, porque existe una abundante literatura donde se valora su patología psicopática o narcisista, y porque no cabe duda de que representa el peligro más real (y el modelo más poderoso para los que aspiran a seguir sus pasos) dentro del sistema democrático en el que vivimos.[7]

POR QUÉ LA POLÍTICA ES TAN ATRACTIVA PARA EL PSICÓPATA

El líder psicópata de un partido político o de un gobierno ha sido llamado de diversas formas, y quizás una que ha prosperado en los últimos años es la de «líder tóxico», «líder predatorio» o «líder destructivo». A mí me gusta la definición que ofrece la socióloga Jean Lipman-Blumen: «Son aquellos individuos que, en virtud de sus conductas destructivas y rasgos disfuncionales de personalidad, generan un efecto venenoso y permanente en los individuos, las familias, las organizaciones y en toda la sociedad en su conjunto».[8] Es claro que los psicópatas son los máximos exponentes de tales líderes, pero no debemos olvidar que algunos

políticos pueden resultar «tóxicos» por pura incompeten-
cia, sin que se precise de una psicología malvada. Estoy seguro de que puedes recordar ejemplos de políticos que resultaron pésimos para sus países por falta de competencia.
Quizás uno de los ejemplos más citados de la historia del
siglo xx es el modo en que el primer ministro del Reino
Unido, Neville Chamberlain, trató de apaciguar a Hitler a
través de sucesivas cesiones, lo que tuvo el resultado de en-
valentonarle hasta que atacó a Polonia y dejó del todo claro
cuáles eran sus auténticas intenciones, iniciando así la Segunda Guerra Mundial.

Esta definición podría aplicarse también a los psicópatas
corporativos y a los líderes de sectas, lo que para mis propósitos en este capítulo nos viene bien porque señala el amplio
efecto que tiene la acción política de un líder: en los individuos, en las familias, en la vida empresarial y en todo el país.
Es más, en algunos casos bien podríamos decir que el impacto
puede extenderse a muchos países del mundo, como por desgracia la historia nos ha enseñado en demasiadas ocasiones.

¿Por qué resulta tan atractiva la política para el psicópata? Por una parte, la personalidad de los políticos tiene una
notable influencia en su posible éxito electoral, pero también en el desempeño de su cargo si resultan elegidos.[9] La
peculiar personalidad del candidato psicópata —carismático, manipulador, sin ansiedad, egocéntrico, mentiroso—
lo hace particularmente atractivo para las masas, sobre
todo si los medios de comunicación y las redes sociales lo
encuentran interesante por razón de las cosas que dice o
promete hacer. Es natural que *un psicópata controlado* (inteligente, arrogante, maquiavélico) vea en la política un escenario donde poder utilizar sus cualidades más sobresa-
lientes. Como veremos más adelante, es fundamental que
presente mensajes simples para solucionar problemas complejos (por ejemplo, «La culpa del paro la tienen los inmigrantes», «La culpa de la delincuencia la tienen los jueces
que no aplican la ley»), así como que den en la diana de las

angustias o preocupaciones sociales con tales mensajes. Sin reparo por mentir y manipular a las masas, el candidato psicópata prometerá erigirse en el «salvador de la patria», asegurando que, con él en el poder, los ciudadanos se verán recompensados con mayor prosperidad, libertad, justicia e igualdad, aunque naturalmente la realidad no tendrá nada que ver con esas promesas.[10]

Pero, por otra parte, la política también le ofrece una vía expedita y rápida para alcanzar un nivel de poder que ninguna otra ocupación puede ofrecer. Piensa en un sujeto como Maduro: un hombre del todo mediocre lleva dirigiendo el destino de Venezuela desde que recibiera el testigo de Hugo Chávez, quien era todavía más mesiánico que aquel. Hitler era un pintor del montón antes de que descubriera que podía cambiar la historia de Alemania y del mundo. Stalin vio en la revolución bolchevique un modo de trepar, partiendo de la nada, al poder total que antes tenía el zar en el Imperio ruso, gracias a su eficacia como matón y urdidor de conspiraciones. En otras ocasiones los aspirantes al poder en el espectro de la psicopatía se hallan más arriba en la escala social, pero desean mucho más poder que el que tienen. Así, Rafael Trujillo (1891-1961), el dictador dominicano, se hizo con el Gobierno mediante un golpe de Estado desde su puesto de jefe del Estado Mayor del Ejército, y tanto Vladímir Putin, por una parte, como Silvio Berlusconi y Donald Trump, por otra, eran personajes importantes en la jerarquía del Estado y en los negocios, respectivamente, antes de ser candidatos para liderar el país.

No es de extrañar que este maridaje entre la política y el poder haya levantado desde siempre mucha suspicacia, como lo prueba el que la primera constitución democrática del mundo, la de Estados Unidos (1787), estableciera una serie de contrapesos para impedir que un presidente pudiera convertirse en un tirano. Tampoco ayudó a favorecer la imagen de los políticos en la estima de los ciudadanos la que probablemente sea la obra política más importante de la historia: *El príncipe*, de Maquiavelo, todo un tratado concebido para que el gobernante mantenga el poder a toda costa en beneficio del pueblo.[11] Esta última parte —«en beneficio del pueblo»— es importante, porque Maquiavelo nunca aprobó que el Príncipe mantuviera el poder para enriquecerse o abusar de él, sino para ponerse al servicio de los ciudadanos. Sin embargo, esta circunstancia no fue obstáculo para que a través de los siglos se hiciera popular la imagen de un regente capaz de todo para aplastar a sus enemigos, y con ello no cabe duda de que pasó a formar parte del imaginario del político psicópata, porque Maquiavelo tuvo la intuición genial de describir algunos de los rasgos esenciales del psicópata que serán definidos casi cinco siglos después por la ciencia.

En fin, la relación entre la psicopatía y la política resulta del todo evidente cuando los psicópatas criminales pretenden lavar su imagen entrando en la política con el fin de alcanzar nuevas zonas de influencia a través de las cuales impulsar su negocio. El ejemplo más notable de esta simbiosis la protagonizó Pablo Escobar —inundó Estados Unidos de cocaína en los decenios de 1970 y 1980, y probablemente sea, tras Al Capone, el mafioso más famoso del siglo xx—, quien fue congresista en el Parlamento colombiano y había hecho sus planes para ser en el futuro presidente de la República. Por suerte, su propio partido le expulsó una vez sus actividades mafiosas resultaron tan evidentes que era imposible que mantuviera su cargo. Marta Ruiz, prestigiosa periodista colombiana que vivió intensamente aquellos años, declaró que Escobar «pensaba y actuaba como un político; tenía la convicción profunda de que, por más dinero que ganes, si no tienes poder político, no tienes poder real».[12]

Escobar era, a su modo, un «hombre de negocios», lo que me lleva a poner de relieve que la psicopatía aplicada al arte de enriquecerse y a la política transitan muchas veces por un mismo camino. Piensa en Silvio Berlusconi (fallecido en 2023). Cuando llegó a la política, ya era un hombre notable: poseía constructoras inmobiliarias, canales de televisión, el club de fútbol AC Milan y otras muchas empresas. En su etapa de empresario recibió bastantes denuncias, entre otras, por tener tratos con la mafia. Mujeriego insaciable (fueron famosas sus fiestas «bunga bunga»), los escándalos y las denuncias no cesaron en los diferentes periodos en los que ocupó el cargo de primer ministro a partir de 1994. Así, en 2003 tuvo que enfrentarse en un juicio a una acusación por un soborno a los jueces llevado a cabo en los años ochenta, y resultó condenado tras su renuncia en 2011 por evadir 7,3 millones de euros de impuestos a Hacienda.[13]

DEMOCRACIA IMPERFECTA

Antes de seguir adelante, tengo que puntualizar un hecho evidente, pero que es necesario tener bien presente. Como ya he repetido varias veces, el contexto social en el que actúa el psicópata es de suma importancia para comprender el alcance de sus fechorías. Del mismo modo que un ejecutivo dentro del espectro de la psicopatía no puede tener las mismas libertades en una empresa estable y transparente que en una opaca y con un pobre código ético, un político psicópata que lidera un país dictatorial o autoritario tiene mucho más margen de acción que el que ha de vérselas con los contrapesos institucionales que toda democracia establece para evitar el abuso del gobernante. En este último caso el político ha de ser más sibilino, más carismático y manipulador, porque tiene que ganarse los votos del Congreso y la aprobación de la opinión pública. (Los ejemplos de Trump y Putin para ganar las elecciones en una democracia y en una autocracia, respectivamente, son muy reveladores, como luego comentaré.)

Hecha esta salvedad, he de señalar que las democracias no se ven libres de los psicópatas, ya que aun siendo el régimen más deseable, está lejos de ser perfecto. En lo que atañe al modo en que los psicópatas prosperan en una democracia, hay dos razones para ello. Por una parte, es importante tener en cuenta —como ha señalado la politóloga Jane Mansbridge— que el sistema democrático actual, al funcionar sobre la base de la contienda entre diferentes facciones, hace de la enemistad y del conflicto los mecanismos de la vida política, y este modo de actuar, donde un partido o líder es el «enemigo» de los otros, deja mucho margen de acción a los políticos tramposos y maestros en el arte de dejar cadáveres a su paso. Es decir, lejos de la democracia del diálogo y del entendimiento que propugna Mansbridge, se ha asumido desde el mismo principio de la democracia que se trata de una lucha donde el fin es derrotar a los adversarios para llegar al gobierno.[14] *Esta filosofía de hostilidad es perfecta para el psicópata*, porque es el mundo en el que vive de manera permanente. No me cabe duda de que la famosa sentencia de Thomas Hobbes «El hombre es un lobo para el hombre», aunque formulada hace muchos siglos en su célebre libro *Leviatán* (1651), parece creada para retratar al psicópata.

La segunda gran debilidad de la democracia ante el psicópata es que, si bien está concebida para controlar los excesos del poder ejecutivo —y de ahí la separación de poderes con respecto al poder legislativo y judicial—, sin embargo, *no tiene ninguna previsión ni filtro* acerca de quiénes pueden ser candidatos y, por consiguiente, ganar la presidencia.[15] En otras palabras: salvo los requisitos mínimos recogidos por la ley (acerca de la nacionalidad y un posible historial delictivo que excluya ser elegido en un cargo público), *nada impide que un psicópata se presente y gane las elecciones*. Esta es la razón por la que la galardonada poeta mejicana Coral Bracho (que obtuvo un grado en Psicología) declaró en 2023 la necesidad de que

aquellos que aspiran a ser presidentes de un país sean sometidos previamente a un test psicológico y psiquiátrico para evitar que [los candidatos] perturbados alcancen el poder. Es algo elemental para un puesto de esa responsabilidad. Ello nos ayudaría a evitar que haya gobiernos que atenten contra la vida y la dignidad de los gobernados.[16]

En el capítulo siguiente retomaremos esta cuestión, porque son varios los analistas que han planteado una previsión parecida.

ASESINATO EN MALTA

La imperfección de la democracia puede verse fácilmente en cualquier país, pero en algunos —incluso en Europa, como es el caso de Malta— restalla con violencia. Daphne Caruana Galizia era una periodista con mucho arrojo. Una vez dijo que el enemigo más grande de la libertad de expresión era el miedo, porque provocaba que la gente enmudeciera ante las injusticias. Ciertamente Daphne no sentía miedo, sino indignación, así que desde su condición de célebre periodista de investigación *freelance* y desde su propio blog se dedicó con todo su ser a desvelar las corruptelas del Gobierno maltés, presidido aquellos años por el laborista Joseph Muscat. ¿Recuerdas el escándalo de los Papeles de Panamá? Se descubrió que mucha gente conocida y poderosa tenía dinero opaco ante Hacienda en paraísos fiscales. Estamos en 2017, y Daphne escribe furiosamente acerca del Gobierno de Muscat, a cuya familia Daphne involucra en ese *affaire*, así como a su jefe de gabinete y al ministro de Energía. Y no solo fustiga al presidente, sino a toda la élite política y económica, no muy grande, ya que el país no llega al medio millón de habitantes. Daphne escribe que Muscat es «un absoluto sociópata» que ha puesto a Malta en manos de una «ineptocracia».[17]

La falta de miedo de Daphne queda patente cuando no se calla a pesar de las amenazas que recibe, hasta que una tarde fatídica de octubre de 2017 su coche vuela por los aires, matándola a la edad de cincuenta y tres años. Su hijo menor, Paul Caruana, escribió un libro donde cuenta que un granjero que pasaba por el lugar la escuchó gritar en su último aliento. En *A death in Malta* [Una muerte en Malta] detalla cómo el asesinato de su madre tuvo profundas implicaciones no solo para su familia (Daphne tenía tres hijos varones), sino para la propia conciencia del país, algo que —está seguro su hijo Paul— haría que se sintiera orgullosa.[18]

La cuestión es que de las 67 muertes de periodistas registradas en 2017 solo dos acontecieron en Europa: la de Daphne y la de Kim Wall, a quien conoces por su asesinato en un submarino relatado en el capítulo 1. El asesinato de Daphne reveló la veracidad de sus denuncias. Porque hubo arrestos y condenas, entre ellas los dos asesinos y un cómplice. Los homicidas —los hermanos George y Alfred Degiorgio— contaron en el juicio que se les había encargado matar a Daphne antes de las elecciones generales por un precio de 150.000 euros porque la periodista tenía previsto «publicar algo». El otro condenado, acusado de organizar el crimen, declaró en el juicio que lo presionaron para acabar con la reportera, incluso si en el momento de la explosión hubiera estado acompañada. No obstante, se negó a decir quién o quiénes fueron los que le encargaron a él y a los hermanos Degiorgio el asesinato.[19]

El homicidio de Daphne —a quien la influyente revista *Politico* incluyó entre las «28 personalidades que hacen moverse a Europa»— sirvió para que en 2021 un panel de jueces creado al efecto de revisar el caso declarara que el Estado de Malta había fracasado del todo en su labor de reconocer el peligro al que estaba expuesta la periodista y, más aún, concluyó que «el país se estaba deslizando hacia un escenario propio de un Estado mafioso». El primer ministro nunca fue acusado, ni nadie de su entorno, pero a los dos meses de que Daphne muriera se vio forzado a dimitir.

Un ejemplo de la penetración de los políticos que están dentro del espectro de la psicopatía en las democracias actuales lo constituyen los denominados «políticos populistas» o con tendencias autoritarias, presentes en todos los continentes e ideologías. Puede que se te vengan a la cabeza algunos nombres de políticos españoles, además de los que comúnmente se han mencionado en los últimos años, como Trump (Estados Unidos), Erdoğan (Turquía), Le Pen (Francia), Berlusconi (Italia), Bolsonaro (Brasil), Netanyahu (Israel), Orbán (Hungría), Modi (India) y otros. Estos son también autoritarios, aunque algunos —como Putin— están más cerca de una dictadura pura y dura, puesto que la democracia en Rusia está seriamente intervenida y difícilmente se la puede considerar como tal, algo que sabe cualquier persona informada.

El ganador en 2016 del Premio George Orwell para libros de temática política, Gideon Rachman, ha estudiado en profundidad a los políticos populistas y autoritarios, y destaca en ellos una serie de características, si bien, como es lógico, no todos ellos las comparten en el mismo grado o de la misma manera: el culto a la personalidad; su facilidad para conectar con el ciudadano corriente (algo muy facilitado por el desarrollo de las redes sociales); su desprecio por los medios de información independientes, así como por las leyes y la independencia judicial; el uso de mensajes simples para resolver problemas complejos (como construir un muro para acabar con el problema de la emigración, «acabar con la casta» para que exista una «verdadera democracia» o aplicar el Brexit para resolver todos los problemas del Reino Unido) y acusar al «estado profundo» (entiéndase, aquellos que realmente «manejan los hilos») de sabotear sus esfuerzos. En resumen, Rachman define al populismo-autoritarismo como «un estilo político que desdeña a las élites y a los expertos y venera la sabiduría y los instintos del hombre común».[20]

Los psicólogos sociales Alessandro Nai y Ferrán Martínez se propusieron comparar la personalidad de los políticos populistas con los políticos no populistas o convencionales. Con tal fin, revisaron la investigación académica y periodística existente sobre los políticos candidatos a gobernar en 73 países durante el periodo comprendido entre junio de 2016 y diciembre de 2018 e identificaron a un total de 152, de los cuales 33 recibieron la calificación de populistas.[21] El perfil de estos se ajustaba a la presencia central en su discurso de la oposición grosera entre la «gente común» (a la que ellos supuestamente representaban) y la «gente malvada», o «la élite», a la que era necesario sacar del poder. A continuación, pidieron a expertos en el análisis político de cada país que evaluaran a los candidatos de sus respectivos países mediante una escala que medía rasgos psicopáticos, narcisistas y maquiavélicos (la llamada «tríada oscura de la personalidad»). Los expertos valoraron a todos los candidatos, sin saber quiénes habían sido marcados como populistas por los investigadores. Los resultados mostraron que los populistas aventajaban de modo significativo a los convencionales en estos tres conjuntos de rasgos, *especialmente en psicopatía*. En un estudio posterior donde se valoró con la misma metodología la personalidad de 14 políticos con tendencias autoritarias (donde también había populistas) y 143 políticos convencionales, los resultados fueron idénticos a los obtenidos con los populistas: los políticos autoritarios destacaron por ser más narcisistas, maquiavélicos y, sobre todo, más psicópatas.[22]

MAQUIAVELO

El maquiavelismo como un tipo de personalidad en psicología nació de la mano del psicólogo Richard Christie en los años cincuenta, cuando él era un joven investigador adscrito a la Universidad de Stanford que comprendió que la reciente Segunda Guerra Mundial ofrecía una clara oportunidad para intentar determinar lo que él pensaba era una de sus causas fundamentales: el papel desempeñado por los líderes ambiciosos y manipuladores, capaces de cualquier cosa para obtener y conservar el poder, como Hitler, Mussolini y Stalin, el cual inicialmente había pactado con el primero, a resultas de cuyo pacto se había anexionado una parte de Polonia. Para estudiar y describir este tipo de personalidad, Christie retomó uno de sus libros de bachillerato, *El príncipe*, de Nicolás Maquiavelo, y comprendió que ahí estaba escrito lo que necesitaba.[23]

Nicolás Maquiavelo (1469-1527) fue uno de los grandes pensadores del Renacimiento de Florencia, amigo personal de Leonardo da Vinci. Ejerció el cargo de una especie de secretario de Estado que viajaba en delegaciones diplomáticas en nombre de la República florentina, cargo que perdió cuando la poderosa familia de los Médici derrocó a los líderes de la República y se hizo con el gobierno de Florencia. Señalado como enemigo de los Médici, fue apresado y torturado. Dado que no había pruebas reales de que hubiera conspirado contra el nuevo gobierno, fue puesto en libertad. Maquiavelo se retiró al campo y durante el resto de su vida se dedicó a estudiar y a escribir sobre política. Fue en esa época donde alumbró *El príncipe*, tomando como modelo a César Borgia, un tratado sin igual acerca de las virtudes y principios que debe poseer el gobernante exitoso.

Ahora bien, no fue Maquiavelo, según los biógrafos, un hombre que pudiera reflejarse en su retrato del gobernante ideal. Por el contrario, fue siempre conciliador, leal a la República, donde los únicos instrumentos para realizar su tarea de secretario en las legaciones a otras cortes y tierras fueron el conocimiento de la historia y un innato sentido de la observación psicológica, y no el engaño o mucho menos la fuerza, dada la soledad de su empresa. En su vida privada observó las mismas virtudes, lo que nos conduce a una paradoja, a saber, que su nombre vaya asociado a un tipo de personalidad que se caracteriza por la falsedad, la coacción y la falta de escrúpulos morales. Tan peyorativo es el término que uno de los políticos que mejor lo encarnaron, el secretario de Estado estadounidense Henry Kissinger, dijo que no encontraba en *El príncipe* nada con lo que él no pudiera identificarse.[24]

Saco a relucir a Maquiavelo y *El príncipe* porque el psicópata es el líder político más temible, el más astuto e implacable, y es el que ya conocemos en este libro como *psicópata primario controlado*, el cual, a diferencia del psicópata impulsivo —mucho más proclive a la improvisación y a dejarse ver en su personalidad desaforada y sus ansias de poder—, es quien recoge de manera sobresaliente las máximas del príncipe de Maquiavelo.

Si estás interesado en los psicópatas políticos, y en particular en cómo los controlados cumplen con las esencias de la psicopatía «inteligente» mediante el empleo consumado de la mentira permanente, la manipulación y la ausencia de todo escrúpulo moral para alcanzar el poder —y quieres además divertirte con una buena serie de ficción—, te recomiendo que veas al menos las tres primeras temporadas de *House of Cards*, de las cinco que la componen en total. La investigadora de Justicia Criminal de los Países Bajos, Désiré Palmen, y sus colegas han analizado a Frank Underwood —el protagonista principal, interpretado por Kevin Spacey—, un vicepresidente de Estados Unidos que recurre a todos los medios a su alcance para llegar a la presidencia, incluyendo el asesinato. Underwood es el psicópata perfecto para alcanzar el poder, porque está obsesionado con él y vive cada instante con el propósito de hacerlo suyo y, posteriormente, conservarlo:[25]

Con objeto de cumplir su deseo de tener bajo su dominio a todos, Underwood usa todo su arsenal de habilidades: su apariencia seductora, la humillación de los que le molestan, la mentira pura y dura, la intimidación, los ataques verbales, la simulación de la empatía y la compasión y sus habilidades de manipulación [...]. La vida emocional de Frank Underwood parece estable pero no tiene un contenido real, y solo experimenta emociones auténticas cuando se enfada porque no obtiene lo que desea, o cuando está feliz por lograrlo. No obstante, es realmente bueno en aparentar que posee toda la gama de las emociones, ya que puede activarlas o desactivarlas de acuerdo a lo que le exija la situación.

Por su parte, los profesores William Irwin y Edward Hackett escribieron una monografía entera dedicada a *House of Cards* poniendo también de relieve la profunda conexión entre Underwood y las recomendaciones para gobernar de Maquiavelo en *El príncipe*.[26] En su obra no aparece la palabra «psicópata», pero está claro que el adjetivo «maquiavélico» se utiliza como su sinónimo (lo que en realidad apoya la investigación: el maquiavelismo es un elemento clásico de los psicópatas no impulsivos o controlados): «Frank es un esclavo de su afán de poder [...]. Las cosas que hace a fin de ascender por el panorama político lo han despojado de toda su integridad y decencia, hasta el punto de que apenas parece quedarle rastro alguno de humanidad».

Gracias a que Frank Underwood se dirige al espectador para hacerle partícipe de sus pensamientos (lo que se llama «romper la cuarta pared») tenemos plena constancia de hasta qué punto representa al psicópata «ideal» para alcanzar la presidencia de un gobierno. Como él mismo afirma en uno de los episodios: «Los que tratamos de estar en lo más alto de la cadena trófica no debemos mostrar compasión. Solo hay una regla: cazar o permitir que te cacen». No es extraño que el maquiavelismo sea seña poderosa de identidad en este psicópata, que es el más inteligente, autocontrolado y despiadado de todos los que están dentro de la parte alta del espectro. En *El príncipe* leemos que «es necesario que todo príncipe que quiera mantenerse aprenda a no ser bueno, y a practicarlo o no de acuerdo con la necesidad [porque] a veces lo que parece virtud es causa de ruina, y lo que parece vicio solo acaba por atraer el bienestar y la seguridad». Y en este punto se da licencia para cometer los crímenes que sean necesarios:

Doy por supuesto que un príncipe, y en especial siendo nuevo, no puede practicar indistintamente todas las virtudes; porque muchas veces le obliga el interés de su conservación a violar las leyes de la humanidad, y las de la caridad y la religión; debiendo ser flexible para acomodarse a las circunstancias en que se pueda hallar.

Aunque en *El príncipe* Maquiavelo nunca escribió la expresión «el fin justifica los medios», en el capítulo XVIII aparece una argumentación que podría, en efecto, resumirse con esa celebérrima expresión:

En las acciones de los hombres, y particularmente de los príncipes, donde no hay apelación posible, se atiende a los resultados. Trate, pues, un príncipe de vencer y conservar el Estado, que los medios siempre serán honorables y loados por todos; porque el vulgo se deja engañar por las apariencias y por el éxito; y en el mundo solo hay vulgo, ya que las minorías no cuentan sino cuando las mayorías no tienen donde apoyarse.

Fíjate en la presciencia de Maquiavelo, hace quinientos años: «El vulgo se deja engañar por las apariencias». Esta importancia de la máscara que oculta al individuo real —imagen icónica del psicópata integrado— todavía la destacó de forma más contundente en otro momento de su obra magna:

Debe procurar que le tengan por piadoso, clemente, bueno, fiel en sus tratos y amante de la justicia; debe también hacerse digno de esta reputación con la práctica de las virtudes necesarias; pero, al mismo tiempo, ser bastante señor de sí mismo para obrar de un modo contrario cuando sea conveniente.

Y en otro momento: «Todos ven lo que pareces ser, mas pocos saben lo que eres».

Frank Underwood conoce el poder del miedo y lo emplea cada vez que lo ve necesario: amenaza con exponer errores del pasado a políticos en activo; deja caer que rebelarse contra sus designios podría resultarle muy caro al que osara hacerlo, y, cuando no puede controlar mediante el miedo, recurre directamente al asesinato. Maquiavelo escribió: «Porque el amor es un vínculo de gratitud que los hombres, perversos por naturaleza, rompen cada vez que pueden beneficiarse; pero el temor es miedo al castigo que no se pierde nunca», y Frank cree fervientemente en ello.[27]

Antes mencioné a Thomas Hobbes y su célebre obra *Leviatán*. Pues bien, en esta denomina a los criminales que atentan contra las leyes del Estado «insensatos», y qué duda cabe de que Underwood es el más grande entre ellos, porque su desafío pasa por la toma del poder, esto es, *por convertirse él mismo en el leviatán* (nombre que se deriva de un monstruo marino de poder colosal citado en la Biblia, y vendría a representar al gobernante que impone la ley y el orden). Por eso es de gran importancia la advertencia que nos hace Hobbes: si un criminal entra a formar parte de una sociedad que se guía por el contrato social y ha dejado el poder de castigar al gobernante, «es por error de quienes lo reciben y, una vez que ha sido aceptado, solo puede permanecer en ella mientras los otros sigan sin darse cuenta del peligro que supone su equivocación». No se puede escribir más claro: si un «insensato» ha entrado en vuestra sociedad, es porque no habéis sido vigilantes; y si continúa cometiendo desmanes, es porque no sois capaces de reconocerlo.[28]

Dos psicópatas primarios: Donald Trump y Vladímir Putin

Ya sabes que el psicópata primario tiene dos versiones. Las dos comparten lo esencial. Fíjate en el gráfico siguiente:

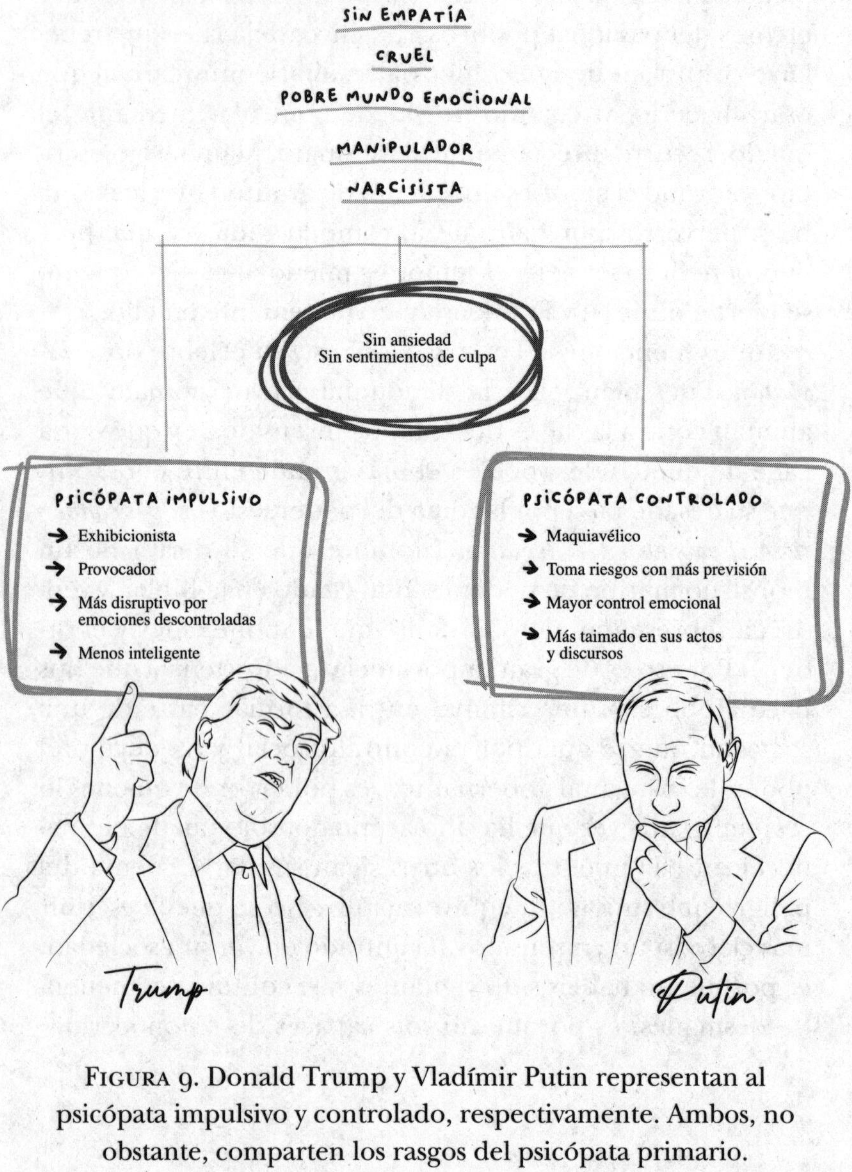

SIN EMPATÍA

CRUEL

POBRE MUNDO EMOCIONAL

MANIPULADOR

NARCISISTA

Sin ansiedad
Sin sentimientos de culpa

PSICÓPATA IMPULSIVO

→ Exhibicionista

→ Provocador

→ Más disruptivo por emociones descontroladas

→ Menos inteligente

PSICÓPATA CONTROLADO

→ Maquiavélico

→ Toma riesgos con más previsión

→ Mayor control emocional

→ Más taimado en sus actos y discursos

Trump

Putin

FIGURA 9. Donald Trump y Vladímir Putin representan al psicópata impulsivo y controlado, respectivamente. Ambos, no obstante, comparten los rasgos del psicópata primario.

La parte superior del gráfico refleja lo común en los psicópatas primarios (te recuerdo que los llamamos «primarios» porque se estima que hay una predisposición genética para estos rasgos, posiblemente alentados durante la infancia por su ambiente de crianza). Ambos tienen el «núcleo duro de la psicopatía»: por una parte, son crueles, sin empatía, emocionalmente superficiales, mentirosos y manipuladores; por otra, no sienten miedo ante el castigo ni ansiedad por los efectos destructivos que pueda causar su comportamiento en los otros o en la sociedad y, por ello mismo, tampoco tienen sentimientos de culpa. *Estos dos elementos están en todos los psicópatas*, ya sea en el ámbito familiar, laboral, en las corporaciones, en las sectas y en los gobiernos, porque son el código, por así decir, de la naturaleza del psicópata. Ahora bien, hay un tercer punto donde podemos encontrar diferencias: algunos psicópatas primarios tienen más autocontrol que otros, es decir, son menos impulsivos, piensan más y mejor las cosas y son más estables emocionalmente. A los dos les gusta correr riesgos, pero el tipo controlado es más consciente de ello y procura en la medida de lo posible minimizar los daños futuros si la decisión elegida no sale como se esperaba. En cambio, el psicópata primario *desinhibido o impulsivo* tiene un menor autocontrol porque emocionalmente es más reactivo y menos estable. Aunque intelectualmente puede tener el mismo potencial que el controlado, *el impulsivo actúa de modo menos inteligente* porque no se toma el tiempo necesario para actuar con un mayor margen de seguridad.

En este libro he dicho varias veces que el psicópata controlado es el más peligroso de todos, porque es el que mejor piensa cómo conseguir sus logros: es *más maquiavélico* en el sentido del personaje ficticio de Frank Underwood revisado antes. Sin embargo, se trata de un principio general que admite excepciones, como siempre suele suceder en la vida. El historiador Antony Beevor, hablando de aquellos personajes que han influido poderosamente en el pasado debido a que conquistaban naciones o imperios (como Napoleón), ha escrito que actualmente estos «grandes hombres» no solo los hallamos entre los que triunfan en las guerras, sino que también incluyen

a los dirigentes que, con su personalidad desbordante, son capaces de fomentar y explotar el miedo y el odio, y así envenenan la política [...]. Todos los populistas autoritarios fomentan el odio [que], cuando se utiliza como arma, se convierte en una forma de guerra por otros medios.[29]

Beevor cita a Trump como ejemplo significativo, pues es difícil escuchar tantas soflamas llenas de odio en un político en activo en una democracia. En el tiempo en que estoy escribiendo este libro (comienzos de 2024) Trump está superándose a sí mismo en su campaña para las elecciones de noviembre de este año. Su expresión de que «los inmigrantes envenenan la sangre de la nación» podría haberla firmado Hitler sin pestañear, como todos los medios se encargaron de hacérselo saber, sin que esto sirviera para matizar su afirmación, ya que está convencido de que la mayoría de los que llegan a Estados Unidos son criminales o perturbados mentales.[30]

Pero Beevor también podría haber incluido a Putin en este saco, pues su odio a los ucranianos no tiene límites —como está dejando claro desde que inició la invasión de dicho país bajo el pretexto de que está gobernado por «nazis»—, así como a todos aquellos que le desafían, a los que cruje sin contemplaciones. Aunque el odio sea un reflejo nacido del narcisismo herido y no tenga ningún fundamento, en manos de un psicópata es un factor muy poderoso para activar su mejor repertorio de crueldades. No tengo ninguna duda de que la única razón por la que el opositor Alexéi Navalny, que estaba perdido en una cárcel siberiana purgando una condena interminable, fue asesinado por Putin responde a ese motivo, ya que Navalny fue el único que osó desafiarle en público, mofándose de él y calificándole de tirano y corrupto.

No te sorprenderá que Trump cite a Putin como fuente de autoridad. Para justificar su tesis de que los juicios que tiene pendientes (que suman 90 cargos penales) son un montaje político del Gobierno de Joe Biden, el candidato republicano se apoyó en Putin, quien dijo en septiembre de 2023 que los problemas legales de Trump eran consecuencia de una «persecución por motivos políticos» y que mostraba «la podredumbre del sistema político estadounidense, que no puede pretender enseñar a otros sobre la democracia».[31] Digo que no te sorprenderá porque no es ninguna novedad que los autócratas se tengan en alta estima, dado que se reconocen legitimados como «grandes estadistas» cuando se ven. Por eso a Trump le gusta también el psicópata líder de Corea del Norte, Kim Jong-un, que está obsesionado con probar que puede iniciar una guerra nuclear cuando sea menester y que, como heredero de una dinastía de terror, continúa asfixiando a los pobres norcoreanos como si vivieran en una pesadilla distópica salida de la serie *Black Mirror*.

Ahora bien, Trump y Putin son dos psicópatas primarios, pero no son iguales. Trump representa la *psicopatía primaria impulsiva*, que en su caso (como en Berlusconi) adquiere tintes bufonescos o directamente surrealistas, como cuando aseguró, en plena pandemia del covid:

> Supongamos que golpeamos el cuerpo con una tremenda luz ultravioleta, o simplemente con una luz muy poderosa. Dicho eso, supongamos que traes esa luz dentro del cuerpo, a través de la piel o de alguna otra manera. Después veo el desinfectante, que lo deja KO en un minuto. ¿Hay alguna manera de que podamos hacer algo así mediante una inyección?[32]

¿Y qué me dices cuando, desalojado ya de la presidencia, se llevó documentos ultrasecretos de la Casa Blanca a su casa y los amontonó en el cuarto de baño sin ninguna medida de seguridad, alardeando además ante sus invitados de que los tenía en su poder? La respuesta que dio

Trump cuando fue acusado por ello fue decir que él, «solo con pensarlo, podía desclasificar cualquier documento» y así quitarle el carácter de «secreto».

Los psicópatas primarios impulsivos tienen menor capacidad de solucionar problemas por su falta de análisis de los hechos; cometen muchas acciones dañinas porque tienen una gestión mucho peor de sus emociones, y pueden actuar en respuesta a ataques percibidos con mucha rabia y de forma descontrolada. Trump se deja llevar por sus emociones, sin tener reparo alguno en pregonar ante (literalmente) todo el mundo que él hace lo que le da la gana, aunque le suponga una acusación penal en toda regla. Trump no se corresponde con el modelo maquiavélico del psicópata controlado que representa Frank Underwood en *House of Cards*. Ahora bien, eso no te hace menos peligroso cuando eres el presidente de los Estados Unidos de América, sino quizás todo lo contrario.

Sin embargo, Putin es diferente: *él sí es maquiavélico*, aunque no tiene motivos para ser tan taimado como Underwood porque gobierna una dictadura. El veterano corresponsal durante varios años del *Sunday Times* en Moscú y especialista en Rusia, Angus Roxburgh, nos relata, en un libro de 2021 —antes de la invasión de Ucrania— su impresión cuando conoció por vez primera a Putin:

> Cuando uno da la mano a Vladímir Putin, no sabe decir si el apretón es firme o débil. Son sus ojos los que te consumen. Baja su cabeza, levanta los ojos hacia ti y te mira fijamente por unos segundos, como si quisiera memorizar cada detalle [...]. Es una mirada ceñuda, penetrante, muy inquietante.[33]

Putin es un hombre de contrastes, de luces y sombras, a diferencia de la presencia exuberante de Trump, que no tiene problema en mostrar lo ignorante que es en casi todo (menos en hacer negocios) y dice todo lo que piensa, logrando convencerse de que sus recurrentes mentiras son verdades inmutables. En cambio —señala Roxburgh—, Putin puede estar muy bien informado de algunas materias, pero sabe muy poco de otras que en teoría tendría que dominar. Es cortés, pero también aburrido. Como presidente y, durante menos tiempo, como primer ministro, ha gobernado Rusia con mano de hierro desde el primer día del siglo XXI. En 2020 modificó la Constitución para poder estar en el poder, si él quiere, hasta 2036, cuando tendrá ochenta y tres años. Al principio Putin estaba ansioso por formar parte de los grandes escenarios de Occidente como miembro destacado, pero pasados unos años «se ha convertido en uno de los hombres más peligrosos del mundo».

Putin, que comenzó como espía de la KGB, era más bien reservado cuando llegó a la cima en 1999. A partir de ahí surgió su personalidad narcisista de modo extraordinario en un sentido físico y «macho», protagonizando vídeos y fotos donde se le podía ver en lugares extraordinarios, como poniendo trazadores GPS en osos polares, conduciendo poderosos coches y motocicletas, haciendo submarinismo o a los mandos de un avión de combate. Claro que esas excentricidades no son nada comparadas con sus acciones de gobierno en el segundo decenio de este siglo. Admitida Rusia en el G8 en 1998, fue expulsada en 2014 como reacción a la gravedad de su expansionismo violento, a lo que siguieron la implantación de otras sanciones en respuesta a otros actos de difícil justificación: la invasión de Georgia en 2008, la anexión de la provincia ucraniana de Crimea en 2014, el derribo de un avión de pasajeros de Malasia cuando volaba por Ucrania, su apoyo a la dictadura de Siria, los asesinatos «selectivos» de críticos del sistema en el extranjero y, por supuesto, la invasión de Ucrania en 2022.

Esta agresión hacia un país soberano supuso devolver la guerra a Europa tras los años del conflicto de los Balcanes, desmintiendo así a quienes pensaban que en el viejo continente ya nunca más podría estallar otra guerra. Y para Rusia ha supuesto un retorno al pasado, pues la apariencia de libertad ha desaparecido, y el Estado —que ya era realmente un Estado policial desde 2010— ya no pretende engañar a nadie de fuera de Rusia, aunque en su interior Putin siga siendo popular. En palabras de Roxburgh: «El presidente combina los poderes de un dictador comunista con los métodos de un capo de la mafia y el atractivo populista de un zar». Amordazados los medios, los que se atreven a protestar en la calle son brutalmente reprimidos, encarcelados o «desaparecidos» y, mientras tanto, «un grupo selecto de oligarcas fieles a Putin saquean la economía del país. Es esta dependencia que muestran hacia Putin para sobrevivir, y viceversa, lo que mantiene la estabilidad del país».

Putin nació en 1952. Su madre era una mujer de la limpieza y su padre trabajaba en una factoría. A pesar de que sus dos hermanos mayores murieron tempranamente por enfermedad, y con ello los gastos se redujeron, su hogar fue pobre como tantos millones de hogares en la Rusia estalinista de aquella época. De acuerdo con el historiador Steven Myers, Putin fue un mal estudiante y una vez estuvo a punto de ingresar en un reformatorio debido a sus delitos juveniles.[34] Él mismo se definió en una ocasión, recordando su infancia, como un *hooligan*. Pero un hecho aparentemente menor —su afición a las artes marciales— lo salvó del mal camino, convirtiéndole en un hombre disciplinado y resistente. A partir de ahí, con dieciséis años, se afilió al partido comunista, y cuando vio una película en la que el protagonista era un agente de la KGB se entusiasmó: ese era el trabajo que quería hacer. Myers cuenta que la idea de que alguien como un espía pudiera afectar a la vida de miles de personas le emocionó.

Fue una idea que convirtió en realidad. Cuando Borís Yeltsin le nombró primer ministro en 1999 era el jefe de la KGB. Por aquel entonces ofrecía una imagen de líder decidido en una época de profunda crisis económica, lo que no tardó en demostrar reactivando la guerra contra los rebeldes chechenos, a los que reprimió a sangre y fuego. La excusa fue una serie de bombas que explotaron en Moscú, y que Putin atribuyó a los chechenos. (No obstante, muchos analistas sospechan que fue el mismo Putin quien organizó los atentados para poder erigirse como líder reprimiendo a los supuestos terroristas.) El pueblo ruso, que añoraba a un «salvador» y que en toda su historia nunca había conocido una democracia real, se sintió a gusto con Putin, un hombre discreto, que venía desde lo más abajo y que parecía tener las ideas muy claras.

Así que no debería sorprenderte que Putin haya hecho lo que ha querido desde comienzos de siglo. Una vez rota la luna de miel de Putin con Occidente, ya nada le detuvo de volver a renovar la guerra diplomática con Europa y Estados Unidos que había dominado el panorama internacional desde la Segunda Guerra Mundial hasta la caída del muro de Berlín y el colapso subsiguiente de la Unión Soviética en 1991. A modo de ejemplo: cuando llegó el nuevo embajador de Estados Unidos en 2012, Putin necesitaba —relata Myers— un empujón electoral ante las próximas elecciones, así que acusó al embajador de ser un pedófilo, un sistema de descrédito que ya había empleado con otros rivales políticos. En fin, después de servir dos periodos de presidente, llegó a un acuerdo para que su sustituto, Dmitri Medvédev, le nombrara primer ministro. Y, cuando este terminó su mandato, volvió a presentarse como candidato a las elecciones de 2012 para ganarlas en medio de una fuerte contestación en las calles debido a las sospechas de amaño. Putin reaccionó con suma violencia y machacó a la oposición, un *modus operandi* que se ha mantenido hasta nuestros días.

Cuando supimos que los mercenarios rusos que pelean en la guerra de Ucrania reclutaron para sus filas a muchos reclusos a los que se les dio la libertad a cambio de que fueran carne de cañón al servicio de Putin, recordé el guion de la célebre película *Doce del patíbulo*, si bien los papeles estaban cambiados.[35] En la película, Lee Marvin recluta a condenados para luchar contra la dictadura nazi, mientras que aquí los mercenarios están en el bando del tirano. Pero esto al margen, lo que me interesó de la noticia es lo que sucedía cuando aquellos volvían cadáveres a sus lugares de procedencia. Mientras que el relato oficial era que lo hacían como héroes por haber dado la vida por la «libertad» de Rusia, muchos de los ciudadanos que tuvieron que sufrir a los criminales en vida se opusieron a ese reconocimiento, y en algunos casos impidieron que se les diera el tratamiento dictado por Moscú para el entierro, como la presencia de la guardia de honor o que se cediera un espacio público para la realización de la ceremonia de honras fúnebres.

Se entiende este rechazo. Uno de los muertos en combate en el mes de febrero de 2023 fue enterrado en la llamada Avenida de los Héroes, lo que produjo la indignación de su ciudad natal en el sur de la región de Rostov, dado que este sujeto había quemado vivos a su madre y a su hermana. Otros asesinaron, violaron y robaron la mayor parte de sus vidas y, de cuerpo presente, habían de ser honrados en el pueblo al que mancillaron repetidamente con sus desmanes. Estoy convencido de que hubo casos donde ni siquiera sus familiares hubieran asistido a las exequias si no hubiera sido porque tenían derecho a una cantidad de dinero comprometida en el contrato que les liberó de la cárcel.

En la lógica de Putin, liberar a criminales para que luchen en Ucrania encaja perfectamente. Por una parte, el Estado se libra de pagar su manutención en la cárcel; por otra, suponen un apoyo (aunque solo sea como carnaza) para enfrentarse a los auténticos héroes, que son el pueblo ucraniano. Algo harán, debió haber pensado, sobre todo si tenemos en cuenta sus tendencias violentas. Es digno de destacar esa indignación espontánea de muchos de los ciudadanos, aunque ese movimiento de resistencia fue solo una isla. Todo este tinglado de enterrar como héroes de la patria a ladrones, violadores y asesinos revela con toda crudeza la ruina moral que provoca un régimen presidido por un psicópata, ya que este es un experto en retorcer las categorías de la ética hasta el esperpento para sostener el relato ideológico criminal.

Las características de los líderes psicópatas han sido examinadas por diferentes autores, tanto pertenecientes al ámbito de la psicología clínica o forense como de la psicología política. En sus análisis han tenido en cuenta, a su vez, reflexiones y comentarios que biógrafos y analistas políticos han ido ofreciendo a lo largo de la historia sobre estos personajes, porque no cabe duda de que muchas de las psicobiografías más antiguas (por ejemplo, las realizadas por Suetonio en *Vidas de los doce césares*) ya tenían perspicaces descripciones de la psicopatía en la Roma imperial. Y así hasta la actualidad, con libros como por ejemplo el escrito por el prestigioso periodista Bob Woodward, *Rabia*, acerca de Donad Trump, al cual entrevistó repetidas veces.[36]

Es importante que tengas en cuenta, una vez más, que estos indicadores de la psicopatía se acomodarán al contexto político del país, así como a su cultura. No es lo mismo una dictadura que una democracia. Putin o el líder chino Xi Jinping no tienen por qué ser estrellas mediáticas para alcanzar el poder. En el caso de este último, además, la cultura china está muy lejos del estilo espectacular y de atractivo mediático que es tan relevante en las elecciones de Estados Unidos o muchos países de Europa y América. En una democracia no es tan fácil amordazar a los medios críticos, lo que para los líderes de Rusia y China es pan comido, o moler a palos, encarcelar e incluso matar a los manifestantes, lo que desde decenios hace Cuba o ahora mismo Putin o Daniel Ortega en Nicaragua. Lo que quiero decir es que resulta «más fácil» ver la psicopatía en tiranos y dictadores porque pueden usar métodos crueles de una manera mucho más abierta para conservar el poder. En las democracias los ejemplos son más solapados e indirectos, pero aun así están ahí, si sabemos qué es lo que tenemos que buscar.

En el listado que sigue he recogido aquellas conductas y rasgos que han destacado en líderes que han mostrado una clara psicopatía en la historia, pero también son propios de los gobernantes que, sin ser psicópatas, manifiestan sin embargo una voluntad de ejercer el poder sin respetar las reglas de juego y una fuerte voluntad de mantenerlo a toda costa. En este sentido, si bien considero que los ejemplos que pongo están dentro del espectro de la psicopatía, no pretendo considerar que tienen exactamente los mismos rasgos o el mismo grado en los diferentes atributos que definen la psicopatía. Algunos analistas hablarían de «personalidades narcisistas» para referirse a algunos de ellos, pero ya te he comentado que considero al narcisismo patológico como un ingrediente propio del psicópata, así que no entraré en esas distinciones.

1. Son seres «magnéticos» ante los medios, y mantienen una relación amor-odio (en función de si les son favorables o no) con estos

Tampoco ayuda a contenerles el atractivo que los medios sienten por estos personajes, lo que les resulta muy útil cuando son candidatos a gobernar la nación. El experto en psicopatía integrada Bill Eddy ha destacado cómo los medios quedan fascinados por los personajes atípicos que continuamente dicen y hacen cosas ofensivas, absurdas o simplemente falsas. Fíjate en Donad Trump: no conozco a ningún político que se le pueda comparar en este aspecto. Además de acusar a los medios que no le apoyan de propagar *fake news*, entiendo por qué no pasa un día sin que los medios hablen de él. ¡Es imposible! Sencillamente, son tantas las cosas *fuera de lo habitual y esperable de un político responsable* que ha dicho y hecho que los medios necesariamente tienen que considerarlo como una fuente interminable de titulares o artículos de fondo.[37] Algunas perlas: «Podría disparar a gente en la Quinta Avenida [de Nueva York] y no perdería votos»; «Si eres famoso puedes coger a las mujeres por el coño»; en 2011 aseguraba haber enviado a investigadores a Hawái, lugar natal del presidente Obama, para verificar la autenticidad de su lugar de nacimiento. «No os vais a creer lo que están encontrando», dijo entonces, para asegurar en un primer momento que Obama *no había nacido* en Estados Unidos (luego tuvo que admitir que sí había nacido en ese país). Otras perlas: «De la epidemia de ébola podría salir algo muy importante, que podría cambiar la sociedad, algo muy bueno: ¡no darse la mano!»; «Como todo el mundo sabe, pero los odiosos perdedores rechazan aceptar, no llevo peluca. Puede que mi pelo no sea perfecto, pero es mío»; «Si Ivanka no fuera mi hija, podría perfectamente estar saliendo con ella»; «Soy realmente rico». Créeme, no puedo evitar sonreír mientras escribo estas frases; hay muchas más que citaré en otros puntos de esta relación de indicadores. Puedo comprender perfectamente por qué los medios aman a Trump, aunque algunos no paren de repetir que este es un peligro para la democracia estadounidense y para el mundo. Todo él parece sacado de un *reality*, y su liderazgo previo en uno de estos (*El aprendiz*) lo hace el personaje más idóneo para acaparar las pantallas de todo el mundo.

2. Enfrenta a los poderes del Estado para apuntalar su poder, ya que cuanto más debilitados estén, menos podrán controlarle

De igual modo hace caso omiso de otras instituciones nacionales o supranacionales que puedan poner en duda o criticar abiertamente sus métodos de gobierno.

En esa guerra contra otros poderes del Estado destaca la inquina contra el poder judicial. Uno de los quebraderos de cabeza de Netanyahu (antes de la guerra contra Hamás provocada por los asesinatos y secuestros de esta organización terrorista el 7 de octubre de 2023) vino de querer someterlo, lo que levantó una crítica muy grande en la sociedad israelí.[38] El mismo problema tiene Viktor Orbán con la Unión Europea, que no le tolera que acabe con la separación de poderes.

3. Culto a la personalidad

Le encanta que le adulen, no tiene rubor en ello; alienta que se escriban libros sobre él o los publica bajo su nombre como muestra de sabiduría y bien hacer, así como que se realicen programas de televisión sobre su figura y otros medios de autopropaganda. Dado este nivel de narcisismo, lleva muy mal las críticas, las que descalifica con clichés. Aquí su mejor baza es el *carisma*, siempre un punto fuerte de la psicopatía integrada que alcanza cualquier tipo de poder. En algunos casos el político psicópata no dudará en identificarse como un enviado de Dios.

De nuevo, el mejor ejemplo es Trump, y no lo digo yo, sino que lo dice él. Está a un golpe de clic en tu ordenador: puedes ver el vídeo que ha elaborado su equipo de campaña para las presidenciales de 2024, donde literalmente se dice que Trump ha sido enviado por Dios Todopoderoso para resolver todos los problemas de Estados Unidos.[39] Así, puede verse en el vídeo que el expresidente distribuyó en su red *Truth Social*: «Y Dios bajó la mirada hacia el paraíso que planeaba y dijo: "Necesito un responsable". Y así Dios nos dio a Trump». Pero hay otros muchos ejemplos: Boris Johnson, Bolsonaro... y por supuesto Berlusconi, lo más parecido a Trump que hemos tenido en Europa. En el transcurso del juicio de 2003 por soborno a los jueces, declaró: «Es un gran sacrificio hacer lo que estoy haciendo [...] es un trabajo brutal». ¿Por qué soporta todo esto?, le preguntó el periodista; al fin y al cabo, era el hombre más rico de Italia. «Porque de lo contrario [si abandonara la política], no habría libertad en Italia: caería en manos de los comunistas [...]. No hay nadie más en Italia.»[40]

4. Necesidad de mantener una actividad arriesgada en su gestión política (en ocasiones puede ser producto de su impulsividad, en otros casos obedece a un plan

preconcebido) **e incesante en lo personal** («Siempre he aborrecido la necesidad de dormir. Al igual que la muerte, pone a los hombres más poderosos boca arriba», dice Frank Underwood en un episodio de *House of Cards*).

Mira la guerra de Ucrania emprendida por Putin. Aunque cuando escribo estas páginas (enero de 2024) no sabemos cómo terminará, creo que es bastante obvio que nada ha salido como previó el dictador ruso (lo que no impide que pueda sacarle al final algún rédito político). En una pseudo-democracia como la rusa, los golpes de efecto son muy valiosos para sacar pecho ante la nación y reivindicar su figura en tiempos «difíciles».

5. Dificultad para mantener una conversación coherente y profunda. Rigidez mental

Volvamos a Trump (podría citarlo casi en cada apartado, pero lo reservo para los casos donde él es indiscutiblemente el mejor ejemplo, o al menos de los que yo dispongo). En 2016, en vísperas de las elecciones presidenciales que lo llevarían a la Casa Blanca, Trump estaba en el navío de la armada U. S. S. Intrepid, en un encuentro con veteranos de guerra, un acto al que también asistió Hillary Clinton. Uno de los veteranos era Phil Klay. Trump dijo que sabía muy bien qué hacer para derrotar al ISIS (por entonces en pleno apogeo), pero entonces Klay le preguntó qué pensaba hacer *después* de que derrotaran al Estado Islámico. Trump contestó que pensaba que había que apropiarse del petróleo que almacenaban. Klay cuenta la impresión que le produjo esta respuesta:

> Pensé que la respuesta era absurda en términos de lo que se supone que ha de ser una política de Estado coherente, pero había algo más grave: *era una respuesta sin valor moral*. Si estás hablando de una acción militar en la que estás pidiendo a jóve-

nes soldados que hagan un gran sacrificio, posiblemente incluso sus vidas, no señalar el valor moral que esto supone y destacar solo el valor económico es algo patético. Así que, en mi opinión, Trump no estaba articulando una visión moral de América, sino una visión *inmoral*, una por la que no vale la pena morir.[41]

6. Divide al país en «buenos» y «malos ciudadanos», en función de si comulgan con sus ideas o las rechazan

Es el viejo cliché de siempre. Los que se oponen a Putin son «terroristas», mientras los que compiten contra Trump son... (piensa en cualquier adjetivo injurioso y acertarás). En España, por desgracia, esto está a la orden del día, y dejo a tu iniciativa los ejemplos.

7. Utiliza a sus subordinados o aliados para conseguir sus metas

Y cuando dejan de serle útiles, los deja caer sin miramientos, o bien simplemente —en una autarquía como Rusia— los encarcela o los elimina.

¿Sabías que Trump, durante su presidencia, se deshizo de un montón de personas —a las que previamente había elegido por considerarlas las mejores para sus cargos— pasados unos pocos años (o meses) simplemente porque no le dijeron todo el tiempo lo listo y buen presidente que era?[42] Ahí estaban, entre otros cesados (generalmente por Twitter) o llevados al punto de tener que dimitir: Dan Coats, director de Inteligencia Nacional (2017-2019); el secretario de Estado Rex Tillerson (2017-2018); el jefe del personal de la Casa Blanca John Kelly (2017-2019); y el secretario de la Armada Richard Spence (agosto 2017-noviembre 2019). Pero Putin hizo lo propio con los oligarcas que le ayudaron a subir en el Kremlin, según cuenta el experto en política rusa Marshall Goldman: los que se interpusieron en su camino fueron encarcelados u obligados a buscar otros horizontes.[43] ¿Y qué me dices de Prigozhin, el jefe de los mercenarios Wagner? ¿Recuerdas que en 2023 se alzó contra él, harto de que no le dieran las armas que quería, amenazando con llegar con sus huestes a Moscú? A las pocas semanas de la asonada él y su número dos murieron en un accidente aéreo.

8. Pone a sus seguidores más incondicionales en puntos clave de las instituciones

Con independencia del mérito que posean para desempeñar su cargo, tanto para controlar mejor a aquellas como para premiar servicios prestados.

9. Se rige por principios morales utilitaristas

Puede cambiar de principios cuando la oportunidad política lo aconseje, sin que importe que los nuevos sean del todo contradictorios con los anteriores.

10. Utiliza el lenguaje de un modo artero

Su labia le permite decir cosas opuestas a las que decía no mucho antes empleando palabras de igual solemnidad en ambos casos. De igual modo, puede emplear muchas palabras para —supuestamente— responder a una pregunta sin decir realmente nada, o contestar algo diferente a lo preguntado.

11. Asegura que todo lo hace por el bien del país cuando en realidad su meta fundamental es mantenerse en el cargo

Aparenta con aplomo honestidad, rectitud moral, generosidad..., pero un conocimiento de su biografía y, sobre todo, de sus actividades (lo que hace *y no lo que dice que hace*) desmienten esta imagen de integridad.

12. Aunque puede emplear palabras gruesas u ofensivas hacia sus enemigos políticos, suele tener subordinados entre sus seguidores más acérrimos que hacen el papel de perros de presa o el «trabajo sucio»

Quizá los ejemplos mejores siguen siendo los psicópatas clásicos: Hitler y Stalin. Este último tenía a su implacable lacayo de la represión más cruel, encargado de todo trabajo sucio, Lavrenti Beria, quien dijo: «Tráigame al hombre y yo pondré el crimen». Y Hitler... tenía a una docena entre los más próximos, desde Reinhard Heydrich (el Carnicero de Praga) a Eichmann y Himmler, pasando por Klaus Barbie y tantos otros. Pero si te olvidas de la historia y sigues con atención la política nacional e internacional, estoy seguro de que sabrás encontrar alguno bien cualificado para hacer este trabajo (si bien, con suerte, sin emplear el asesinato).

13. No acepta la responsabilidad de las medidas que toma que resultan perjudiciales en la visión cruda de la realidad

Puede hacer una «lectura alternativa» de esos hechos, o bien emplear una de sus máximas: la culpa siempre es de otros.

Refiriéndose a Netanyahu, el escritor David Remnick, que estaba realizando una inspección sobre el terreno a consecuencia de la guerra entre Israel y Hamás, cita una conversación que tuvo con un veterano de la diplomacia de Estados Unidos, bien conocedor del primer ministro israelí: «No me puedo imaginar que asuma la responsabilidad [de nada malo que suceda]».[44] Y ciertamente, en medio de una profunda ira de su pueblo contra su gestión de la seguridad del país, todavía no he leído nada parecido a una disculpa, cosa que sí que han hecho los oficiales de inteligencia israelíes.

14. Aunque ostenta una ideología, su política no responde tanto a una fidelidad ideológica como a su necesidad de mantenerse en el cargo o acumular más poder

15. Es reacio a permitir el libre debate entre las filas de su partido y tiene una política hostil contra los medios que no lo adulan

Quien no muestra la fidelidad debida resultará apartado o excluido.

16. Está convencido de que sus intereses personales son los intereses de toda la nación, por eso no duda en estar en el poder todo el tiempo que puede, ya que eso es también beneficioso para el país

Si se le permite, cambiará las leyes para permanecer más tiempo en el gobierno de lo que estas autorizan, o bien amañará las elecciones para salir elegido. En todo caso, amordazará a la prensa crítica en la medida de sus posibilidades.

Los psicópatas no se quieren ir del poder una vez que lo tienen. Trump... ¡otra vez!: en su cabeza él *no podía* perder las elecciones, así que tuvo que haber un «robo organiza-

197

do», lo que fue la chispa para el asalto al Capitolio del 6 de enero de 2021. (A pesar de todas las evidencias, incluyendo la declaración de su propio vicepresidente, él sigue diciendo que le robaron las elecciones, por no hablar de quienes, como el antiguo alcalde de Nueva York, Rudolph Giuliani, han sido condenados por acusar falsamente a los responsables de las mesas electorales de cometer fraude en beneficio de Joe Biden.) Ya te conté antes cómo Putin se apega al sillón del Kremlin: jugó con los resquicios de las leyes para volver a ser presidente en una tercera ocasión, y posteriormente cambió la Constitución para poder ser el jefe hasta bien entrada su vejez. Pero deja que te cuente el caso de Daniel Ortega y Rosario Murillo, quienes son el presidente y vicepresidenta de Nicaragua, respectivamente, además de marido y mujer.[45] No se puede negar que Ortega lleva la tiranía en la sangre, aunque al principio de su carrera político-militar pasara por ferviente luchador de la libertad (como líder del Frente de Liberación Nacional Sandinista) en su guerra contra el dictador Somoza y el juego sucio orquestado por la CIA. Pero ¿cómo si no puede explicarse la bota de hierro con la que sojuzga a su país de siete millones de habitantes desde que ganara las elecciones en 2006? Me dirás que el poder corrompe, pero yo creo que, cuando se llega al nivel de Ortega y de tantos otros que comento en este libro, *el poder atrae a los que ya están corruptos*. Un ejemplo de la represión ejercida —que, como tantas veces, alcanza lo grotesco— fue lo sucedido con Sheynnis Palacios, la primera nicaragüense ganadora del certamen de Miss Universo en 2023. Aunque en un principio el Gobierno celebró la buena nueva, cuando las calles se empezaron a llenar con miles de ciudadanos para festejar la corona otorgada a su compatriota, la cosa empezó a complicarse porque estos aprovecharon para portar una bandera prohibida (la del país; Ortega solo aprueba la sandinista).

Además, los comisarios del Régimen echaron un vistazo a los organizadores del evento y vieron que eran amigos de algunas personas que destacaron en las revueltas de 2018, cuando cientos de miles de nicaragüenses llenaron las calles en protesta por las medidas antidemocráticas tomadas por el Gobierno y los recortes en prestaciones sociales. Los manifestantes se encontraron con una represión feroz, que terminó con miles de muertos. Así que ahí tienes a este hombre de setenta y ocho años patéticamente aferrado al poder, creyendo que Nicaragua es suya... y expulsando del país al organizador del evento, como lleva haciendo durante años con músicos, poetas, religiosos y periodistas. Una investigación llevada a cabo por Naciones Unidas y publicada en 2023 asemejó el nivel del país en cuanto al respeto a los derechos humanos al de los nazis, y la Comisión Interamericana de los Derechos Humanos lleva registradas más de dos mil personas detenidas de forma arbitraria. «Ortega tiene un problema —dijo quien fue embajador de su Gobierno pero renunció posteriormente para denunciar sus métodos, Arturo McFields Yescas—: lo que no puede controlar, lo roba o lo destruye.»

17. Alienta teorías de la conspiración para justificar sus actuaciones antidemocráticas o el fracaso de sus políticas

Con frecuencia los culpables de esas conspiraciones son los chivos expiatorios a los que dirigir las críticas. En la historia los ha habido de todos los tipos: los judíos, los homosexuales, los cristianos, los musulmanes, los negros, los comunistas, los fascistas, las democracias, la élite financiera... Ten presente que lo importante aquí es que se emplean estos chivos expiatorios como justificación de la política psicopática, con independencia de que algunos o muchos de los sujetos que las integran protagonizaran hechos reprobables en el pasado o en el presente; y, en todo caso, no olvides que la adjudicación de estas etiquetas se hace de un modo arbitrario por los que tienen el poder de hacerlo. Lo fundamental de este proceso es (1) evitar que los ciudadanos piensen de forma crítica, (2) alejar el foco de análisis del Gobierno y (3) promover un sentimiento de unidad entre el pueblo frente al enemigo designado.

Trump de nuevo: «México manda a su gente, pero no manda lo mejor. Está enviando a gente con un montón de problemas [...]. Están trayendo drogas, el crimen, a los violadores. Asumo que hay algunos que son buenos». Y Putin no duda en provocar una guerra en Ucrania (que él niega a reconocer como tal: se trata solo de una «operación especial») con objeto de «combatir contra un Gobierno de nazis» y evitar que se integre en la OTAN, lo que, según su discurso victimista, supondría un serio riesgo para Rusia.

18. Se enriquece de modo ilegítimo; roba, defrauda

Es indiscutible que muchos psicópatas líderes de naciones han saqueado el país y han acumulado fortunas inmensas: Gadafi, Sadam Huseín, Idi Amin... ¿Quién sabe cuánto dinero habrá acumulado Putin, si nadie le controla? En cuanto a Trump, en 2023 fue condenado por un juzgado de Nueva York por adulterar el valor de los activos financieros de su empresa, con objeto de poder recibir créditos sustanciosos con los que llevar a cabo negocios muy rentables.

19. Utiliza los poderes del Estado para favorecer a grupos criminales que le apoyan o que son antisociales por el daño que causan a la comunidad en su conjunto

Estos son todos aquellos que promueven ideas divisivas o de odio hacia determinados grupos y aquellos que, en convivencia con el psicópata, persiguen a los críticos con el sistema.

20. Emplea la violencia para mantenerse en el poder, de diversos modos

Reprimiendo a los opositores con la cárcel, el exilio o el asesinato, o bien provocando conflictos con otros países para focalizar la atención en un enemigo externo. En estos casos apela al sacrificio de su pueblo, incluso con su vida, por el bien del Estado. Diversos medios contabilizaron hasta febrero de 2022 en once los opositores envenados por los servicios secretos de Putin mediante el polonio y otras sustancias.[46]

Recuerda a la Junta Militar de Argentina liderada por Leopoldo Galtieri y la guerra de las Malvinas iniciada por los militares en 1982. Desgastada la dictadura, con una crisis económica profunda, lo mejor que se les ocurrió fue apuntalar su gobierno mediante la exaltación del fervor patriótico. (El resultado, sin embargo, fue el contrario al deseado, y la derrota ante el Reino Unido fue el principio del fin de la dictadura.) Y qué decir de la violencia interna. Los ejemplos que nos ofrece la historia de gobernantes psicópatas masacrando a sus opositores son innumerables. El asesinato del valiente opositor Alexéi Navalny a manos del régimen de Putin cuando escribo estas líneas (febrero 2024) es un episodio más.

21. Es experto en ofrecer mensajes fáciles y sencillos en los que el pueblo pueda confiar, que prometen soluciones rápidas a problemas complejos

22. No tiene amigos reales, solo servidores

23. Muestra afectos superficiales con sus familiares, a los que exige sumisión y culto a su personalidad

24. Presenta tendencias paranoicas: cualquiera puede convertirse en su enemigo en cualquier momento si aprecia signos de una mínima crítica

Hitler no dudó en sacrificar al mejor soldado que tenía, el general Rommel, como consecuencia de que pusieran su nombre entre los conspiradores de la Operación Valquiria, que tenía como misión asesinarlo mediante una bomba ubicada en su cuartel general mientras estaba reunido con su plana mayor. Los historiadores están de acuerdo en que Rommel nunca se hubiera alzado ante Hitler, por su código de honor, si bien le había dicho en varias ocasiones que no tenía sentido continuar luchando.

25. Justifica los actos de represión, violencia, guerra y crueldad por causa de un bien mayor

Tales actos, sin embargo, van dirigidos a sus opositores internos, y en el caso de ir dirigidos contra otros países, no se justifican por el derecho a la legítima defensa.

Trump, en la campaña presidencial para 2024, el día 4 de marzo de 2023, hizo una solemne promesa a sus electores: «Soy vuestro guerrero; soy vuestra justicia. Y para aquellos de vosotros que hayáis sido maltratados y traicionados, soy vuestra venganza».[47]

UN EJERCICIO PARA LOS LECTORES: EL TABLERO DEL PSICÓPATA

Una vez aprendidos estos indicadores, te propongo un ejercicio de reconocimiento. El escritor y analista Bill Eddy diseñó un «marcador» (*scorecard*) de la psicopatía para que los lectores estadounidenses pudieran valorar en qué medida los candidatos a las elecciones presentaban rasgos psicopáticos. Está claro que, como él mismo dice, cuando se trata de política, la gente puede ser muy emocional y subjetiva, pero aun así tienes derecho a ejercer tu criterio de modo independiente, es decir, a valorar a un candidato (o candidata) a las siguientes elecciones de tu municipio, comunidad o en las generales. *No es necesario ser un experto, pues no se trata de diagnosticar clínicamente a nadie.* El asunto es que, de la misma forma que haces una valoración a partir de los hechos que conoces protagonizados por los políticos (del estilo de: «El candidato X mintió cuando dijo que...»), te preguntes ahora cuál es tu opinión de una serie de hechos *que revelan un patrón de comportamientos que son característicos de un 1 por ciento de la población definido por la psicopatía.* Estos patrones se agrupan en un indicador o rasgo: cuanto mayor sea el número de patrones que muestre el candidato, mayor será el riesgo de que se encuentre dentro del espectro de la psicopatía.

Mi «tablero» o «marcador» de la psicopatía es diferente al propuesto por Eddy. Lo componen diez rasgos, seleccionados como los más críticos de la relación anterior que vimos entre aquellos que pueden valorarse porque son visibles públicamente. Por ejemplo, sería difícil que pudieras valorar los indicadores 22 y 23 (amigos y familia), a no ser que tuvieras una relación personal y estrecha con el candidato o existiera una abundante documentación pública al respecto. Los diez indicadores de psicopatía que componen el tablero pueden ser valorados por cualquier persona que sea una observadora atenta de la actividad política del país.

Ahora puedes dar un valor numérico a cada indicador en función de su presencia en el candidato. Un 0 si nunca lo has presenciado; un 1 si lo has visto alguna vez, es algo ocasional; un 2 si dirías que su presencia *es más* que alguna vez o de cuando en cuando, y un 3 si crees que es habitual y definitorio de su comportamiento. Esto te da una puntuación total en psicopatía, pero es decisión tuya considerar *qué indicadores son más importantes para ti,* porque dos candidatos con la misma puntuación puede que tengan indicadores diferentes, y quizás para ti algunos sean prioritarios, mientras que a otros los puedas considerar más excusables.

INDICADORES DE PSICOPATÍA EN LA *política*	NUNCA (0, 1, 2, 3, 4)	ALGUNA VEZ (0, 1, 2, 3, 4)	CON CIERTA FRECUENCIA (0, 1, 2, 3, 4)	CASI SIEMPRE O SIEMPRE (0, 1, 2, 3, 4)
Miente mucho, no mantiene sus promesas o hace lo contrario de lo que dijo				
Le falta empatía, puede llegar a ser cruel en su toma de decisiones o declaraciones (ataques personales) y lanzar mensajes de desprecio u odio hacia determinados grupos				
Reprime con dureza a los medios críticos y opositores a su persona, emplea los medios del poder en su beneficio				
Ofrece soluciones sencillas a problemas complejos, como si él fuera el «elegido» que ve las cosas como son				
Enfrenta a los poderes del Estado de derecho, busca derogar las leyes que le perjudican, desautoriza a la autoridad judicial				
Viola la ley o utiliza arteramente los poderes del Estado para mantenerese en el cargo: soborna, corrompe, amenaza o mata				
Roba, defrauda o llega a acuerdos ilegales (o legales pero amorales) que le enriquecen o le permiten un retiro lujoso después de la política				
Es seductor, tiene don de gentes, carismático, pero es algo impostado o forzado				
Tiene un ego inflado: se ve como un gran líder, destinado a hacer historia; nunca se equivoca, le encanta que le adulen				
Es manipulador: sabe cómo lograr que los demás hagan lo que él desea, tergiversa la realidad, la culpa siempre es de otros				
SUMA TOTAL:				

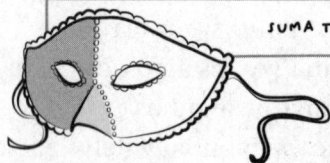

FIGURA 10. El Tablero del psicópata. Una guía para puntuar a los candidatos que aspiran a obtener un cargo político.

¿POR QUÉ LOS POLÍTICOS PSICÓPATAS TIENEN TANTOS SEGUIDORES?

Pero una pregunta inquietante es por qué los políticos psicópatas cuentan en ocasiones con el beneplácito de muchos de sus gobernados, tal y como ha ocurrido en tiempos recientes con Donald Trump en Estados Unidos o Vladímir Putin en Rusia, y en tiempos pasados con líderes como Fidel Castro, Chávez o Mao Zedong. Es evidente que todos reprimieron con mano de hierro toda discrepancia (aquí Trump mucho menos por ser una democracia) y dieron grandes prerrogativas a quienes les apoyaban, pero aun así una parte importante de la población estaba de su parte.

Joe Biden, el presidente de Estados Unidos, en un discurso a comienzos de 2024, en el comienzo del año electoral, hizo una pregunta retórica a los congregados y a los medios:

> Si nos arrodillamos ante un aspirante a dictador que ama a los tiranos, que usa expresiones de la Alemania nazi, que indujo a la turba para que asaltara el Capitolio el día 6 de enero, y que luego retorció los hechos en su intento de «robar a la historia» justo como intentó robar las elecciones..., ¿qué dice todo esto de nosotros?[48]

As es. ¿Qué *dice de la gente* el hecho de que vote a un psicópata? La pregunta es del todo pertinente, porque para comprender este fenómeno —la toma del poder por el político psicópata—, una vez analizado al elegido, es hora de poner nuestra atención en los electores.

La profesora Lipman-Blumen asegura que hay seis aspectos de la condición humana que nos hace vulnerables a sus encantos, y yo quiero destacar tres.[49] El primer aspecto es *la ansiedad existencial,* el hecho de que nuestra vida está destinada a un fin inevitable. Para muchas personas particularmente vulnerables ante esa ansiedad, alguien carismático y seductor puede suponer un bálsamo, sobre todo cuando apela a la «eternidad» como destino de su obra. Los líderes de sectas tendrían en este punto un gran fundamento en su capacidad de captar miembros, pero no solo ellos: un líder mesiánico puede ser adorado por sus acólitos como si fuera el hijo de Dios («nuestro líder —su obra, su legado— no morirá jamás») y crear así la fantasía de la inmortalidad. Ya hemos visto cómo Trump apela a su misión «divina» para reclamar el voto. Un célebre relato corto, *Cita en Samarra*, ilustra bien este miedo existencial:[50]

Un comerciante de Bagdad envía a su sirviente al mercado en busca de provisiones. Poco después, el criado llega a casa pálido y tembloroso y le dice que en la plaza del mercado lo empujó una mujer, a quien reconoció como la Muerte, quien le hizo un gesto amenazador. Tomando prestado el caballo del comerciante, huye a gran velocidad a Samarra, a una distancia de unas 75 millas (125 km), donde cree que la muerte no lo encontrará. El comerciante luego va al mercado y se encuentra a la Muerte, y le pregunta por qué le hizo el gesto amenazador a su sirviente. Ella responde: «No fue un gesto amenazante, solo fue una muestra de sorpresa. Me sorprendió verlo en Bagdad, porque tengo una cita con él esta noche en Samarra».

Una segunda razón es que *nos hace sentirnos miembros de un movimiento más amplio y grande, que nos da seguridad y sentido de pertenencia.* Un líder psicopático tomará las decisiones por nosotros: ya no tendremos que cavilar más sobre asuntos complejos, y si preside un país puede ser visto como el «líder paternal» de todo un pueblo. Es más, identificándonos con él, podemos compartir vicariamente su «grandeza», lo que nos permite asumir ese espíritu de héroe que en el fondo todos añoramos. El tercer elemento que nos deja a merced del líder psicópata es *el miedo a lo incierto y al futuro*, en especial en tiempos de turbulencias; este, al darnos seguridad y un camino que seguir, nos procura menos ansiedad y la promesa de mantener nuestro bienestar o incrementarlo.

En síntesis: el líder tóxico o psicopático lo que nos vende son «grandes ilusiones», no «visiones nobles» o proyectos realistas; nos promete escapar de la nulidad existencial, del miedo a la insignificancia y a no conseguir nada en la vida. En mayor o menor medida, se presentan ante el pueblo como seres excepcionales y se dedican a promover mediante los medios y una cuidadosa selección de cómplices o secuaces una imagen de «estar tocados por el destino» o constituir un modelo de sabiduría, justicia y comprensión excepcional. El mundo que prometen es idílico, pero al mismo tiempo señalan con pasión la existencia del «otro diabólico», es decir, aquellas personas agrupadas por algún elemento afín (su raza, ideología, procedencia, religión) que suponen la mayor amenaza para la identidad del país, para conservar su pureza y sus logros.

Una consecuencia muy destructiva de los líderes psicópatas es el modelo de vileza que expanden en el mundo. Hitler admiró al dictador fascista que le precedió, Mussolini, como Maduro hizo de Chávez su maestro. En su código moral, los actos malvados pasan a ser los virtuosos, y al contrario: las acciones de resistencia y que promueven la libertad a cargo de sus rivales pasan a ser consideradas «terroristas», y sus autores «enemigos del estado», como generaciones de residentes en los gulags soviéticos pudieron atestiguar, sobre todo en la época de Stalin, o todos los que han hecho explícito su rechazo a la guerra contra Ucrania en la actual época de Putin.

Volvamos a Trump una vez más. Cuando la socióloga de la Universidad de Princeton Zeynep Tüfekçi se dedicó a seguir al expresidente al comienzo de la campaña para las presidenciales de 2024 tenía en su cabeza saber qué era exactamente lo que motivaba a tanta gente a apoyar su candidatura, incluso frente a los gravísimos cargos por los que había sido ya condenado (en la jurisdicción civil, la violación de E. Jean Carroll, una periodista de la revista *Elle*, realizada muchos años antes, y cometer fraude en sus negocios) o los que todavía le quedaban pendientes (la acusación por insurrección por el asalto al Capitolio y la sustracción de documentos de alto secreto y «custodia» en su cuarto de baño de su mansión de Mar-a-Lago, entre otros).[51]

Lo que encontró la joven socióloga fue, en pocas palabras, que sus entrevistados (y una enorme masa de gente que lo adora) no creían en absoluto que Trump fuera realmente culpable de nada de eso. Todos tenían claro que las acusaciones eran montajes del *establishment* para intentar que no se volviera a presentar a las elecciones. ¿Y qué hay de sus manifestaciones de que va a ser un «dictador» cuando regrese a la Casa Blanca?

> En mis entrevistas con más de cien votantes, en ningún momento se mencionó la palabra «autoritario» [...]. Lo que escuché decir fue que Trump era muy bueno mejorando la economía, y que era un personaje al que no se le podía tomar el pelo, lo que era eficaz para prevenir futuras guerras. También le vieron como un presidente autoritario que no encajaba con el político típico, lo que entendían muy bien.

Pero lo más extraordinario es la creencia de que Trump, siendo «imperfecto» como es, haya sido el elegido por Dios para salvar a América. Es un tropo clásico de la religión cristiana en sus muchas variaciones: Dios elige a un ser imperfecto pero de corazón noble para que haga su voluntad en la tierra. Sus mensajes de odio e insultos son valorados como actos de honestidad, porque todos los políticos —dijeron los entrevistados— los piensan pero pocos se atreven a reconocerlo en público. Trump afirma que él solo «puede arreglar [*to fix*] América» y hacerla grande y poderosa en un mundo que produce ansiedad y temor. Trump dijo, hablando de sus años como presidente en el periodo 2017-2020: «Durante cuatro años mantuve a América segura. Mantuve a Israel seguro. Mantuve a Ucrania segura. Mantuve seguro al mundo entero».

La importancia de los fundamentalistas evangélicos en varios estados es crítica para Trump, de acuerdo con el periodista y profesor de ciencia política David French.[52] Esto puede parecer sorprendente, pero el vídeo donde se dice de manera insistente cuáles son los males de Estados Unidos y por qué Dios, para solucionarlos, envió a Trump, es creído a pies juntillas por muchos de sus votantes. Lo que tienen en común muchos fundamentalistas y Trump, a pesar de que no pueden ser más dispares sus vidas, es que comparten la solidaridad intragrupal que los une como creyentes, la ferocidad en el ataque a los enemigos de Cristo (los demócratas) y la certeza granítica en sus creencias.

Dicho esto, no pensemos que los votantes de Trump son unos ingenuos. El comentarista político Bret Stephens ha dejado claro que Trump da respuestas contundentes a problemas complejos, lo que les encanta a las personas que quieren precisamente certeza y sentirse miembros de una entidad social que les otorgue confianza y esperanza en el mundo, como la profesora Lipman-Blumen señaló. Por ejemplo, el problema de la inmigración, que fue un eje esencial de su campaña pasada pero también de la actual. Stephens asegura que los políticos liberales son incapaces de encontrar una buena respuesta ante ese problema, ni en Estados Unidos ni en Europa, y lo cierto es que la realidad exige que un Estado tenga fronteras que no cualquiera pueda traspasar. «Establecer un control de entrada —escribe—, ya sea a través de un muro, una valla u otro mecanismo, no es racismo. Es un requisito básico de lo que es un Estado y su ciudadanía, lo que toda nación tiene la obligación de proteger y cuidar.» Para los seguidores de Trump y otros menos radicales, este mensaje —al margen de que este dé como razones argumentos racistas— es de sentido común, y la incapacidad de ofrecer una respuesta consensuada y eficaz por parte de las democracias europeas no hace sino reforzar el atractivo de su propuesta.[53]

En fin, es asimismo muy interesante la idea que presentan diversos investigadores acerca del origen del atractivo de Trump sobre tantos norteamericanos, en el sentido de que vendría a representar al antihéroe, una figura muy valorada por la cultura y el espectáculo de la modernidad tardía.[54] Y sí, creo que puede haber también algo de eso. Tiene ese aire chulesco que tantos héroes de ficción muestran, un aire a lo Harry el Sucio, quien prefiere hacer las cosas a su modo sin que se tengan que seguir las «jodidas leyes»; un aire al que «mata a los malos», como Dexter, y al tiempo puede ser divertido, como el Joker. El que se va a vengar de los «malos» del *establishment* como si fuera *The punisher*. Pero, en todo caso, lo que le hace inigualable es que, a pesar de todo, a pesar de venir de una familia rica, a pesar de que siempre ha vivido de un modo megalujoso gracias a sus negocios basados en las trampas y la codicia, la gente de a pie lo considere como uno de los suyos, como alguien que conociera en sus carnes las penurias de la América profunda. Y que es un enviado de Dios. Y sí, he de reconocerlo, desde esa perspectiva, Trump es único y excepcional.

Capítulo 6

La lucha contra el psicópata

> Secuestrado en aquella caja, encontré el mundo dentro de mí.
>
> ALBERTO DE LA FUENTE, empresario mexicano
> retenido durante 290 días en una caja de 2 × 2,
> con luz y ruido intensos durante las veinticuatro horas[1]

VIKTOR FRANKL Y JOSEF MENGELE

Viktor Frankl, nacido en 1905, tenía muchas probabilidades de que en un día de 1944 acabara su vida. Era un judío preso en el campo de exterminio de Auschwitz —en su vida anterior, un prestigioso neurólogo—, y tenía a pocos metros de él a uno de los psicópatas integrados asesinos más implacables que holló la tierra en el siglo pasado: nada menos que Josef Mengele, apodado el Ángel de la Muerte, el icono del científico entregado a la causa del mal. Un hombre cuya sola aparición llenaba de terror a los miles de desgraciados que, condenados en vida, solo soñaban con llegar a existir un día más, cuando no se habían entregado ya a la muerte, famélicos y desesperados, en su camino a la alambrada electrificada del campo. Lo hemos visto en el cine: una hilera de cuerpos rotos va caminando al lugar donde Mengele lleva a cabo la selección. A los que no les encuentra utilidad, por

211

estar demasiado enfermos o ser viejos y débiles, con un movimiento de su bastón o de su dedo los envía hacia un lado, conduciéndolos a la cámara de gas; a aquellos que puede usar en sus experimentos macabros o bien que todavía pueden trabajar, los dirige hacia el otro lado, a las barracas donde se alojan. El biógrafo de Viktor Frankl, Alfried Längle, relata lo que sucedió después:[2]

> Me contó que al ir acercándose descubrió, con su ojo clínico de médico, lo que allí ocurría. Cuando le tocó su turno, respiró profundamente, se puso bien derecho, para dar la impresión de ser lo más fuerte posible. Mengele titubeó un poco con su dedo, pero luego señaló el lado salvador. Sin embargo, Frankl no estaba totalmente seguro de este incidente, pues él mismo tenía otra versión, según la cual el dedo de Mengele había señalado la dirección de los enfermos y débiles. Como Frankl no veía a ningún conocido en el lado de los débiles y, en cambio, sí había reconocido a un par de colegas jóvenes en el otro lado, también es posible que se colocara en el lado salvador a espaldas de Mengele.

El terror desbarata la mente, y la pesadilla se infiltra en la realidad. Sea como fuere, Frankl sobrevivió a Auschwitz y a Mengele, y el modo en que lo hizo le sirvió para que consolidara una filosofía acerca de la persona y su modo de hacer frente a las vicisitudes de la vida que sigue alumbrando el mundo. Pero todavía no estamos en ese punto. Viktor Frankl es un joven de clase media que destaca desde joven por su inteligencia en la Facultad de Medicina y luego en los círculos de la psicoterapia. Debido a que rechaza la idea de que el hombre está determinado por fuerzas instintivas o conflictos psicológicos que escapan a su control, durante buena parte del decenio de 1930 sus problemas son los propios de un joven investigador y médico que quiere abrirse camino en su profesión. Las dificultades realmente graves, que marcarán su vida de modo indeleble, empiezan para él en 1938 con la entrada de los nacionalsocialistas en Austria, la patria de Hitler que ahora se anexionaba el III Reich. Se vio desacreditado y aislado por ser judío, y si bien en un principio conservó su puesto como director del Departamento de Neurología del Hospital Rothschild en Viena —eso sí, solo para pacientes judíos—, con el tiempo la nueva política nazi lo fue sometiendo a mayores humillaciones y amenazas. En medio de esa complicada situación, Frankl recibió una noticia extraordinaria: Estados Unidos le había concedido un visado para que pudiera instalarse allí con su joven esposa, Tilly. Era su salida a una situación insostenible y potencialmente letal, porque estamos en noviembre de 1941 y las personas que no se tapan los ojos y los oídos saben el destino trágico que espera a los judíos, que como mínimo es ser deportado a un campo de concentración del que nunca se regresa.

Entonces Frankl toma la decisión que definirá su vida para siempre. Como digo, solo él y su mujer Tilly pueden emigrar: sus padres no tienen medio de escapar. Frankl se ve incapaz de abandonarlos a su suerte y decide quedarse. Sucede lo inevitable, y al año siguiente él, su mujer y sus padres son llevados a un campo de concentración. Un hermano suyo y su cuñada también son apresados en Italia y recluidos en uno de los campos. El único que saldrá con vida en 1945, al finalizar la guerra, será Frankl. Toda su familia (con la excepción de una hermana que se había marchado antes a Australia) y muchos de sus amigos morirán en los campos, que son, efectivamente, de exterminio. En los tres años que está preso padece cuatro de estos campos, entre ellos Dachau y Auschwitz. Cuando es liberado, regresa al mundo completamente solo, y, entre las ruinas de una Viena convertida en escombros, la realidad adquiere un tono fantasmal, como su estado de ánimo. (Puedes imaginarte muy bien esas calles sombrías a las que retorna Frankl si has visto y recuerdas la película *El tercer hombre*, estrenada en 1949.) Es entonces cuando se dedica febrilmente a escribir uno de los libros más importantes publicados en el siglo XX: *El hombre en busca de sentido*.[3] Esta obra le saca de la depresión y le reinserta en el flujo de la vida. Rápidamente retoma su profesión médica y se dedica con todo ahínco a reconstruir la salud física y mental de los ciudadanos, lo que logrará sobre todo por la extraordinaria difusión que alcanzarán las ideas contenidas en su libro fundamental, y que completará a lo largo de su vida en otros muchos.

En este capítulo nos acercamos a la obra de Viktor Frankl. La pedagogía que ofrece tiene una gran importancia para ayudarnos a enfrentarnos con un psicópata. Además, en conjunción con las modernas investigaciones sobre resiliencia, establece los fundamentos para que enseñemos a los niños a prevenir futuros encuentros con psicópatas, o al menos a que respondan más pronta y eficazmente a sus prácticas manipuladoras.

LOS FUNDAMENTOS DE LA SUPERACIÓN DEL ENCUENTRO CON LA PSICOPATÍA: LA LOGOTERAPIA DE VIKTOR FRANKL

Mi interés por la criminología y por la filosofía del ser humano nacieron casi al mismo tiempo, pues en el primer año en que estaba cursando mis estudios de psicología y criminología tuve la fortuna de que cayera en mis manos *El hombre en busca de sentido*. No lo supe ver en ese momento, pero al pasar los años comprendí que la imagen de la persona de Frankl encontraba su antítesis en el psicópata. Ese metro apenas que separaba a Mengele de Frankl cuando este llegó a su altura en la selección de Auschwitz era todo un abismo por las dos visiones del mundo y del ser humano que ambos representaban. Llegué a la conclusión de que, si bien Frankl no consideraba a nadie excluido de una posible redención —sin que importara la magnitud de sus hechos pasados—, esto no podría darse en el caso de los psicópatas primarios en su manifestación plena de sus rasgos. Digo que no podría darse porque para Frankl la redención suponía una *transformación espiritual* de la persona (enseguida explico lo que es *el espíritu* para él), lo que actualmente parece una quimera para un psicópata dentro del 1 por ciento del espectro.

El propósito de este primer apartado es establecer una serie de principios orientados a entender la realidad humana que son de utilidad para superar con éxito los encuentros con los psicópatas. Este es un punto que me parece crucial: ya sea en la familia, en las relaciones de amistad o laborales, se ha descuidado en la bibliografía especializada constatar los recursos de que disponemos para hacer una lectura humanamente significativa del encuentro con un psicópata. Para ello necesito que conozcas algunas ideas esenciales que fueron propuestas hace más de setenta años por el médico que sentó las bases de la psicoterapia y la orientación psicológica de la actualidad: Viktor Frankl y la logoterapia. (Como es lógico, Frankl tomó cosas de otros autores: nada se construye *ex novo*. Lo que me interesa es cómo articula su filosofía de la existencia y sus retos para que te inspire a enfrentarte a las experiencias con psicópatas.)

En primer lugar, tenemos el concepto de *experiencia radical*. El filósofo español Julián Marías emplea este término para significar las experiencias que transforman de modo crucial la forma en que un individuo se relaciona con el mundo y dirige su vida: puede ser un encuentro personal, tener un accidente grave, una enfermedad, etc.[4] El escritor y psicoterapeuta Irvin Yalom las denomina «experiencias de revelación» (literalmente «experiencias de despertar»), porque suponen un punto de inflexión en la vida de quien la experimenta (la cita que encabeza este capítulo ilustra bien esta revelación).[5] En mi experiencia, particularmente en el ámbito de la familia, la relación con un psicópata puede suponer una «experiencia radical», en cuanto que, una vez has comprendido quién es en realidad esa persona, se te presenta la oportunidad de encauzar la vida de un modo diferente. Como más adelante explicaré, el punto crucial es que puedes descubrir en ti recursos que te impulsen hacia una vida más auténtica en cuanto a tus propios valores, esto es, acerca de cómo quieres en adelante conducir tu comportamiento y tomar tus decisiones. Hace unos meses, una amiga que estuvo muchos años casada con un psicópata me dijo que, «en buena medida, la que soy yo ahora es el resultado de haber sabido enfrentarme a él». En la vida de Viktor Frankl, está claro que su experiencia radical fue su estancia en los campos de concentración; a partir de esa experiencia, su vida tuvo un propósito y un rumbo renovados: tomar todo lo aprendido en esos años tan dolorosos y ofrecerlos al mundo en forma de una visión existencial del ser humano que sirviera como terapéutica.

Otro concepto importante es el de *dimensión espiritual*. Frankl reconoce el plano de la biología (la herencia y el cuerpo) y de la psicología (la personalidad y lo psíquico), pero introduce la dimensión espiritual. Con este concepto no hace referencia a lo religioso, sino a lo que es exclusivamente propio del ser humano: la libertad y la responsabilidad, los valores fundamentales que albergamos (la religión puede formar parte también de esta dimensión); en definitiva, contiene todo lo relativo al propósito o sentido que guía nuestra existencia. De ahí que la psicoterapia de Frankl se denomine *logoterapia*, porque *logos* significa «sentido», y no exige que la persona sea religiosa, sino que moviliza los recursos espirituales con los que todos contamos.

En tercer lugar, tenemos *la idea de libertad y responsabilidad*. El ser humano no está determinado por sus instintos o experiencias infantiles: ni la herencia ni el ambiente en el que nos desarrollamos marcan nuestro destino. Son, desde luego, condicionantes, pero no bastan para privar al hombre de superar tales limitaciones. Los ejemplos son innumerables, y el primero que me viene a la cabeza es la vida del célebre científico Stephen Hawkins, *que no cejó hasta el último día de su vida de vivir con un claro sentido o propósito*, a pesar de que la enfermedad que padecía (esclerosis lateral

216

amiotrófica) lo redujo progresivamente a soportar un cuerpo inválido. Ahora bien, la libertad lleva aparejada la responsabilidad de vivir. Es importante aquí separar culpa de responsabilidad. Hawkins, obviamente, no tuvo la culpa de su enfermedad, pero sí era tarea suya enfrentarse a ella. Algunos de los presos de los campos fueron seleccionados por los oficiales alemanes para servir de guardianes de sus propios compañeros (los conocidos como *kapos*), lo que les permitía disponer de mejor comida y librarse de los trabajos más duros. Unos pocos hicieron lo posible para aliviar las grandes penas de los cautivos, mientras que la mayoría ejerció de modo sádico su autoridad. *Frente a las mismas circunstancias de la vida, unos y otros eligieron comportarse de modo diferente.* Para Frankl, los pocos que mostraron compasión eligieron responsablemente. ¿Por qué? Por orientarse hacia un sentido o propósito que cambiaba la realidad para bien, que dignificaba —en lo que estaba a su alcance— a la persona. (Mira unas páginas más adelante la figura 11, donde se resume su filosofía terapéutica.)

LA VOLUNTAD DE SENTIDO NOS IMPELE A LA ACCIÓN

La responsabilidad nos lleva al concepto esencial de la logoterapia: *la voluntad de sentido.* Dice Frankl que la motivación más definitoria de la persona es encontrarle un propósito o sentido a la existencia; esta fuerza que nos impulsa es la que denomina Frankl «voluntad de [o por hallar un] sentido». ¿Cómo la encuentra? El mismo Frankl nos lo cuenta: «Vivir significa asumir la responsabilidad de encontrar la respuesta correcta a las cuestiones que la existencia nos plantea, cumplir con las obligaciones que la vida nos asigna a cada uno en cada instante en particular».[6] Es importante tener en cuenta que nosotros no «inventamos» el sentido de la vida, sino que lo «descubrimos». ¿Qué significa esto? Lo explico de modo sencillo. Toda persona tiene una serie de valores que definen quién es. Valores relativos a lo que esperas de la relación con la gente, en la vida amorosa, tu contribución a la sociedad, la actividad en la que esperas realizarte, etc. Vives una vida responsable en la medida en que, ante los interrogantes y circunstancias que la vida te presenta cada día, la respuesta que das es coherente con esos valores. *En otras palabras: cuando sigues a tu voluntad por hallar un sentido a tu existencia.* Claro está, dichos valores han de ser positivos o dignos de la naturaleza humana, porque si tus valores son meramente el placer o el poder, el propósito o sentido de tu vida como ser espiritual y revestido de la dignidad intrínseca que nos da el hecho de ser humanos no se realizará.

Esto nos lleva al punto siguiente. La voluntad de sentido (el deseo innato que tenemos de que nuestra vida tenga un propósito) *nos remite inexorablemente a la acción.* Piénsalo: si, como escribe Frankl, «la esencia de la existencia consiste en la capacidad del ser humano para responder responsablemente a las demandas que la vida le plantea en cada situación particular», no puedes deprimirte y renunciar, desconsolado, ante los problemas que ese día te asaltan. La idea es que *para salir del hoyo emocional has de actuar en cuanto puedas hacerlo.* Ahora bien, ¿qué hacer? Hay que asumir «un deber específico». ¿Qué significa esto? Significa que —ciñéndonos al tema de este libro—, orientado por tu conciencia, seas capaz de saber cómo actuar de un modo digno y valioso para superar la manipulación, estafa o el trato injusto que hayas recibido del psicópata. La clave es que tienes que hacer algo que no sea lamerte las heridas o estar preocupado por tu salud mental. Has de «salir fuera de ti» o «trascender». ¿Cómo? Haz algo que debas hacer porque sea tu obligación, lo exijan tus valores o te comprometas porque eres necesario para todos los que cuentan contigo.

Frankl no cree que el sentido de la vida se encuentre dentro de nosotros, por eso critica la corriente que afirma que la persona ha de «autorrealizarse» como meta última, pues ello implica que puedes aislarte del mundo como medio para desarrollar tu vida. Para Frankl eso no es así, puesto que el sentido de la vida *exige trascender nuestros propios egoísmos e intereses*: «Cuanto más se olvida uno de sí mismo —al entregarse a una causa o a una persona amada—, más humano se vuelve y más perfecciona sus capacidades». Actuamos con propósito cuando nos entregamos a nuestras obligaciones y cuando decidimos querer y cuidar a otras personas; también cuando soportamos con la actitud acertada los momentos de sufrimiento. Esto puede suponer hacer cambios en tu vida: quizás tu empleo ya no te satisface, así que haz lo posible para que tu valor de competencia en lo que anhelas se pueda realizar. Y si surge más desgracia que felicidad en una relación, habría que plantearse qué hacer con ella para que puedas seguir ejerciendo tu valor de cariño y compromiso hacia los demás.

¿Te ha dejado hundido ese tipo, porque te ha engañado y te ha causado un gran dolor? ¡Haz algo!: «Tienes que cambiar la situación. Tienes que ayudarte, tienes que ayudar a los demás, tienes que sacar algo de ella [de esa situación], tienes que darle la mejor forma que puedas; esta posibilidad de sentido está detrás de cualquier situación», afirma Frankl. Aquí, darle «la mejor forma» significa encontrar el modo en que la vivencia de esa situación proyecte lo mejor de ti. Por ejemplo, tu capacidad de resistir, de sacar la fuerza interior ante el infortunio o la injusticia. Por eso dice Frankl que cuando «el hombre se sumerge en una crisis, cuando piensa que la vida ya no tiene sentido», ha de reaccionar y darse cuenta de que «el sentido le está esperando» en forma de un esfuerzo, de una misión: cuidar a los hijos, superar un desacuerdo con alguien a quien apreciamos, pelear por una causa, seguir adelante en el trabajo o buscar una nueva actividad, experimentar el placer de la serenidad de la naturaleza, de la belleza de la música, de los valores que forman parte de nuestro espíritu.

¿Qué es, entonces, *actuar de modo trascendente*? Es la posibilidad que tienes de «transformar la realidad», porque haces algo que está de acuerdo con los valores que dignifican al ser humano y te hacen sentir útil y eficaz. La discípula de Viktor Frankl, Elisabeth Lukas, nos advierte de que las metas que constituyen un propósito o que otorgan sentido no son siempre las que encontramos deseables o apetecibles, sino que poseen la cualidad de ser algo objetivamente «bueno» en el mundo.[7] Claro está que aquello que nos gusta puede ser también objeto de una vida con sentido, pero no siempre es así: puede gustarnos beber en exceso, pero eso no nos ayuda en nuestro proyecto vital. Y al contrario: a nadie le gusta caer enfermo, pero es nuestra actitud durante la enfermedad donde encontramos una de las vías para dotar de sentido nuestra vida.

En resumen: Frank nos exhorta a movernos. Puedes necesitar un tiempo para meditar, para cobijarte emocionalmente y reflexionar, qué duda cabe. Pero luego has de tomar la vida en tus manos. Fíjate en que, para el fin de este libro, *la experiencia radical es el encuentro con el psicópata*, pero puedes aplicarla a toda situación excepcional.

AUTODISTANCIAMIENTO

Finalmente quiero hablarte de un principio que te va a ayudar a hacer frente a la experiencia de finalizar y de seguir adelante tras una relación con un psicópata: *toma distancia y comprende mejor quién eres de verdad*. En ocasiones vivimos en medio del caos. Un psicópata puede, mediante sus engaños y manipulaciones, dejarnos completamente confundidos. La recomendación de la logoterapia es que tomes distancia de ti mismo (*autodistanciamiento*): «maniobrar a cierta distancia desde la cual las cosas cobren una nueva luz», escribe Lukas. Hay varias formas de hacer esto.

Una de ellas es *ir hacia atrás en el tiempo*, antes de que conocieras a esa persona. ¿Cómo eras antes? ¿Quiénes eran (son) las personas que sientes que realmente has querido? ¿Cómo actuaron contigo? Se trata de que profundices en tus valores esenciales, *cuando no era normal* dimitir de tus principios o tu dignidad. Tienes que objetivar cómo el amor de las personas honestas que te quieren (o te han querido, aunque ahora ya no estén) es muy diferente al amor —o a la relación de amistad— que crees que te otorga el psicópata. En tu cabeza has de ser capaz de ver que son dos secuencias de imágenes que subrayan una realidad afectiva y relacional contrastante.

Otra manera de «separarte de tu yo confundido» es *atreviéndote a hacer cosas que temes*. Porque el miedo te paraliza y te achica espiritualmente. «¿No sería una locura que le dijera a esta persona que ya no voy a tolerar este proceder?», te dice tu voz interior llena de miedo. Pero si «sales» o tomas distancia de tu yo habitual y haces justamente lo que temes, seguro que ganarás control y determinación y, con ello, habrás dado un paso adelante hacia tu crecimiento como persona. (La única limitación a este principio es cuando percibes que actuar de ese modo pone en peligro tu integridad o la de tus seres queridos; en tal caso has de pensar en un modo alternativo de hacer eso.)

Una tercera estrategia es *salirte de ti*. La recomendación que hice en el capítulo 3 de tomar notas o registrar un diario, en la medida en que te ves forzado a ser un cronista, también favorece el autodistanciamiento. Otro modo de llevar a cabo esta estrategia es adoptando el punto de vista de un cámara de cine. ¿Cómo describirías la situación en la que te encuentras? Mira tu relación con la persona que te confunde como si fuera una película. ¿Cómo se la podrías contar a alguien que no la hubiera visto? Destaca las escenas más importantes... ¿Qué diría un espectador acerca de lo que está viendo?

Una cuarta estrategia es *proyectarte hacia el futuro*. Imagina que eres mayor y estás escribiendo tu biografía. ¿Qué querrías poner en esta etapa de tu vida? Si tuvieras ochenta años y quisieras describir cómo superaste la convivencia con un psicópata, ¿qué desearías poder escribir? Un consejo parecido que también nos dio Frankl es este: vive como si estuvieras viviendo por segunda vez y estuvieras a punto de repetir el error de tu primera vida. ¿No querrías cambiar ese resultado?

Una última estrategia de autodistanciamiento es *el sentido del humor*. El propio Frankl nos cuenta que, en medio del horror de la vida en los campos, en ocasiones tenía cabida el humor, lo que contribuía, aunque fuera solo por un momento, a reforzar el ánimo de supervivencia. Quizás hayas experimentado lo ridículo que pueden llegar a ser algunos comportamientos exagerados del psicópata en su afán de engatusar o de demostrar lo grandioso y excepcional que es. En mi experiencia con ellos, dentro y fuera de los tribunales, varias veces he tenido que esforzarme para no sonreír abiertamente ante algunas de sus manifestaciones. Por suerte, fuera de los campos de exterminio nazi, hay muchas más oportunidades para emplear el sentido del humor. Te ayuda a no censurarte en exceso y a relativizar las cosas: si has cometido errores en tu relación con el psicópata («¿En qué estaría pensando cuando hice esto o lo otro?»), puedes pensar, como suele decirse, «Bienvenido al club»; no somos infalibles. Es momento de actuar y cambiar las cosas.

En resumen, tomar distancia de ti te abre a dos procesos para el actuar responsable. El primero es *ver la realidad del modo más objetivo posible*, y hacer salir a flote el contraste entre lo que experimentas y lo que realmente son tus valores esenciales. El segundo es que, al igual que el actuar trascendente, *te impulsa hacia la acción*, hacia la transformación de tu realidad, porque pone de relieve que tú quieres vivir con propósito y no ser la víctima de nadie. Una situación narrada en *El hombre en busca de sentido* revela de modo dramático esta capacidad para tomar distancia de la situación de sufrimiento y proyectarse hacia delante, es decir, como dijo Frankl, «hacia el sentido y los valores que la persona quiere realizar en el futuro»:

> En cierta ocasión, y al borde del llanto por el tremendo dolor —los gastados zapatos me provocaban unas terribles llagas en los pies—, caminé con mi destacamento los kilómetros que separaban el lugar de trabajo del campo, mientras arreciaba un viento gélido que nos abatía. Yo pensaba en la infinitud de pequeños problemas de nuestra miserable existencia. ¿Qué cenaríamos aquella noche? Si por casualidad nos dieran un trozo de salchicha extra, ¿convendría cambiarla por un pedazo de pan? [...] Noté que empezaba a deprimirme el hecho de sentirme afectado, día y noche, casi exclusivamente por esos asuntos tan triviales. Me obligué a pensar en otras cosas. De repente me imaginé a mí mismo de pie en el estrado de un salón de conferencias bien iluminado, agradable y cálido [...] ¡Dictaba una conferencia sobre la psicología de los campos de concentración! Al relatar y delimitar los acontecimientos desde un ángulo científico, se objetivaban; lo que hace un momento me angustiaba, ahora cobraba relieve bajo una nueva perspectiva. Mediante este método conseguí distanciarme de la situación y, de algún modo, superarla; me situé por encima del sufrimiento actual y pude contemplarlo como si ya fuese una cosa pasada.

Como dije al principio, la logoterapia de Viktor Frankl es el fundamento de muchas otras corrientes de terapia y *coaching* actuales. Sin duda, la más popular de las ideas de Frankl —que ha sido copiada innumerables veces— es esta: es la

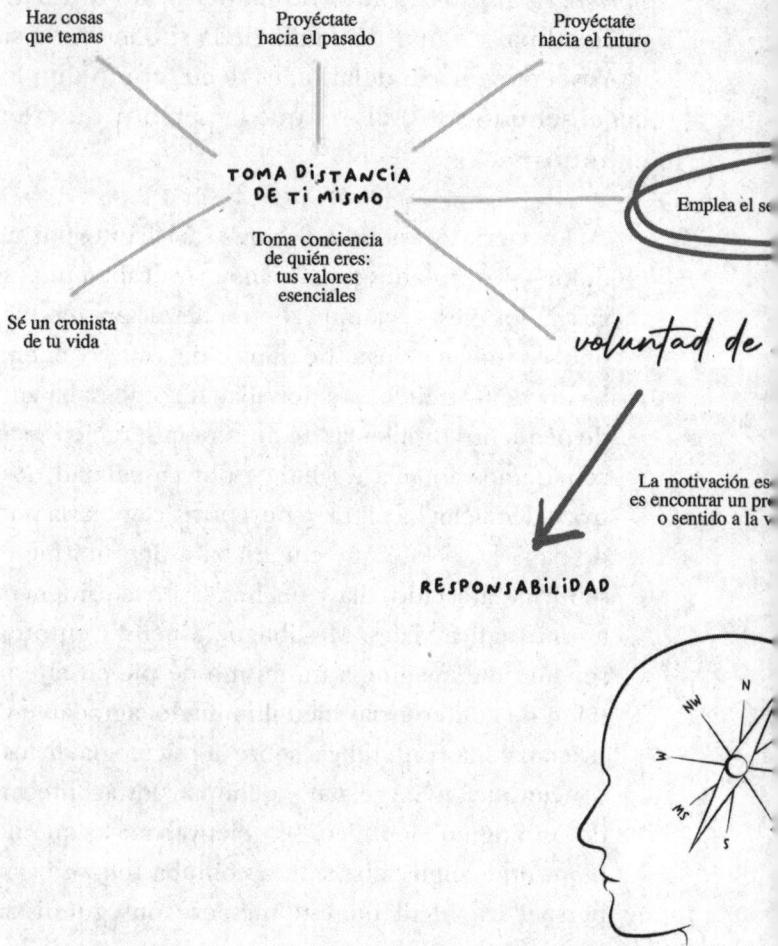

Haz cosas
que temas

Proyéctate
hacia el pasado

Proyéctate
hacia el futuro

TOMA DISTANCIA
DE TI MISMO

Emplea el se

Toma conciencia
de quién eres:
tus valores
esenciales

Sé un cronista
de tu vida

voluntad de

La motivación es
es encontrar un pr
o sentido a la v

RESPONSABILIDAD

Los conceptos y principos de la log
«vivir con un propósito exige el uso

FIGURA 11. Los conceptos y principios de la logoterapia de Viktor Frankl.

Encuentra tu verdad
interior en el sufrimiento

Desarrollando un
deber o una misión

Cuidando a
otras personas

TRASCENDENCIA

amor

Busca fuera de tus intereses
egoístas contribuir positivamente
en el mundo, vive «para algo»;
lo fundamental es que actúe para
transformar la realidad

LIBERTAD

Viktor Frankl:
le de la libertad»

interpretación que haces de la realidad, y no la propia realidad, lo que influye en tu salud mental (una idea que aparece ya, por otra parte, en el estoico Epicteto, en el siglo I d. C.). Cuando Frankl te exhorta a que veas el sufrimiento y sus angustias como una llamada para que actúes de acuerdo con lo que consideras que son tus valores y responsabilidades, está justamente diciéndote esto. Y, de igual manera, su insistencia en que te pongas en marcha ante los desafíos de la vida subraya *que la felicidad de la persona se encuentra en el proceso,* en las respuestas que das cada día a las preguntas de la vida y no tanto en conseguir resultados. Por eso afirma que la salud mental no es un estado de reposo, sino que precisa de mantener una tensión interna que es inherente al ser humano; en sus propias palabras: «[La salud mental es] la tensión existente entre lo que uno ha logrado y lo que le queda por conseguir, es decir, la distancia entre lo que uno es y lo que debería llegar a ser».

Para terminar, fíjate en que Frankl, al establecer la voluntad de sentido en acciones y experiencias que trascienden el egoísmo personal, se declaraba del todo opuesto a que el deseo del placer o del poder constituyeran el horizonte vital de la persona. A todos nos gusta disfrutar de cosas placenteras, por supuesto, así como sentir que tenemos capacidad para tomar decisiones que pueden ser relevantes para los demás. Pero, en el primer caso, si todo lo que nos impulsara fuera el placer, pronto nos dejaríamos arrastrar por hábitos y adicciones que podrían causar nuestra ruina física y mental. Y, en el segundo caso, si solo halláramos sentido en el poder, ¿qué diría eso de nuestra vida? ¿Te gustaría ser Frank Underwood?

Justamente, he citado (como habrás deducido) los dos horizontes que guían al psicópata. Mengele vivió para demostrarse a sí mismo que era un genio de la ciencia médica, y por ello no tuvo reparos en someter a experimentos crueles a los presos del campo, incluyendo a niños; su placer estaba íntimamente unido al sadismo. Pero, tal y como revelan los autores de una biografía suya, el poder era lo esencial, como sucede con todos los psicópatas: «Tenía una imagen que decía: "Yo soy el poder"», según les relató uno de los supervivientes.[8]

EL RELATO DEL HÉROE

Una de las ideas más interesantes de la psicología moderna es su descubrimiento de que nuestro cerebro está preparado para comprender el mundo a través de las historias o relatos. En nuestro pasado evolutivo aprendimos a generar lazos y a crear una cultura común para la tribu mientras contábamos historias alrededor de una hoguera. Por ello cada uno de nosotros estructuramos nuestra vida de un modo narrativo, donde somos el protagonista de nuestra propia historia. Piensa un segundo: si tuvieras que contar en un programa de televisión quién eres, ¿no tendrías que explicarle al espectador los aspectos más destacados de tu vida? ¿No es a través de las cosas que te han sucedido y el cúmulo de decisiones que has tomado que tu existencia adquiere forma? Por ello decimos que a través del relato podemos explicar cuál es nuestra identidad, porque lo que *yo soy* he de poder explicarlo de acuerdo con las decisiones y circunstancias que se han dado en mi vida.

La idea de la vida como una historia que tiene a cada uno como protagonista está explícita en la filosofía de Viktor Frankl. Cuando nos dice que imaginemos que somos ancianos y estamos escribiendo nuestra biografía y a continuación nos exhorta a que pensemos qué nos gustaría escribir acerca de lo que hicimos en el momento concreto en que nos asaltó la angustia, está reclamando que *actuemos aquí y ahora responsablemente*, de forma tal que, muchos años después, podamos sentirnos satisfechos de la decisión tomada. De igual modo, su idea principal de que la felicidad es el resultado del proceso de enfrentarse con resolución a cumplir las tareas que exigen nuestros valores esenciales ha encontrado un profundo respaldo por muchos investigadores actuales de la felicidad y el bienestar psicológico. Por ejemplo, el psicólogo Brian Little ha estudiado los proyectos personales en los que se embarca la gente, y señala que, para que seamos felices, nuestros proyectos deben tener *un significado personal* (es decir, que otorguen sentido a nuestras vidas), para añadir después que es *la lucha* por un valor significativo (es decir, el compromiso con el proceso) el recipiente de la felicidad, lo que está avalado por importantes estudios médicos en ámbitos como la depresión, accidentes cerebrovasculares y adicciones. Se trata, sin embargo, de un conocimiento que ya estaba en el saber de los antiguos, como Aristóteles, para quien, de acuerdo con la experta en cultura clásica Helen Morales, la felicidad se resumía en la expresión *eudemonía*, que significaba «vivir de una manera que cumpla nuestro propósito».[9]

Little, como otros autores, ha puesto de manifiesto que los proyectos personales adoptan la forma de una historia donde el individuo es el protagonista. Esto nos lleva a una cuestión importante: *¿Qué tipo de historia queremos construir en nuestra vida?* Las personas que sucumben a la desesperación escriben un relato pesaroso; las que se dedican a explotar y abusar de los otros eligen un relato de maldad. Todas estas posibilidades son exploradas por las artes narrativas, como la literatura o el cine. Por propósitos dramáticos (para captar el interés del lector o espectador) las narraciones ficcionales suelen ocuparse de presentar al protagonista frente a un grave conflicto o situación o, en palabras del profesor John Yorke, de «un gran momento trascendental que cambia la vida», en el que tiene lugar «algo profundamente significativo», que transforma al protagonista de forma irreversible.[10] De ahí que las dos preguntas esenciales de toda trama o narrativa sean: ¿quién es este personaje? y ¿en qué va a convertirse?

En las páginas pasadas señalamos que el encuentro con el psicópata puede constituir uno de esos momentos trascendentales o «experiencias radicales» que marquen tu vida. Vimos que el modo aconsejable de responder es reconociendo tus valores esenciales, preguntándote *qué clase de persona eres* y qué estás dispuesto a hacer para trascender tu dolor y lograr sentir que tu vida vuelve a tener sentido o propósito. Entonces, podemos decir que el encuentro con un psicópata introduce la situación o el conflicto que el protagonista de la historia (que eres tú) ha de superar para llegar a un final satisfactorio. En las artes narrativas se denomina *relato de la travesía del héroe* a las historias que muestran al protagonista iniciando una aventura para enfrentarse ante un peligro o un enemigo de consideración, y cómo, tras conseguir acabar con dicha amenaza, queda transformado por esa experiencia, después de enfrentarse a variados obstáculos y dificultades.

¿Y si te dijera que la investigación señala que el relato de la travesía del héroe tiene mucha importancia para la psicología de la supervivencia? Diversos estudios realizados con varios miles de sujetos por el profesor de la Universidad de Carolina del Norte Ben Rogers y su grupo han mostrado que las personas que se enfrentan a situaciones difíciles o inciertas (como superar un abandono o recuperarse de una grave enfermedad) *adoptando la narrativa de la travesía del héroe* encuentran más sentido o propósito en sus vidas. De igual modo, los investigadores pudieron constatar que esto tenía beneficios importantes en términos de su salud mental, porque disminuía significativamente la depresión y mejoraba la actitud general para enfrentarse a las dificultades (por ejemplo, los individuos que adoptaron el relato del héroe vieron los obstáculos como menos graves y fueron más creativos en el manejo del problema).[11]

Lo que estoy aconsejando es *que adoptes el relato del héroe cuando te enfrentes a graves conflictos en tu vida*, como es encarar y sobrevivir a la relación con un psicópata. En el siguiente cuadro puedes ver cuáles son los componentes de ese relato:

Elemento	Descripción
El protagonista	Tú
Un peligro o enemigo	El encuentro con un psicópata
Una misión	Neutralizar su influencia en tu vida
Aliados	Las personas que te quieren y te apoyan
Desafíos	Obstáculos externos y dudas en tu interior
Transformación	Al cumplir la misión, creces espiritualmente
Legado	Tu lucha beneficia a otros

¿Cuál es el secreto de los efectos beneficiosos de adoptar el relato de la travesía del héroe? El científico social Will Storr nos da la última razón: cuando logras alcanzar tu meta y has superado el atolladero que provocó tu misión, significa que has vuelto a gobernar tu vida, has vencido al caos; has cambiado y te has convertido en una persona mejor. Ese cambio a «una persona mejor» puede entenderse como una transformación o superación de un carácter que, por diferentes razones, era incapaz de gobernar correctamente su vida, o bien como una revelación de determinadas cualidades del personaje que antes de enfrentarse al conflicto y sus desafíos estaban ocultas (por ejemplo, descubres que tienes una fuerza interior que desconocías). En ambos casos el cerebro recibe su gratificación mediante la dopamina y otros neurotransmisores, lo que reforzará —según Storr— el sentido de competencia y de propósito del individuo que ha superado el peligro. Con esta expansión de la actividad cerebral se produce una personalidad más efectiva en el manejo y control de su mundo circundante. En otras palabras, eres ahora una persona más flexible y fuerte a la hora de enfrentarte a los problemas que te atañen. «No hay mensaje más reconfortarte para nuestro cerebro narrador», concluye Storr.[12]

Un ejemplo donde una buena amiga adoptó el relato de la travesía del héroe para enfrentarse a una pareja psicópata nos servirá para comentar estos elementos. En resumen: un hombre finge que ama a mi amiga (la llamaré Sara) y cuando le viene bien, después de haber abusado psicológicamente de ella, la abandona por otra persona (que cabe esperar que sea una nueva víctima en el futuro) y se aprovecha de su esfuerzo para montar un negocio propio. Como consecuencia, Sara quedó psicológicamente hundida y hubo de enfrentarse a una de sus experiencias radicales que, en palabras de Julián Marías, «son las que nos ponen ante nuestra última realidad, y a la vez ante las personas que las originan».[13]

El *peligro, conflicto o experiencia radical* ya lo he indicado: el abuso y el abandono. «Para mí el infierno está aquí, ahora, y tiene rostro humano», me escribió cuando le solicité que me contara su experiencia. En efecto, el impacto es devastador: «Fui dejando la medicación. Solo diré que pensé que no saldría viva de esta antes de irme con lo puesto de mi casa». A continuación, viene *la misión*: superar los destrozos que le infligió su pareja. Y ello requiere —como Frankl nos exhorta— *tomar la responsabilidad de su vida en sus manos*, aceptar el esfuerzo de encontrar el sentido de la vida en esa etapa dramática. Ella se puso en marcha: «Pero levanté, cabeza y alma. Me di de alta como autónoma, saqué un libro, comencé a dar talleres de nuevo y a escribir artículos, aunque aún no podía escribir como antes, ni mucho menos leer». Felizmente cuenta con sus *aliados*, con las personas que la quieren y están ahí para apoyarla. Una amiga la ayudó a abrir los ojos:

[Me dijo:] «Tú no has vivido una ruptura amorosa: tú has vivido una historia de "amor" con un psicópata.» Me pasó libros, artículos, y su historia era mi historia y mi historia era la de tantas y tantas. Y abrí los ojos y los abrí tanto que casi me deslumbró todo lo que vi de lo vivido, de mí y de él.

Es un proceso complejo: hay momentos duros, donde nos parece que no podremos salir adelante; dudamos, pasa el tiempo, la herida es profunda. Es la etapa de *los desafíos*: «Este viernes voy al médico. El jueves dejé de comer, de tener apetito, sed, gusto, y [tengo] un cansancio extremo: solo puedo estar en la cama, agotada. Me vienen recuerdos y es como si estuviera en otro lugar; el cuerpo lleva la cuenta». Pero viene la recompensa en forma de *transformación*: a la pregunta de toda historia (¿en qué va a convertirse el protagonista?) mi amiga devino en una persona más fuerte, más sabia. Supo encontrarle un significado a lo vivido:

> No siento odio, ni ira, ni resentimiento. Esta experiencia ha sacado una mejor versión de mí: me he endurecido, fortalecido. Soy la mejor versión de mí misma. Veo que es difícil para muchos comprender esto que digo, pero ahora me doy cuenta de que eso no fue una historia de amor: todo lo bonito que viví lo creé yo; cuando estaba a gusto en el hogar que había creado, el hogar era yo. No hay amor posible en una imagen que no es real.

Finalmente queda *el legado*. Sara quiere que su experiencia ayude a otras personas, por eso accedió a que reflejara su historia: «Ojalá esto que escribo, esto que cuento, pueda ayudar a otros y otras. Siempre he pensado que todo lo que vivimos ocurre para hacernos más sensibles al dolor de los demás y también para comprenderlos y ayudarlos».

Si, tal y como dice el científico evolutivo Daniel Dennett, «el yo es la historia que nos contamos a nosotros mismos», entonces no cabe duda de que salimos reconfortados cuando, exhaustos, llegamos a casa después de haber vencido a quien nos encarcelaba espiritualmente... o a nuestros propios demonios.[14] Nos hemos transformado; nos hemos convertido en mejores personas.

CARA A CARA CON EL PSICÓPATA

Comenté al principio de este libro que todos tenemos muchos recursos para desafiar con éxito al psicópata. Una de las cosas que podemos hacer para controlar su influencia negativa es promoviendo una educación que nos haga más «resilientes» ante todas aquellas fuerzas que nos desestabilizan y empequeñecen. Como consecuencia del tipo de sociedad que estamos construyendo en este siglo XXI, muchos individuos crecen con una ausencia de sentido en sus vidas, lo que llamaba Viktor Frankl «vacío existencial». Es una pena, porque si comparamos los atributos que tienen los psicópatas y su forma de vivir con los que tenemos nosotros y el modo en que *podríamos* llevarlos a la práctica, somos claramente superiores. Mira la tabla que figura abajo.

El psicópata y su vida	Tu vida con sentido
Su móvil esencial es el poder	Buscas vivir con propósito
Manipula, miente, agrede	Desarrollas tus valores
No puede comprender la dimensión espiritual	Tienes acceso a la dimensión espiritual
No puede comprender de verdad a los demás	Dispones de empatía profunda
Su mundo no va más allá de sus intereses	Trasciendes tu egoísmo y buscas ser mejor
No puede distanciarse de sí mismo	Eres capaz de examinarte «desde fuera» y cambiar

Es cobarde: retrocede ante la entereza	Te comprometes y te superas ante la amenaza
Solo obedece a un poder superior	Dispones de principios morales para guiarte
No tiene amigos, solo «tontos útiles»	Dispones de la fuerza de tu familia y amigos
No cree en nada (nihilismo)	Crees que hay principios y causas por los que luchar

El vacío existencial nos deja frustrados, confundidos, presa fácil para los psicópatas, porque no hacemos uso de los recursos que figuran en la tabla. ¿No es lamentable? La terapéutica de Viktor Frankl toma en consideración estos «superpoderes» que puedes llegar a desarrollar en tu esfuerzo continuo por llevar una vida con propósito: tomando la responsabilidad en tus manos y aceptando la gran aventura de enfrentarte a los desafíos que cada día te presenta la existencia como lo haría un héroe. Lo contrario es renunciar a ser protagonistas de nuestra vida, y en ese estado de «vacío existencial» (cuando nos dejamos vencer por la angustia, cuando nos recluimos en nuestro dolor o miedo y vivimos solo para nosotros, cuando buscamos la anestesia mediante hábitos compulsivos y placeres efímeros) *los psicópatas lo tienen mucho más fácil para dominarnos.* El ejemplo que sigue ilustra este punto.

Los psicópatas son líderes habituales de las sectas. Recuerda lo que pasó a la joven de Elche Patricia Aguilar y su familia hace unos pocos años. Patricia, al cumplir los dieciocho años, decidió dejarlo todo e irse a Perú para vivir como esposa y sierva del gurú peruano Félix Steven Manrique, a quien había conocido por internet. Tuvieron que pasar casi dos años para que pudiera regresar a casa. Eso sí, lo hizo con un bebé y con la experiencia de vivir situaciones de privación extrema (puedes ver la excelente serie documental sobre Patricia titulada *548 días: Atrapada por una secta*).

Cuenta Patricia en el documental que ya sabía antes de irse con Steven que iba a compartirlo con otras mujeres. Y, en efecto, cuando llegó a Lima le esperaban dos «esposas» del gurú más tres hijos, todos conviviendo en un pequeño piso. En esos casi dos años vivió una espiral de abuso físico y emocional que solo pudo detenerse por la tenacidad de sus padres y de unos policías peruanos en rescatarla. Pero esto no es lo que quiero destacar, sino por qué una joven moderna de Elche, cerca de la mayoría de edad, cree majaderías como la siguiente: «El aura está conectada al cuerpo y se puede trabajar desde la desnudez, porque la sexualidad es mágica y sagrada». ¿Y qué me dices de cuando le escribe «Recuerda que siempre tengo razón», o «Lo más importante es avanzar juntos hacia el apocalipsis»?

Que un auténtico fracasado como Manrique, que en toda su vida no hizo nada útil, pudiera seducir a una joven inteligente de una familia del todo normal (más allá de los problemas que atraviesan muchas familias en su convivencia) nos revela en qué medida existen personas susceptibles de creer cualquier patraña con tal de encontrar lo que anhelan. ¿Qué es lo que busca la gente en una secta? El experto Miguel Perlado declaró que el común denominador de las víctimas es que son «personas fácilmente manipulables, sumisas, obedientes y que no cuestionan la autoridad del líder», de tal modo que caben aquí perfiles variados, desde «jóvenes universitarios con una mentalidad idealista e inconformista hasta aquellas personas que ya han tenido con anterioridad relaciones de dependencia, ya sea de tipo sentimental, sexual o de abuso de sustancias». También señaló que tras la pandemia aumentaron las sectas, y que en la actualidad no se estructuran tanto como antes alrededor de temas religiosos (el líder como delegado o reencarnación de Jesucristo); en su lugar, dominan «aquellas que tienen que ver con la espiritualidad y con la sanación».[15]

No me cabe duda de que lo que dice Miguel Perlado es del todo cierto, pero creo que la pregunta fundamental que subyace a la proliferación de las sectas en muchos países del mundo (actualmente hay más de sesenta *solo* en la región valenciana) no se contesta únicamente con las razones anteriores. Detrás de esa vulnerabilidad está el vacío existencial. El documental sobre Patricia Aguilar da a entender que la muerte de su tío y la depresión de su madre que siguió a continuación dejó a la joven en un estado mentalmente frágil —a lo que habría que añadir el distanciamiento afectivo que había entre sus padres—, lo que es cierto, pero si uno presta atención se da cuenta de que el problema que tenían tanto Patricia como su madre era que *la vida para ellas ya no tenía sentido.* Cuando olvidamos qué espera la vida de nosotros y abdicamos de la responsabilidad de actuar con un propósito, aparece el «iluminado» para llevarnos a su mazmorra. La madre dejó de prestar atención a lo que la vida le estaba reclamando en esos momentos duros, porque tanto Patricia como ella estaban muy unidas al tío fallecido, y se perdió en el juego *online*, intentando adormecer su dolor. Lo que la vida le reclamaba era que atendiera a su hija, la cual, a pesar de su edad, no podía procesar esa pérdida ni la decepción de que su madre no estuviera ahí para indicarle cómo seguir. Sencillamente, *Patricia no sabía qué hacer con su vida*, y buscó en un gurú de pacotilla el sentido del que carecía. (Nada hay que reprochar a Patricia o a sus padres. Solo describo lo que a mi criterio creo que sucedió.) Cuando Patricia se marcha y deja por WhatsApp comentarios y audios muy despectivos hacia sus padres, pidiéndoles que no la busquen, se produce en ambos progenitores «una experiencia radical» o de revelación. Haciendo caso omiso a los deseos manifestados por su hija de modo tan vehemente y al consejo de su entorno —que les dice que Patricia es mayor de edad y que la dejen vivir su vida—, los padres *sienten* como verdadera la idea de que su hija ha sido captada por una secta y, por consiguiente, no es realmente «ella» la que les ha dicho esas cosas tan horribles, sino una joven profundamente alienada.

Es entonces cuando *la vida vuelve a tener pleno sentido* para sus padres, exigiéndoles que actúen de forma rápida y con gran determinación. Como el relato de la travesía del héroe exige, se entregan a una misión llena de obstáculos y dificultades, como fue la renuncia de la Policía española a investigar lo que, según lo manifestado por Patricia, es una decisión tomada por una persona mayor de edad de modo libre, así como la pérdida de interés de los medios pasado un tiempo. Los padres cuentan con sus aliados, como exige el relato del héroe: una prima de Patricia que les ayuda a comprender la situación y está a su lado en todo momento, la madre peruana cuya hija también está con Steven, y, como ya he comentado, dos policías peruanos que exponen su vida para salvarla. Cuando los agentes detengan finalmente a Steven y liberen a Patricia (famélica, con un bebé al que apenas puede alimentar decentemente, en medio de un chamizo en la selva, y con la única compañía de los hijos pequeños de las otras mujeres), los héroes (los padres) se habrán transformado, y aceptarán de nuevo a su hija y a su nieto con el firme propósito de crear una familia unida donde las necesidades de cada uno de sus miembros sean atendidas con entrega y amor.

Por su parte, Patricia también se transformó: el sufrimiento que pasó la hizo madurar extraordinariamente en esos dos años. Y a pesar de que su decepción con Steven había empezado antes de que naciera su hijo, uno de los hechos más decisivos acontecidos durante el cautiverio fue su embarazo y el posterior nacimiento del bebé. Se puede apreciar de modo nítido que Patricia empieza a vivir ese sufrimiento tan pronunciado (en una casucha en la selva, sin luz ni agua, rodeados de mosquitos, apenas con lo justo para comer) *como algo necesario, que vale la pena, porque tiene la misión de proteger a su hijo*. De este modo, no fueron dos los héroes que regresaron a casa después de haber derrotado al psicópata, sino tres. (Steven fue condenado posteriormente a veinte años de cárcel por tráfico sexual de personas.)

237

En síntesis, la «abducción» de Patricia fue posible porque ella estaba desconectada de su familia y porque, es cierto, tenía una mentalidad «esotérica» —una preferencia por respuestas mágicas ante las incertidumbres de la existencia—, pero también porque *fue incapaz de detectar la psicopatía* cuando Steven se le apareció diciendo cosas que podrían haber estado en el guion de la película de Woody Allen *La maldición del escorpión de Jade*, de puro ridículas que eran. («El sexo no me preocupaba —dice Patricia en el documental—, lo que quería era quedarme embarazada; quería tener con él a los dioses que iban a salvar con él [Steven] a la humanidad, puesto que él venía como Cristo Redentor y destruiría al 95 por ciento de la humanidad.») Su vulnerabilidad esencial, a pesar de todo esto, fue que su vida había perdido todo propósito.

UNA SOCIEDAD DEBILITADA: LA CULTURA TERAPÉUTICA

¿En qué medida estamos preparando a los ciudadanos para que dispongan de mejores recursos para enfrentarse a la amenaza que supone la psicopatía? A mi juicio, la respuesta es que no lo estamos haciendo demasiado bien. Algunas de las causas de esto hace tiempo que fueron pregonadas; otras son más recientes, vista la evolución del mundo en este primer cuarto de siglo. *Y todas ellas tienen su traslado en el modo en que los niños están siendo educados.*

La primera es la constatación de que el narcisismo va ganando adeptos como un rasgo de personalidad deseable. Muy favorecido por internet, la vieja idea de que es el carácter de la persona lo que da la medida de su valor ha dejado paso a su presencia (e influencia) en las redes como criterio de éxito y relevancia. No pude evitar sonreír cuando leí el contenido de la felicitación del partido político Sumar en las Navidades de 2023: «Que todos vuestros buenos deseos se conviertan en derechos». Como muy bien aclaró Ana Iris

Simón (que se hizo eco de la noticia), detrás de este deseo aparecían «dos de los más grandes males de nuestro tiempo: la infantilización y el narcisismo [...] pues los deseos, por excelsos que sean, ni son ni tienen por qué ser derechos».[16] Pero por muy ridícula que sea la felicitación, esconde algo bien profundo: la creencia de que el fin que debe alcanzar la persona es gustarse a sí misma, *sentirse bien a toda costa*. Lo que yo deseo, si yo lo considero bueno para mí, ha de ser un derecho.

El escritor y analista David Brooks considera este modo de vida infantil y narcisista un síntoma de lo que llama «la cultura terapéutica», donde la autoestima del individuo depende de la afirmación que recibe de los otros, y por ello no refleja sino un yo débil y frágil, que necesita continuamente de la aprobación ajena, algo que se ha multiplicado en esta época de las redes sociales.[17]

Mark Manson, en un popular libro de autoayuda, denomina a este creciente sector de la población «la gente que se cree con derecho a todo», porque se frustra y desespera si la vida no les trata como ellos exigen que suceda.[18] Esta primacía del carácter narcisista ya fue advertida en 1979 por el sociólogo Christopher Lasch, quien escribió que «el hombre del siglo XX, abrumado por la ansiedad, la depresión, un descontento insidioso y un sentido de vacío interior, no busca el crecimiento personal ni la trascendencia espiritual, sino tan solo la paz mental».[19] La paz mental equivale a la actitud que Frankl criticaba antes cuando se quejaba de que el hombre aislado, autorrealizado, sin comprometerse con nadie ni con nada, estaba lejos de poder escapar del vacío existencial, sino que, al contrario, lo acrecentaba.

¿Cómo hemos de considerar las ingentes cantidades de personas que, de modo progresivo, están requiriendo atención psiquiátrica y psicológica? En mi opinión, lejos de menguar, la frustración existencial va en aumento. Las tasas de suicidio y depresión crecen, y entre los jóvenes el sentimiento de desesperación se hace cada vez más patente. En España en el año 2021 se cruzó por vez primera la barrera de los 4.000 suicidios anuales, y en 2022 hubo un incremento del 5,6 por ciento, hasta llegar a 4.227, o lo que es lo mismo, cada día mueren casi doce españoles, de tal modo que por cada homicidio hay catorce suicidios. El suicidio es la primera causa de muerte en la juventud española (de quince a veintinueve años), por delante de los accidentes de tráfico.[20] ¿Cómo asombrarnos pues del incremento de las sectas, si cada vez tienen un terreno más fértil donde instalarse?

Una segunda causa de la sociedad débil se encuentra en la creencia ampliamente aceptada de que los ciudadanos han de vivir, cueste lo que cueste, en «espacios seguros»; toda ofensa ha de ser desterrada, incluso si se plantea como una crítica legítima. Por aquí entran las «microagresiones», que no hacen sino reflejar que ya nadie parece dispuesto a defender su postura con vehemencia sino, al contrario, exigir un rol de víctima, pues es evidente que, si estamos dispuestos a considerar muchas acciones como *agresiones intolerables*, tanto más nos adjudicaremos el estatus de víctima, exigiendo a la sociedad que nos proteja de tales experiencias.

David Brooks une este síntoma de la «cultura terapéutica» con la ampliación exagerada del concepto de «trauma». Este concepto antes se reservaba para episodios trágicos en la vida de una persona: una violación, una experiencia en la guerra, sobrevivir a un terremoto... Ahora cualquier cosa puede generar un trauma, como puede verse en innumerables series y películas: una madre adoptiva poco solícita, un empleo poco atractivo, una experiencia de acoso, un jefe desagradable... Por supuesto, esto son cosas negativas —y en algunos casos pueden ser claramente perjudiciales—, pero el problema es la exageración, la patologización constante, cuyo resultado es que nos debilitamos a nosotros mismos, porque vivir un trauma genera *un peso patológico* que nos hace menos capaces de solventarlo.

Finalmente, Brooks nos introduce en lo que los psicólogos Greg Lukianoff y Jonathan Haidt llamaron «tres malas ideas» en la educación de nuestros jóvenes.[21] La primera es «Lo que no te mata, te hace más débil» —es decir, lo contrario de lo que afirmaba Nietzsche («Lo que no te mata, te hace más fuerte»)—, que tiene como resultado inducir a la gente a mirar hacia su pasado en busca de las heridas sufridas, arrogándose de nuevo el estatus de víctimas. La segunda es «Soy una persona a la que le suceden cosas», una formulación pasiva del yo que le priva de reclamar su lugar como agente activo capaz de transformar sus circunstancias y por ello de contribuir a cambiar la realidad. La tercera es «Si te mantengo seguro, te haré fuerte», que es el principio que guía a los padres sobreprotectores y a las escuelas que intentan proteger a los niños de contenidos que puedan «dañarles», como determinadas lecturas o debates, como si obrar de esta manera no tuviera como resultado el contrario, al negarles el conocimiento y aprendizaje de realidades históricas o de temas cuyo análisis es necesario para entender el mundo y su evolución. Escribe Brooks: al sobreproteger a los niños, «no estamos convirtiéndoles en personas más resilientes, sino todo lo contrario».

¿Qué significa educar niños «resilientes»? ¿Qué importancia tiene esto en la prevención de la psicopatía? La importancia va en dos direcciones. La primera se orienta hacia las futuras víctimas: un niño con herramientas para convertirse en un adulto autónomo y capaz de enfrentarse a los problemas está mucho más protegido frente a la influencia de los psicópatas. La segunda se dirige a los niños que, por causas genéticas y ambientales, están en riesgo de serlo. Nos ocupamos ahora con detalle de este primer punto o dirección.

LA RESILIENCIA

Durante años, el profesor de la Universidad de Minnesota Norman Garmezy se dedicó a visitar escuelas por todo Estados Unidos. Tras reunirse en cada una con el director y el trabajador social, les hacía la siguiente pregunta: «¿Hay niños en esta escuela que, a pesar de venir de entornos desfavorecidos, han destacado por ser alumnos brillantes, un motivo de orgullo para el centro?». Era una pregunta sorprendente. Tradicionalmente los psicólogos habían estudiado los factores que estaban asociados a un desarrollo socialmente desadaptado, es decir, a preguntar qué llevaba a los chicos a cometer delitos, drogarse, fracasar en la escuela, etc. Pero ahora Garmezy estaba poniendo el foco en el lugar opuesto, porque lo que quería averiguar era de qué modo los chicos que presentaban esos factores de riesgo de delincuencia escapaban a ese destino.[22]

De este modo nació todo un nuevo campo de investigación, centrado no en los factores que se asociaban con el inicio de una vida irresponsable o delictiva, sino en los *factores que protegían* al niño de verse involucrado en ella. Y quedó acuñado un término que ha tenido una gran difusión en todo el mundo: la resiliencia, o capacidad de una persona para salir adelante y construir una vida con propósito a pesar de presentar muchas papeletas para que esto no suceda. Esas «papeletas» o «estresores» pueden ser variados, y de dos tipos. Algunos son crónicos (están ahí la mayor parte del tiempo), como tener unos padres incompetentes o afectados por graves tensiones, o ser objeto de abusos y negligencia. Otros son agudos y acontecen en un momento específico del tiempo, como sufrir la muerte de un familiar cercano o tener un accidente o una enfermedad graves. Lo que cuenta es la intensidad y la duración del estresor: en los de tipo crónico, aunque no sean muy intensos, su presencia duradera en el tiempo puede tener un gran impacto negativo en el niño; en los de tipo agudo, en cambio, lo fundamental es la intensidad generalmente muy alta con que irrumpen en sus vidas.

Uno de los estudios más importantes sobre resiliencia lo llevó a cabo Emmy Werner en la isla de Kauai (Hawái), porque resumía los resultados habidos de seguir el desarrollo de 698 niños desde antes del nacimiento hasta que cumplían los treinta años. En su publicación de 1989 Werner fue capaz de descubrir que, de un 30 por ciento de niños que presentaban factores importantes de riesgo de fracaso, delincuencia, salud mental y otros a los diez años (aproximadamente 209 niños), *un 10 de ese 30 por ciento* (21 niños) fueron capaces de llegar a su edad adulta convertidos en personas responsables, con metas, trabajos y familias que conferían un propósito a su existencia.

Claro está, la pregunta esencial consistía en *qué era lo que había protegido* a ese 10 por ciento que, a pesar de presentar los mismos riesgos que el resto, había sido capaz de salir adelante y tener una vida productiva. Entre estos factores «protectores» estaban el haber dispuesto de un adulto como figura de apego y apoyo constante: uno de los padres, un maestro, un religioso... Para los niños, tales adultos eran no solo poderosos vínculos afectivos, sino ejemplos donde mirarse. Pero otros eran de índole interna, propios de su psicología y de su forma de encarar el mundo. Eran, en efecto, niños con *una orientación positiva hacia la vida y hacia sus relaciones*, que mostraban autonomía y determinación para enfrentarse a las circunstancias y que se sentían capaces de construir sus propias vidas, es decir, *creían que ellos podían cambiar las cosas*. En otras palabras: llevados por sus valores, ya desde pequeños, se esforzaban por responder a los interrogantes que la vida les ofrecía cada día *con un sentido o propósito* (superar las dificultades, aprovechar la escuela, establecer lazos con personas que podían cuidar de ellos...).

Werner también descubrió que la resiliencia era algo que podía cambiar en el tiempo. En ocasiones ese cambio era para mal: un chico, después de resistir bien muchos golpes de la vida, podía sucumbir finalmente si las circunstancias adversas se acumulaban. En otras ocasiones era para bien, como cuando alguien, ya en una edad más tardía, podía reencauzar su vida de forma productiva y dejar atrás muchos

años de mala suerte y malas decisiones. Esto último subraya-
ba un hecho de gran trascendencia: esas habilidades para la
resiliencia podían ser aprendidas y, por consiguiente, *eran
algo que se podía educar.*

A este crucial estudio de Werner, el profesor de la Universidad de Columbia George Bonanno añadió la guinda
del pastel, poniendo de relieve algo que estaba implícito en
los resultados de Werner pero que merecía ser más precisa-
do: ese elemento clave era *la percepción o interpretación que
hacía el niño de las cosas que le pasaban.* Bonanno, en una entrevista con la escritora científica Maria Konnikova (de
quien tomo las notas de este apartado), dijo que «los acon-
tecimientos no son traumáticos hasta que no son interpreta-
dos de este modo». En otras palabras: *es lo que piensa y siente
la persona, no el hecho que le sucede,* lo que determina si se va a
pasar por esa experiencia de modo sano o desarrollando alguna patología. Konnikova nos pone un ejemplo: algo tan
duro como la muerte repentina de un familiar o amigo muy
cercano debido a una enfermedad de las consideradas raras.
Desde luego que eso te va a poner muy triste, pero si eres
capaz de interpretar ese hecho luctuoso con un propósito o
sentido (por ejemplo, te esfuerzas por dar a conocer esa enfermedad, o te acercas más a otras personas de las que esta-
bas distanciado), entonces habrás hecho un duelo no trau-
mático. De nuevo, vemos que el concepto de «voluntad de
sentido» de Frankl resulta capital.

Es obvio que de toda esta investigación puede extraerse
una lección de extraordinaria importancia: no tenemos por
qué enseñar las habilidades de resiliencia solo a niños que
vienen al mundo con «malas cartas» (es decir, con estresores crónicos) o que sufren un gran golpe en sus vidas (un
estresor agudo); si se las enseñamos a todos, podremos estar
previniendo que los niños crezcan débiles y timoratos, o se
sientan atraídos por malas decisiones que pongan en peligro su futuro, ¿no te parece? Y una de las mejores razones
que se me ocurren para educar en la resiliencia es evitarles

el encuentro con un psicópata, o, si esto no es posible, que puedan salir de esa relación habiendo sido capaz de derrotarle.

¿Cómo enseñar a prevenir el encuentro con un psicópata o a liberarse de él?

Lo primero es enseñándoles desde pequeños que la vida tiene tres componentes que debemos aceptar y manejar de modo solvente: el dolor y el miedo, el esfuerzo y el sufrimiento, y la incertidumbre.

El dolor y el miedo pueden venir de fuerzas incontrolables, como una catástrofe o accidente, así como también de otras personas. Pero uno no puede aprender a enfrentarse a esas personas si ha sido educado como un ser pusilánime, si se le ha evitado cualquier contratiempo o si hemos corrido angustiados a privarle de la experiencia de toda frustración o dolor. Si, como afirma Daniel Goleman, una de las claves de la educación es no convertir a los niños en seres pasivos, sino enseñarles a «hacerse cargo de su propia vida», ¿cómo vamos a lograrlo si no les instamos a reconocer las dificultades que puedan sobrevenirles y a enfrentarse a ellas?[23] El prestigioso terapeuta Phil Stutz ha dejado muy claro uno de los grandes errores de la educación actual: tenemos una visión del mundo distorsionada. El hecho de evitar el dolor y la adversidad «parece algo bueno e idealista», pero en realidad es una trampa mental: «La vida brinda un sinfín de posibilidades, pero van acompañadas de dolor, y si no eres capaz de aguantar el dolor, tampoco podrás estar del todo vivo».[24]

Como es lógico, unos padres responsables se afanan en ayudar a sus hijos a que acaben con situaciones injustas y dolorosas, como sufrir acoso en la escuela, o procuran aliviar su dolor si enferman. Pero esto no es contrario a la máxima de que *el esfuerzo y el sufrimiento* son las herramientas que nos curten. Por una parte, como padres estamos tentados de evitarles todo contratiempo, pero no es una buena idea. De acuerdo con su etapa evolutiva, los niños deben identificar los problemas y buscar soluciones; y ello requiere exigirse determinación. Nada valioso se consigue sin esfuerzo, y este no cesa nunca, *porque siempre hay problemas que solucionar*. Nosotros les ayudamos, les orientamos y guiamos, pero ellos deben aprender que la vida es un cúmulo de dificultades, y que la verdadera felicidad descansa en saber solucionarlas: es el proceso, no el resultado, lo que da la felicidad, ¿recuerdas?, y eso exige un esfuerzo sostenido. *Una meta fundamental de la educación de los hijos es ayudarles a que hagan suyos los valores importantes de la vida* (la justicia, la solidaridad, etc.) *y a que encuentren placer y propósito en el esfuerzo por desarrollarlos.* En ese proceso, inevitablemente, hay que vérselas con el dolor físico y emocional.

El desarrollo de la fortaleza ante el sufrimiento es, como sabes, una de las piedras angulares de la logoterapia de Frankl. Has de saber que muchos estudios actuales han demostrado el beneficio psicológico y físico que aporta el desarrollo de la *ecuanimidad* ante el sufrimiento. Ecuanimidad significa que aceptas lo que la vida te ofrece ahora en términos de sufrimiento *porque soportar ese dolor forma también parte de tu proyecto como persona.*[25] Lo diré de otro modo: no puedes crecer como persona sin sufrir (lo cual no significa que hayamos de buscar el sufrimiento: la vida nos provee de muchas oportunidades para ello como para querer añadir más). Por otra parte, tienes que desligarte de toda esa filosofía equivocada donde se insta, por encima de todo, a sentirse bien y positivo, como si estas fueran metas loables para dotar de sentido a la vida. Sin duda, el buen talante (el tener una visión optimista de la vida) es una gran ayuda, porque nos permite concentrarnos en nuestra tarea y nos ayuda a creer en nuestro esfuerzo, pero el «sentirse bien» es una disposición funcional que tiene que ir dirigida a algo que nos trascienda, no un fin en sí mismo, porque entonces nos llevaría a una vida sin compromisos con nada que pudiera desafiarnos o perturbarnos.

Finalmente tenemos *la incertidumbre*. La vida no se puede prever como quizás quisiéramos. Soportar la incertidumbre, tener la confianza de actuar sin garantía de éxito, es sinónimo de vivir. A diferencia del dolor que produce un hecho externo o interno, que está bien definido, la incertidumbre nos provoca angustia porque no sabemos realmente si al final llegaremos a donde nos proponemos. El mensaje para los chicos ha de ser este: si buscas algo que responde a tus valores, esfuérzate y cree en ello; quizás te equivoques, pero no dejes que la ansiedad te paralice, porque la vida te dará otras muchas oportunidades para acertar.

Los padres deben comprender, así mismo, que ellos son los modelos más importantes de comportamiento. Si, como dice Javier Gomá, «se conoce a la persona haciendo lo mismo que ella, pasando tiempo juntos, dejándose influir con su ejemplo [...], amándola, imitándola»,[26] es obvio que la primera condición es que debes ser un ejemplo para tus hijos. No un ejemplo perfecto (nadie lo es), pues los niños saben diferenciar la falsedad de los errores o las incongruencias que todos tenemos. Con mucha frecuencia dejamos en el aprendizaje de la escuela y en lo que ven en los medios la tarea de inculcar los valores, y eso es un grave error, porque muchos de los modelos sociales son inadecuados, y la escuela no llega a todo. El potencial del ejemplo en todas las esferas de la vida tiende a olvidarse: el político no se siente comprometido por sus promesas o por las acciones que promueven el conflicto y el escándalo; la honestidad y el compromiso ya no son criterio de éxito, sino la popularidad o el dinero fácil. Recuerda que, según los estudios, los niños resilientes tienen en ciertos adultos a los que pueden admirar una clave esencial en el proceso de sobrellevar sus desventajas.

¿Por qué ayuda toda esta pedagogía a nuestros hijos ante un eventual encuentro con un psicópata? Porque si ellos son autónomos, si han experimentado las dificultades de tratar con compañeros difíciles o complicados, si sufren decepciones y aprenden de ellas, si tienden a percibir la vida como un proyecto por el que tendrán que esforzarse y sufrir (y al tiempo siendo felices en ese esfuerzo), entonces el potencial de seducción del psicópata, su capacidad de deslumbrar y de ofrecerles una realidad adulterada de forma atractiva, será muchísimo menor. En otras palabras, su capacidad de ser modelo para tus hijos se verá lastrada por una falsedad que ellos estarán más que preparados para reconocer. Con su manual de instrucciones, tus hijos podrán identificar con mayor presteza los reclamos y las peticiones que contravengan su código moral. E igualmente, si ya han contactado con alguno, les será mucho más fácil desprenderse de ellos.

No olvides que la tesis fundamental de este libro es que todos podemos ser superiores al psicópata y, por ende, batirlo (salvo en situaciones extremas donde ellos ostentan un poder que nos anula). La tabla de cualidades que vimos anteriormente, donde aparecen los atributos que posees o puedes llegar a poseer, y de los que carecen los psicópatas, te confieren armas muy poderosas para vencerlos. Lo que te subrayo es que es necesario que eduques bien a tus hijos para que puedan desarrollar esas cualidades. Una persona con entereza moral es alguien que se sentirá imbuido por el coraje ante los intentos de manipulación o las acciones abiertamente injustas de un psicópata. *El coraje es una virtud en la que se une la valentía a la indignación.* Disponer de una indignación o incluso de una ira sometida al control de unos valores positivos puede suponer una fuente de energía y motivación.[27]

Recuerda lo que dijo Viktor Frankl en relación a la tensión entre «lo que es» y «lo que debe ser» como un indicador de salud mental. Si se encuentran con un psicópata, esa discrepancia la percibirán más nítidamente los jóvenes que tengan unos valores esenciales en su guía de una vida con sentido. Las emociones negativas tienen una función importante: nos avisan de peligros o nos instan a actuar para resolver un problema o conflicto. Por eso no debes temer el dolor, el sufrimiento o la ansiedad ante la incertidumbre: son emociones que, dentro de un marco educativo con valores, tienen su misión en la construcción de una vida con propósito para tus hijos.

En resumen: es posible educar a los niños para que sean resilientes ante los manejos del psicópata cuando lleguen a la juventud o la edad adulta. Felizmente, esas estrategias son las mismas que están detrás del cultivo de una vida autónoma y orientada por unos valores positivos hacia un sentido o propósito. Para completar el proceso, yo te aconsejaría que les recomendaras lecturas sobre la psicopatía cuando lleguen a los quince, dieciséis o diecisiete años. Comenta con ellos esas lecturas, y apóyate también en buenas películas. (No tienen por qué ser de temática particularmente cruenta: lo importante es que expongan claramente sus rasgos.) Y no olvides que lecturas clásicas de la secundaria o el bachillerato tienen también personajes representativos de la psicopatía.

LA PREVENCIÓN EN LOS NIÑOS CON PREDISPOSICIÓN A LA PSICOPATÍA

Lo anterior es también útil si ocurre que tenemos un niño con predisposición a la psicopatía, es decir, un sistema nervioso poco proclive a sentir ansiedad ante el castigo o la visión del dolor ajeno (recuerda el capítulo 3) y con dificultades para la vinculación afectiva. Cada vez que le enseñes que hay comportamientos inaceptables *y que debe perseverar en lograr cosas que pueda sentir como valiosas sin abusar de los otros,* estarás ayudando a compensar esa predisposición. Una supervisión más estricta dentro de un marco de apoyo afectivo desde el comienzo es la mejor fórmula. Utiliza a toda tu familia: todos deben participar en ese esfuerzo. Salvo contadas excepciones, ningún niño está destinado a ser un psicópata, pues es rescatable antes de que se forme su personalidad de adulto.

No hace falta que te diga que, si pudiéramos eliminar todas las causas ambientales que ayudan a convertir en acción las tendencias psicopáticas, el beneficio sería inmenso: el abuso y negligencia en la infancia, por encima de todo, pero también aquellas lesiones o hábitos negativos (por ejemplo, el estrés o el alcohol, como ya hemos comentado) que puedan provocar en el cerebro del niño durante el embarazo una dificultad para controlar los impulsos o para establecer relaciones afectivas con los demás.

Epílogo

El ojo del huracán

La esencia de este sistema [en el que vivimos] es aprovecharse del débil y ganar dinero como prioridad, sin importar los cadáveres que dejes por el camino. Ni siquiera es necesario odiar al prójimo: lo deshumanizas, y así pasas por encima de él sin contemplaciones. Esa es la historia de la humanidad.

MARTÍN SCORSESE, director de cine[1]

Y aquel hombre terrible, que era presidente de derecho del pavoroso tribunal, y de hecho fiscal, y el tribunal entero, aquel hombre, de cuya vanidad sanguinaria y brutal ignorancia dependía la vida y la muerte de miles de infelices, se levantó y se fue a comer.

BENITO PÉREZ GALDÓS, «El terror de 1824»
(*Episodios nacionales*)

Dios le ha dado una sola vida, ¿y este es el modo en que decide invertirla?

ALEXÉI NAVALNY, opositor asesinado por Putin, dirigiéndose a uno de los jueces-esbirros que le procesaron después de regresar voluntariamente a Rusia[2]

251

Este libro ha presentado la tesis de que el psicópata integrado es el mayor enemigo de la humanidad. Al constituir la psicopatía un modo de ser que no siente vinculación ni afecto por los otros, no está constreñido por una conciencia moral. Por ello su meta es alcanzar el control y el poder allí donde viva. He señalado que su impacto se deja ver en las personas, familias, empresas y en cualquier organismo de la sociedad. En la medida en que el psicópata tenga un poder decisorio sobre instituciones de gran relevancia social, como los medios de comunicación o las corporaciones financieras, su capacidad de degradar la convivencia será muy grande. Y si el psicópata alcanza los puestos más elevados de un Gobierno, su oportunidad para la destrucción será máxima. En todos los casos hay un doble efecto: por una parte, el daño directo que produce en sus víctimas; por otra, el daño indirecto que supone como modelo de comportamiento en la sociedad, que en el caso de los psicópatas con gran presencia en los medios alcanzará a mucha gente, instándola a que acepte su relato de las cosas y que siga su ejemplo.

Es cierto que no todo el mal es ejercido por los psicópatas, pero no lo es menos que la mayor parte del mal surge cuando las personas normales actúan de manera transitoria siguiendo el modelo psicopático; es decir, empleando estrategias *narcisistas* que buscan la satisfacción personal; *maquiavélicas*, haciendo uso del engaño y la manipulación; y *violentas*, agrediendo psíquica o físicamente al otro.

EL PSICÓPATA Y SU RELATO

La cita que figura del director de *Toro salvaje* refleja una parte de la opinión de los académicos y de mucha gente del público. Dice Scorsese que «esta es la historia de la humanidad», y nos recuerda la concepción del hombre que vimos en Maquiavelo y Thomas Hobbes («El hombre es un lobo para el hombre»). Es el relato de los «hombres terribles», como los describe Galdós, de los psicópatas, que siempre ha estado acompañándonos.

Sin embargo, los estudios de los antropólogos, psicólogos de la evolución y otros especialistas llevan años explicando que este relato es solo *parcialmente* cierto. Que sabemos que nuestro desarrollo como especie se basó en crear fuertes vínculos sociales y morales con los demás, y que fue esta superioridad socioafectiva la que impulsó el crecimiento de nuestra inteligencia y la conquista de nuestro entorno. Además, no importa lo pesimistas que en ocasiones podamos ser acerca del futuro del mundo: es un hecho cierto que las personas crecemos mental y espiritualmente cuando cooperamos de manera armoniosa con los demás y nos sentimos cómodos en nuestro medio ambiente.

Pero esa dualidad siempre está ahí: hay una tensión, un desgarro, entre la meta egocéntrica del individuo y el fin de convivencia pacífica que exige colaborar para el bienestar de todos. El relato del psicópata, desde tiempos inmemoriales, es siempre el egocéntrico, pero aún más extremo. Como miembro del 1 por ciento maligno, no importa siquiera la familia: solo él (o ella) y su satisfacción es el motivo de sus acciones.

¿Por qué estamos tan apesadumbrados en estos tiempos? Hubo una época en que el relato de la humanidad hacia un mundo más justo era imparable, aunque su nacimiento exigió la destrucción total de los regímenes psicopáticos de Hitler y del Japón imperial (liderada por el criminal de guerra Hideki Tojo), cuyo propósito era conquistar el mundo y esclavizarlo. Ese optimismo llegó a su punto álgido cuando cayó la Unión Soviética y se pensó que las naciones resultantes podrían sumarse al mundo libre y prosperar con este. Pero la crisis económica de 2008, los problemas mal gestionados de la globalización y las crecientes desigualdades han quebrado la fe de muchos, lo que ha supuesto un regreso a la búsqueda del calor de la tribu y el apoyo a los «hombres terribles» de muchos de los ciudadanos. La inteligencia artificial, el cambio climático y las guerras (y la amenaza nuclear de nuevo) parecen arrinconarnos. ¿Qué hacer? El psicópata encuentra en este caldo de cultivo nihilista su medio preferido de actuación. La película de David Fincher *El asesino* (2023) representa bien este estado de cosas. En el film, Michael Fassbender es un sicario que falla en un encargo y tiene que sufrir las consecuencias. Como escribe el crítico Jesús Lens:[3]

> Su personaje es un experto en moverse por lo que Marc Augé bautizó felizmente como «no lugares». Terminales de aeropuertos, desmesurados edificios corporativos, parkings de vehículos de alquiler, impersonales hoteles de cadenas internacionales, restaurantes de comida basura, barrios residenciales clónicos y hasta anónimos y fríos gimnasios a los que te puedes inscribir usando nada más que el móvil, sin necesidad de interactuar con humano alguno. Pocas veces como en *The Killer*, la soledad, el desarraigo y la frialdad del siglo XXI han quedado tan expuestas.

En esta existencia que no va a ninguna parte, el relato del psicópata es seductor: «El mundo es un lugar peligroso. Sígueme y no te faltará de nada». Por desgracia, la historia nos demuestra que seguir al psicópata es un camino hacia el desastre.

Mi intención en esta obra ha sido desenmascarar este relato. En el plano personal, con sus promesas de ser fieles y devotos amantes o leales amigos; en el ámbito de la empresa y las organizaciones, con su máscara de gestor eficiente; en la política, con su promesa de convertirnos en una nación poderosa, temida y proveedora de bienestar y felicidad a sus ciudadanos (lo primero y lo segundo pueden conseguirlo, pero no desde luego lo último). Junto a este desenmascaramiento, he insistido en que el psicópata no tiene poderes especiales; de hecho, es mucho más débil que nosotros, porque no cuenta con los recursos de la conciencia y del espíritu que nos hacen fuertes para construir junto con los demás una vida con propósito.

Antes bien, lo que los convierte en unos enemigos formidables es su desprecio por la humanidad, su indiferencia ante la destrucción que conllevan. Lo que nos hace débiles ante ellos es, primero, nuestra incapacidad o falta de voluntad para reconocer que existen y, segundo, nuestra renuncia a identificarlos e impedir que colonicen nuestra vida personal, nuestras empresas y nuestras instituciones. A continuación, retomo algunas ideas esenciales de los capítulos dedicados al análisis de los tres ámbitos de actuación del psicópata integrado revisados en este libro (las relaciones individuales, las organizaciones y la política), e introduzco algunas ideas y estudios de caso complementarios.

EL PSICÓPATA EN LAS RELACIONES

Te repito una idea fundamental de este libro: *no tienes que ser una persona especial para superar la relación con un psicópata.* Solo encuentra tu camino, una vida con propósito sustentada en unos valores sólidos y atiende a tu sistema de vigilancia. La escritora y filósofa Iris Murdoch dijo que la habilidad moral esencial es ser atento y considerado con los otros en las complejas y variadas circunstancias por las que transcurre la vida: «La moralidad se concreta en cómo nos relacionamos con los demás cada uno de los minutos del día».[4] David Brooks ha escrito que hay dos tipos de personas: los «iluminadores», quienes nos acompañan y apoyan en las vicisitudes por las que pasamos diariamente, y los que «oscurecen», quienes están continuamente pendientes de sí mismos y hacen sentirse a los otros seres insignificantes. El psicópata es el principal protagonista de este último grupo.

David Breaux fue un ejemplo extraordinario de esa moralidad a la que se refería Murdoch. Se había graduado en la Universidad de Stanford y aspiraba a ser escritor, aunque ese pasado quedaba ya muy lejano cuando su discreta presencia se hizo habitual en la intersección de dos calles en la ciudad de Davis, California, junto al campus de la Universidad de California y Central Park. David había comprendido que su propósito en la vida no era acumular dinero o fortuna: quería hacer algo más humanamente enriquecedor, así que vendió todo lo que tenía y se marchó a esa ciudad. Con un bloc de notas, se levantaba del banco de madera que estaba al lado de su rincón —donde muchas noches dormía— y se acercaba a los transeúntes para hacerles una pregunta: «¿Le importaría darme su definición de compasión?». Muy probablemente, después de la sorpresa, la persona aludida musitaba algo y se quedaba a charlar un rato. Durante años en ese lugar y haciendo esa pregunta, David se convirtió en una especie de terapeuta comunitario. La escritora Corina Knoll, que relató esta hermosa historia, señaló que «los dueños de negocios le revelaron sus preocupaciones; los estudiantes le hablaron de sus exámenes finales, y las madres le contaron sus problemas de pareja».[5] Una mujer le contó a Corina que David le salvó la vida porque la escuchó y consoló cuando estaba pasando por una etapa muy difícil. La ciudad de Davis lo acogió en su seno a pesar de lo extraño que resultaba: no tenía una casa ni un empleo, y con frecuencia dormía en la calle o en refugios. Sin embargo, llegó a ser un hombre tan apreciado que los ciudadanos nunca pensaron en él como un sin techo; antes al contrario, le llamaban «the Compassion Guy» (el Tipo de la Compasión) y le tenían en muy alta estima. La clave del cariño que despertaba se encontraba en su temperamento amable: nunca se imponía, solo se ofrecía; hablaba con una voz que revelaba honestidad y empatía.

Tanta fue su resonancia cívica en esa ciudad que uno de sus conocidos hizo un documental sobre él en 2010, en el que vemos a David maravillarse de cuántas amistades había acumulado desde su rincón. En 2013 el ayuntamiento aprobó la construcción de un banco a modo de escultura para honrarle en el lugar donde él se establecía cada día, y fueron muchos los que se prestaron a adornarlo con expresiones como «La compasión es...». Su pasado fue difícil —tuvo que hacerse cargo al terminar el bachillerato de su madre esquizofrénica, y su padre fue un abusador—, pero, sea como fuere, David mostró compasión y ayuda a muchas personas, hasta tal punto que varios líderes cívicos de la ciudad le confiaban actividades de mediación para resolver conflictos y otros proyectos. David estuvo en su rincón desde 2009 hasta 2023. Hasta que un asesino en serie lo mató a cuchilladas. Fue apresado un estudiante de la universidad, pero no fue juzgado porque padecía una esquizofrenia.

David encarnaba el tipo de relato que nos redime como seres humanos, el que detesta el psicópata. Hasta su trágico final, solo se dedicó a promover lo mejor de sus conciudadanos: era un «iluminador». «La gente quiere conectar. Por encima de cualquier otra necesidad, los seres humanos añoran que otra persona los mire a los ojos con amor y aceptación», escribe Brooks.[6] David Breaux murió mientras hacía exactamente eso.

El psicópata en la empresa y las organizaciones

El psicópata en estos ámbitos corporativos ataca la médula de cualquier organización: la confianza, sobre la que se basa todo esfuerzo colaborativo. Por el contrario, él prospera cuando genera un clima de división, secretismo y hostilidad. Pronto su modo de obrar se extiende como una plaga, infectando todo el sistema. Como señalé en el capítulo 4, ascienden con mucha facilidad porque los responsables de promocionarlo interpretan erróneamente la palabrería como creatividad, la falta de empatía como determinación y las decisiones impulsivas y descabelladas como muestras de genialidad. El gran conocedor de los psicópatas corporativos, Clive Boddy, sintetiza en una sentencia el por qué estos son tan frecuentes en los puestos séniores y directivos: convencen a sus superiores de que la máscara que les muestra es la persona real, cuando en verdad esconde a un ser maligno.[7]

En los últimos años se está tomando una mayor conciencia sobre los efectos negativos del líder psicópata empresarial. Existen investigadores aplicados al mundo laboral que se inspiran en los principios de la logoterapia de Viktor Frankl[8] y en los relatos de empoderamiento que ponen de relieve la necesidad de cultivar los factores que crean resiliencia.[9] Pero todavía queda un largo camino: como fue el caso de los numerosos ejemplos vistos anteriormente, el dinero se siente atraído por alguien que parece ser un líder visionario que promete grandes beneficios en poco tiempo. Las escuelas de negocios enseñan con frecuencia que la rentabilidad es la meta última, dejando de lado las cuestiones de las relaciones humanas y los criterios éticos de actuación. Esta miopía es desesperante, porque el mito del «ejecutivo agresivo», sin otra consideración que el dinero y el poder —el modelo representado por el actor Leonardo DiCaprio en *El lobo de Wall Street*—, es una apuesta por el fracaso. Como sucede en el campo más amplio de la política, el experto en *management* Michael Pirson nos recuerda que el líder auténticamente eficaz es alguien que se toma en serio la dignidad de las personas y se compromete con el bienestar de sus empleados, asegurándose de que los productos o servicios prestados a la comunidad reflejen la integridad del trabajo realizado.[10]

Así pues, junto al esfuerzo de intentar cercenar el ascenso de los psicópatas a los puestos directivos y de tomar medidas en el sistema de la organización para hacer esta más transparente y clara en los procedimientos a seguir (lo que dificulta los apaños manipulativos del psicópata), está pendiente una reforma más profunda dirigida a los estudiantes de negocios y futuros líderes, donde explícitamente se exponga la personalidad del psicópata corporativo y se enseñen las medidas que toda empresa debería tomar para que no se infiltrara en su seno, así como para minimizar su impacto si se detecta su presencia, con objeto de que no se extienda su influencia a toda la organización.

LA PATOCRACIA

Si, como Boddy denunció, los psicópatas que alcanzan posiciones de poder en las corporaciones «representan la mayor amenaza global a la ética de los negocios»,[11] ¿qué decir de los psicópatas que lideran una nación o tienen puestos de gran relevancia en ella? Recuerda que definimos a los países regidos por un psicópata como una «patocracia». ¿Cómo llegan al poder? No siempre se sigue un mismo camino, pero con frecuencia se ajusta al señalado por Łobaczewski (a quien te presenté en el capítulo 5). Son sujetos que tienen un gran carisma, lo que atrae a ciudadanos normales que confunden su narcisismo por un autoconcepto sano y su temeridad imprudente por arrojo. La gente que está en la clase dirigente al principio se queda perpleja, pero luego se deja llevar por lo que es indudablemente un don que posee al emocionar a mucha gente de la calle. La bola va rodando, y pronto seguidores también «normales» pero ambiciosos y egoístas se apuntarán al carro. Alcanzado el poder, otros individuos con psicopatía o con rasgos importantes de esta verán en él un modelo a seguir y una oportunidad de compartir el poder que aquel atesora. El resultado es que el sistema no tarda en corromperse. Es lo que ha logrado Putin en los últimos veinte años, y es lo que quiso conseguir Donald Trump, solo que los resortes de protección del Estado democrático se lo impidieron.

¿Qué hacer para que esto no suceda? El profesor de Manchester Steve Taylor ha puesto sobre el tapete tres medidas, no sin antes poner en evidencia una aparente paradoja:

para sacar una licencia de caza o de conducción, hemos de pasar una serie de pruebas psicofísicas..., pero si uno quiere ser presidente no ha de someterse a prueba alguna.[12]

La primera es limitar el acceso a los psicópatas (él los llama «individuos hiperdesconectados»). ¡Parece algo tan de sentido común! Dicho en pocas palabras, una enorme cantidad de los problemas que azotan el mundo —guerras, crimen organizado, corrupción política, por citar algunos ejemplos— desaparecerían si fuéramos capaces de impedir que una minoría maligna llegara al poder y convirtiera sus Estados en patocracias. Por desgracia, no podemos hacer con ellos como se ha hecho desde tiempos inmemoriales con los aspirantes a tiranos por parte de los grupos de cazadores-recolectores: someterlos a ostracismo, expulsarlos o incluso matarlos. Nos debemos al juego democrático, y *cualquiera* puede ser presidente. Taylor propone que un panel de psicólogos independientes realice un estudio exhaustivo de cada candidato. Sabe que es dar mucho poder a un grupo de profesionales, pero del mismo modo que no dejaríamos ser presidente a alguien con una salud física que le impidiera ejercer su cargo de modo pleno, ¿no deberíamos asegurarnos de que un psicópata no pudiera dirigir un país?[13]

Otra medida con ese mismo objetivo la propone el célebre psicólogo de la Universidad de Harvard Howard Gardner.[14] Este investigador es consciente de que lo que él denomina un «líder moral» ha de tener unas determinadas cualidades. Por ejemplo, suele ser competitivo y disfrutar consiguiendo una posición de mando. El poder puede embriagar, pero un líder moral lo emplea para conseguir objetivos para el bien común. Un líder moral «muestra un vivo interés y capacidad por entender a otras personas», así como una gran habilidad comunicativa, ya que ha de encarnar una historia sugerente e inspiradora ante sus seguidores, la cual, a diferencia de la que promueve el psicópata, ha de motivar a que los ciudadanos colaboren en metas que contribuyan a mejorar el mundo.

Por ello, Gardner señala que un modo de evitar el ascenso de los psicópatas al poder es *informando al público* acerca de lo que diferencia un liderazgo moral de otro tiránico o psicopático. Taylor coincide en este punto: ¿por qué no educar al público acerca de la realidad del liderazgo y de la psicopatía como se informa de otros problemas sociales?

Un segundo modo de prevenir que los psicópatas alcancen el poder político es *incitando a los líderes morales a que ocupen su lugar*. ¿Cómo hacer que los potenciales líderes morales se sientan atraídos por la política? Es una cuestión compleja, que se agrava además por el hecho de que cuanto más psicopático sea un sistema político, más repelerá a los ciudadanos con principios morales a participar en él. Y ya no te digo si además el sistema persigue, tortura y asesina a los que osen denunciar la corrupción del líder psicópata, como ha venido a poner en evidencia para todo el mundo Alexéi Navalny, regresando a Rusia después de que Putin intentara asesinarle para enviar el mensaje a sus compatriotas de que resistan. Él sabía que como mínimo le esperaba una larga condena en la cárcel, y sin embargo regresó. Y pagó con su vida en una prisión en el Ártico, sin que siquiera las autoridades se dignaran a explicar la causa de su muerte. Su ejemplo resuena con un gran estruendo: su sacrificio no habrá sido en vano si el mundo toma nota de que, sin líderes morales, estamos destinados al fracaso.[15]

Finalmente, un tercer modo de dificultar que el psicópata nos gobierne es *desarrollando una sociedad más justa*, donde se vea con agrado el comportamiento antagónico al del psicópata, en vez de que este sea objeto de envidia o admiración. En mi opinión, es necesario dar un paso más allá. Necesitamos *la revolución de la conciencia*. Los psicópatas no tienen conciencia, ¿no deberíamos escudarnos en el hecho de que nosotros sí la tenemos para exigir que los psicópatas no nos gobiernen? ¿Acaso no son nuestros principios éticos y espirituales los que nos impelen a vivir con propósito? ¿No era esa diferencia *el abismo radical* que separaba a Viktor

Frankl de Josef Mengele cuando ambos cruzaron su destino en Auschwitz? Este elemento cultural es muy importante, porque se ha demostrado al respecto que en determinados países (Nueva Zelanda, Escandinavia) es mucho menos probable que un psicópata pueda llegar al poder. Simplemente, sus principios éticos son mucho más elevados. ¿Por qué tenemos que ser menos exigentes en otras partes del mundo? ¿Quién en su sano juicio desearía ser gobernado por un psicópata si supiera realmente quién es la persona a la que está votando, salvo oportunistas y otros afines a él?

Y a pesar de todo... parece que somos incapaces de ver lo más obvio: que siempre que los psicópatas han tomado el mando, las cosas no han podido ir peor. Seguramente ese fue el temor de Albert Einstein cuando dijo que «la división del átomo ha cambiado todo excepto la forma de pensar de los hombres, así que vamos camino de una catástrofe sin precedentes».[16] Einstein había apoyado la construcción de la bomba atómica porque era consciente de que si Hitler la conseguía primero, el mundo libre tocaría a su fin. Pero también sabía que había abierto una puerta difícil de cerrar y que podía ser una oportunidad para que el hombre se autodestruyera si no era capaz de superar el relato del psicópata de que solo el poder justifica la existencia.

Al poco tiempo de ver esta obra la luz (septiembre de 2024), por segunda vez en la historia las dos superpotencias del mundo (con permiso de China) pueden estar gobernadas por dos psicópatas. Una ya lo está desde hace muchos años, Vladímir Putin, y la otra, Estados Unidos, puede estarlo de nuevo en noviembre de 2024, si Donald Trump gana las elecciones, solo que esta vez podría ser infinitamente peor, porque el magnate vuelve desatado.[17] El afamado psicólogo Dan McAdams ha estudiado la mente de Trump, y producto de su investigación nos recuerda el tipo de relato que ha encarnado desde pequeño. Según nos dice, Trump nunca olvidó la lección que aprendió en la infancia de parte de su padre y de sus profesores: «El mundo es un lugar peligroso, y uno tiene que estar preparado para luchar». Y de acuerdo a una entrevista que concedió a la revista *People* en 1981, la base de su historia de vida es esta: «El hombre es el más malvado de los animales, y la vida es una serie de batallas que terminan en victorias o derrotas».[18]

¿Y qué decir de Putin? Es otro *lobo para el hombre*. Como «el hombre terrible» de la cita al comienzo de este capítulo de Galdós, puede matar sin pestañear a quienes se le antoje y luego irse a comer; es otro nivel al de Trump porque está en un Estado dictatorial. Tendría que ver a Trump gobernando Rusia...[19]

El ojo del huracán

Philip Hallie (1922-1994) fue un filósofo que se adentró como pocos en el análisis de la naturaleza humana y su lucha contra la maldad. Había nacido en 1922, en plena Gran Depresión, en medio de una pobreza sofocante. Creció junto a su hermano en un apartamento al que bautizó como «la casa de las cucarachas», con unos padres que no se entendían y que difícilmente podían satisfacer las necesidades emocionales de sus hijos. Un tío suyo, sin embargo, le proporcionó el apoyo suficiente para aplicarse en la escuela. (Hallie fue un niño *resiliente*.) También le enseñó lecciones prácticas de la vida, como devolver los golpes a los chicos del barrio que le acosaban por ser judío. En esas circunstancias aprendió algo que nunca olvidaría: los crueles solo pueden ejercer su poder si el rival es más débil.[20]

Así fue creciendo, entregado a la lectura. Con una beca logró estudiar el bachillerato, donde le interesó tanto la física como la filosofía. Al llegar la Segunda Guerra Mundial, sirvió en el servicio de inteligencia y como artillero. A lo largo de ese tiempo escribió un diario: observaba y pensaba cuando no tenía que luchar. Un tema central de sus diarios era que una existencia que tuviera un propósito precisaba de relaciones y compromisos personales. Creía que todos vivimos separados en agujeros y que la tarea de vivir consistía en crear pasadizos de unos a otros.

Al regresar de la guerra estudió filosofía, y concluyó que hay unos hechos básicos de toda experiencia humana que no pueden explicarse. Los dos que más le preocupaban eran la experiencia de hacer y sufrir el mal, y el contrario, el de la bondad manifestada en el acto de ayudar en vez de dañar. Con el tiempo llegó a obsesionarse con el problema de la maldad humana. Fue tanto lo que le conmovió el conjunto de atrocidades cometidas por los nazis —en particular estudió a los personajes siniestros encabezados por el doctor Mengele— que tomó como su misión personal y profesional comprender la crueldad humana y los modos en que, quizás, esta podría ser mitigada. Su biografía, sin duda, le marcó, ya que había vivido la humillación y el abandono emocional de niño, había matado en la guerra y había visto morir muchas veces.

En su libro *The Paradox of Cruelty* [La paradoja de la crueldad, 1999] concluyó que la única cura para el mal era eliminar el poder que el agresor ostenta sobre la víctima. Las víctimas permanecerán a merced del agresor en la medida en que no comprendan este hecho y prefieran engañarse para no encarar la realidad. Escribió que «lo opuesto de la crueldad no es la bondad, sino la libertad», dando a entender que solo un hombre con libertad para oponerse a la fuerza del que ejerce la crueldad puede enfrentarse a él y derrotarle. Hallie no negaba la necesidad de reducir las injusticias y desigualdades sociales como medio de prevenir que surgieran personas malvadas. Lo que quería enfatizar era que, una vez que el mal se ha constituido como una amenaza inminente, y especialmente si se ejerce por fanáticos o psicópatas, el único medio de detenerlo es venciéndolo. Practicar el bien en un sitio de maldad ayuda a mantener la llama de la esperanza, puede ser de gran ayuda o incluso salvar la vida de algunas personas, pero en su opinión se requiere de la violencia del bien para derrotar la coacción y la violencia del mal.

Precisamente esta dicotomía entre, por una parte, el uso de la fuerza para derrotar al mal y, por otra, los actos de bondad altruista desarrollados por algunas personas en espacios sometidos al imperio del terror fue algo que le hizo reflexionar durante largo tiempo. Es por ello que, cuando llegó a su conocimiento lo sucedido en el pueblo francés de Le Chambon durante la ocupación alemana en la pasada guerra mundial, se dedicó febrilmente a comprender qué era lo que había pasado allí y, lo más importante, *por qué*. Lo ocurrido fue uno de los episodios de bondad más emocionantes del conflicto bélico: el pastor André Trocmé había dirigido en la clandestinidad una red que se extendía por todo el pueblo para salvar a los niños cuyos padres habían sido apresados o asesinados por los nazis. Hallie no pudo hablar con el pastor porque ya había muerto, pero sí lo pudo hacer con su viuda, Magda, que vivía en una residencia para personas mayores en el sur de Francia. Ella le explicó que durante el periodo 1940-1944 los niños fueron acogidos en las casas del pueblo, educados y alimentados, y posteriormente llevados a Suiza, burlando la vigilancia de la policía colaboracionista con los nazis y del Ejército.

La operación debía seguir unas normas muy estrictas. Cualquier filtración hubiera supuesto una represalia a sangre y fuego hacia todo el pueblo. Solo Trocmé, Magda y el ayudante de la parroquia, Theis, conocían todo el sistema de rescate; cada casa de acogida solo conocía a los niños que estaban refugiados en ella. Un total de 5.000 personas, la inmensa mayoría niños, fueron salvadas por los anónimos habitantes de Le Chambon.

Hallie se sentía desconcertado. En su pensamiento, solo la fuerza bruta podía oponerse con éxito al mal: «Estando enfrente de Magda Trocmé, había recorrido un largo camino desde el apartamento de las cucarachas y los campos de exterminio [...]. Los hechos que tenía delante versaban so-

265

bre vidas salvadas, sobre la solidaridad humana puesta a prueba y victoriosa», escribió en el libro de 1979 que dedicó a Le Chambon, después de haber vivido dos años entre su gente. Ya había comprendido lo que pasó —un esfuerzo de bondad solidario que había derrotado al mal 5.000 veces—, pero le faltaba averiguar *el porqué*. Por supuesto que el pastor Trocmé fue un hombre muy religioso, que lanzaba desde el púlpito vigorosos sermones acerca de la máxima de Jesús de que debíamos amarnos los unos a los otros, pero eso no era suficiente para Hallie. Trocmé pudo ser un santo, pero Hallie tenía claro que fue todo un pueblo el que se jugó la vida por niños que no conocían en absoluto.

Entonces, un día, hablando con el pastor Theis (que había colaborado con Trocmé y Magda en los rescates, y ya era un anciano), recordó una frase que se escuchaba por doquier en el pueblo cuando alguien recibía las gracias: «*Toujours prête à servir*» («Siempre a su disposición»). Palabras que eran muy parecidas a las que Magda le había contado que decía cuando encontraba a un refugiado presa del terror a las puertas de la sacristía: «Ah, naturalmente, entre, entre...». Para Hallie, ese refugiado «había llegado a un mundo donde la gente estaba siempre dispuesta a ayudar», y a través del ejemplo del pastor Trocmé la actitud de ayuda se expandió por todo el pueblo *de modo natural* hacia cualquiera que necesitara refugio y llegara a sus puertas, «justo como las chispas surgen necesariamente de la fricción del hierro». Es decir, más allá de la creencia en su fe que impulsaba a Trocmé a imitar a Jesús, el «milagro» de Le Chambon tuvo su fundamento en que esos gestos cotidianos heroicos nacían y se alimentaban de un modo de ser colectivo que no concebía otra cosa que dar refugio, *porque eso era lo natural*, es decir, *lo que había de hacerse*.

Hallie abandonó Le Chambon y regresó a Estados Unidos. Había aprendido muchas cosas. No había renunciado a su idea anterior, en el sentido de que el mal poderoso solo puede ser derrotado por un bien que emplee la fuerza capaz de superarle; al fin y al cabo, él había peleado en la guerra y había vivido en sus carnes ese hecho. Como antes señalé, solo una fuerza de destrucción mayor fue capaz de derrotar a dos regímenes psicopáticos que expandieron el sufrimiento como nunca antes se había hecho en la historia: los nazis y el Japón imperial. Lo que había vivido en Le Chambon le había conmovido hasta los huesos, sí, pero una duda, una inquietud, le atormentaba: más allá de salvar esas vidas, era evidente que nada de lo sucedido en el pueblo había contribuido a derrotar a los alemanes. Es decir, aun siendo algo extraordinario, ¿significaba Le Chambon algo más que una hermosa y desgarradora anomalía en una guerra tan cruenta como la que se luchó y ganó?

La respuesta vino en forma de un huracán. Hallie estaba con su mujer y sus dos hijos en una granja en Connecticut cuando les sorprendió el huracán Gloria. Corrieron a refugiarse a la cocina, el lugar de la casa que parecía más seguro. Estaban aterrorizados por la violencia colosal que se cernía sobre sus cabezas:

> No se trataba de un mero sonido [...] era más bien un sentimiento masivo de un poder devastador tragándose el cuerpo y la mente de cualquiera [...]. Entonces, de modo súbito, vino la paz. Miré hacia arriba y el cielo estaba pálido, una palidez azulada que cubría toda la granja. Había pájaros volando plácidamente por ese cielo, e incluso las hojas de los árboles apenas se movían. ¡Estábamos en el ojo del huracán! Nosotros cuatro nos mantuvimos unidos, cogiéndonos de las manos, pero ahora sentíamos una sorprendente calma. El terror de antes había dejado paso a una ternura que compartíamos los cuatro y parecía proyectarse hacia el mundo que estaba fuera de esa cocina. Fue en ese momento cuando comprendí el tipo de paz que había hallado en Le Chambon. La paz en ocasiones permanece como el ojo de un huracán, en medio justo de toda la exhibición de poder. El poder indiferente y destructivo de la naturaleza o el que proviene de los seres humanos está

siempre cerca; rodea la belleza azul de nuestra ternura y siempre amenaza con invadirla, como el viento del huracán rodea su propio ojo. En medio de los crímenes, en medio de la crueldad premeditada y el odio [...] hay un espacio para la paz y la ternura, en el mismo ojo del huracán.

Así que era eso. ¡Por fin Hallie había comprendido lo que realmente significaba el milagro de Le Chambon! Sus ciudadanos crearon un espacio de seguridad para esos 5.000 niños con su comportamiento natural, su ética de «entre usted, naturalmente», *ampliando las paredes del ojo del huracán hasta los límites del pueblo*, porque en ese ojo reinaba la paz, mientras que afuera una fuerza maligna colosal imponía la tortura y el asesinato en masa.

Viktor Frankl, Alexéi Navalny, David Breaux y tantos otros son los que, con su vida entregada a un propósito trascendente, ayudaron a crear un espacio de seguridad —un ojo en el huracán— donde refugiarnos de los psicópatas y sus acólitos y admiradores. Ellos lucharon, cada uno a su modo, contra los hombres terribles. Cada vez que un psicópata me interpela, tengo bien presente qué ejemplos de vida vale la pena admirar. Ellos son estos líderes morales que hablan por millones anónimos, representantes destacados de aquellas personas que —en palabras de Javier Gomá— causan una gran pena y escándalo al saberse que han fallecido. Son estos seres humanos a los que todos podemos rendir homenaje cada vez que elegimos *actuar de modo responsable* ante las demandas que la vida nos presenta cada día, proyectándonos, como hizo Frankl, hacia la trascendencia que reivindica nuestra naturaleza espiritual, expandiendo el ojo del huracán.

Notas

Introducción

1. La expresión «psicópata integrado» la utilicé por vez primera en mi obra (2000) *El psicópata: un camaleón en la sociedad actual*, Algar, Alzira, y posteriormente en (2004) *Cara a cara con el psicópata*, Ariel, Barcelona.

2. Sanz-García, Ana, *et al.* (2021), «Prevalence of psychopathy in the general adult population: A systematic review and meta-analysis», *Frontiers in Psychology*, vol. 12, p. 3278.

3. Checa, Arturo, y Sáiz-Pardo, Melchor (2023), «La esclavitud de 14 prostitutas en Valencia», *Las provincias*, 11 de diciembre. Disponible en: <https://www.lasprovincias.es/sucesos/esclavitud-prostitutas-valencia-rapadas-desnudas-balcon-ganaban-20231211140541-nt.html>.

4. Gomá, Javier (2023), *Universal concreto*, Taurus, Barcelona.

5. Innerarity, Daniel (2023), «Comprender al adversario», *Las provincias*, 10 de diciembre. Disponible en: <https://www.lasprovincias.es/opinion/daniel-innerarity-comprenderal-adversario-20231210004054-ntrc.html>.

Capítulo 1. Se presenta el psicópata

1. El caso del submarino puede consultarse en Agencia EFE (2018), «Cadena perpetua para el danés que descuartizó a una

periodista sueca en un submarino», *El País*, 25 de abril, y Marcos, Natalia (2020), «Un submarino, un crimen y una investigación», *El País*, 12 de diciembre.

2. Redondo, S. y Garrido, V. (2023), *Principios de Criminología*, Tirant Lo Blanch, Valencia.

3. Muñoz Molina, Antonio (2023), «El depredador benévolo», *El País*, 15 de abril.

4. Domínguez, Íñigo (2023), «El piso de los abusos del cura Martín Vigil», *El País*, 5 de abril.

5. Los casos del reverendo Jones y de David Koresh se analizan en detalle en mi libro (2020) *True crime: La fascinación del mal*, Ariel, Barcelona.

6. El caso de Keith Raniere se analiza con todo detalle en el documental *Seducida: Dentro de la secta NXIVM*, producción de StarzPlay, 2021.

7. Copeland, Rob (2023), *The Fund: Ray Dalio, Bridgewater Associates and the unraveling of a Wall Street Legend*, Macmillan.

8. Jones, Daniel N., y Hare, Robert D. (2016), «The mismeasure of psychopathy: A commentary on Boddy's PM-MRV», *Journal of Business Ethics*, vol. 138, pp. 579-588.

9. Ídem.

10. Un libro que presenta bien el estado de la investigación sobre la personalidad oscura es Lyons, Minna (2019), *The dark triad of personality: Narcissism, machiavellianism, and psychopathy in everyday life*, Academic Press.

11. Kreis, Mette K. F. y Cooke, David J. (2011), «Capturing the psychopathic female: A prototypicality analysis of the Comprehensive Assessment of Psychopathic Personality (CAPP) across gender», *Behavioral Sciences & the Law*, vol. 29, n.° 5, pp. 634-648.

12. Sanchez de Ribera, Olga, *et al.* (2019), «Untangling intelligence, psychopathy, antisocial personality disorder, and conduct problems: a meta-analytic review», *European Journal of Personality*, vol. 33, n.° 5, p. 529-564. Ver también: Johansson, Peter, y Kerr, Margaret (2005), «Psychopathy and intelligence: A second look», *Journal of Personality Disorders*, vol. 19, n.° 4, pp. 357-369.

13. Cooper, Barry y Yuille, John, «Psychopathy and deception», en el libro editado por Hugues Hervé y John Yuille (2012), *The psychopath: Theory, Research and Practice*, Routledge, pp. 696-713. Ver también: Wright, Gordon RT, *et al.* (2015), «Good liars are neither 'dark' nor self-deceptive», *PloS one*, vol. 10, n.º 6, p. e0127315.

14. Sandvik, Asle M., *et al.* (2014), «Psychopathy and the ability to read the "language of the eyes": Divergence in the psychopathy construct», *Scandinavian Journal of Psychology*, vol. 55, n.º 6, pp. 585-592.

15. Wheeler, Sarah; Book, Angela, y Costello, Kimberly (2009), «Psychopathic traits and perceptions of victim vulnerability», *Criminal Justice and Behavior*, vol. 36, n.º 6, pp. 635-648.

16. Reidy, Dennis E., *et al.* (2015), «Why psychopathy matters: Implications for public health and violence prevention», *Aggression and violent behavior*, vol. 24, pp. 214-225.

Capítulo 2. Perfil psicológico del psicópata integrado

1. La teoría del psicópata como una variación genética superviviente puede consultarse en: Da Silva, Diana Ribeiro; Rijo, Daniel, y Salekin, Randall T. (2015), «The evolutionary roots of psychopathy», *Aggression and Violent Behavior*, vol. 21, pp. 85-96.

2. Yildirim, Bariş O. y Derksen, J. (2015), «Clarifying the heterogeneity in psychopathic samples: Towards a new continuum of primary and secondary psychopathy», *Aggression and Violent Behavior*, vol. 24, pp. 9-41.

3. Un estudio sobre el tipo integrado controlado y los avales que cuenta en la investigación aparece en Palmen, D. G.; Derksen, J. J., y Kolthoff, E. (2019), «High self-control may support 'success' in psychopathic leadership: Self-control versus impulsivity in psychopathic leadership», *Aggression and Violent Behavior*, 50, 6 de diciembre. Disponible en: <https://www.sciencedirect.com/science/article/abs/pii/S1359178918303057>.

4. Forés, Anna (2023), «¿Por qué (a veces) buscamos sentir miedo?», *The Conversation*, 30 de octubre. Disponible en: <https://

theconversation.com/por-que-a-veces-buscamos-sentir-miedo-216607>.

5. BLAIR, R. James (2013), «Psychopathy: cognitive and neural dysfunction», *Dialogues in Clinical Neuroscience*, vol. 15, n.º 2, pp. 181-190.

6. Analizo de forma extensa a Ted Bundy en mi libro (2020) *Nuevos perfiles criminales*, Ariel, Barcelona.

7. Acerca del mensajero de Glovo: DINEEN, Kieran (2023), «Delivery driver used helmet 'as a weapon' to hit attacker», RTE, 24 de noviembre. Disponible en: <https://www.rte.ie/news/dublin/2023/1124/1418259-deliveroo-driver/>.

8. Un estudio sobre el altruismo en GARRIDO, Vicente (2002), *Contra la violencia: Las semillas del bien y del mal*, Algar, Alzira.

9. BARON-COHEN, Simon (2012), *The science of evil*, Basic Books, Nueva York.

10. El caso de Lucy Adenijj: BARNETT, Tamara (2013), *Shadow city. Exposing human trafficking in everyday London*, Informe Técnico, octubre. Disponible en : <https://www.researchgate.net/publication/271190650>.

11. Sobre los tipos de empatía y la psicopatía: CAMPOS, Carlos, *et al.* (2022), «Refining the link between psychopathy, antisocial behavior, and empathy: A meta-analytical approach across different conceptual frameworks», *Clinical Psychology Review*, vol. 94, p. 102145; SUN, Lihua, *et al.* (2023), «Aberrant motor contagion of emotions in psychopathy and high-functioning autism», *Cerebral Cortex*, vol. 33, n.º 2, p. 374-384; y BURGHART, Matthias y MIER, Daniela (2022), «No feelings for me, no feelings for you: A meta-analysis on alexithymia and empathy in psychopathy», *Personality and Individual Differences*, vol. 194, p. 111658.

12. FOUNTAIN, Henry (2014), «Leading Surgeon Is Accused of Misconduct in Experimental Transplant Operations», *The New York Times*, 24 de noviembre.

13. El documental *El gran cirujano del engaño*, Netflix, 2023.

14. CLECKLEY, Hervey (1976), *The mask of sanity*, Mosby, St. Louis.

15. YOCHELSON, Samuel y SAMENOW, Stanton (1976), *The criminal personality, Vol 1. A profile for change*, Aronson, Nueva York.

16. DA SILVA, Diana Ribeiro; RIJO, Daniel, y SALEKIN, Randall T., «The evolutionary roots of psychopathy», *op. cit.*

17. FABRA, María (2022), «"Vas a llorar lágrimas de sangre". Un jurado decide si el suicidio de un joven tras recibir cientos de mensajes de un hombre es o no un homicidio», *El País,* 27 de julio.

18. WALKER, Benjamin R. y JACKSON, Chris J. (2017), «Moral emotions and corporate psychopathy: A review», *Journal of Business Ethics,* vol. 141, pp. 797-810.

19. GULLHAUGEN, A. S. y SAKSHAUG, T. (2019), «What can we learn about psychopathic offenders by studying their communication? A review of the literature», *Journal of Psycholinguistic Research,* 48, pp. 199-219.

20. ROMBERG, S., *et al.* (2015), «Dear psychopath, what are you telling me? A qualitative investigation of relational and emotional aspects of the psychopath's communication», póster presentado en EAPL+ World Conference: Current Challenges for Psychology and Law, Núremberg, Alemania.

21. GULLHAUGEN, A. S. y SAKSHAUG, T., «What can we learn about psychopathic offenders by studying their communication?», *op. cit.*

22. BASKIN-SOMMERS, Arielle y BRAZIL, Inti A. (2022), «The importance of an exaggerated attention bottleneck for understanding psychopathy», *Trends in Cognitive Sciences,* vol. 26, n.º 4, pp. 325-336.

23. OLDERBAK, Sally G., *et al.* (2021), «Emotion expression abilities and psychopathy», *Personality Disorders: Theory, Research, and Treatment,* 12, 6, pp. 546-559.

24. EKMAN, Paul (2009), «Darwin's contributions to our understanding of emotional expressions», *Philosophical Transactions of the Royal Society B: Biological Sciences,* vol. 364, n.º 1535, pp. 3449-3451.

25. EPLEY, Nicholas (2014), *Mindwise: Why We Misunderstand What Others Think, Believe, Feel, and Want,* Knopf, Nueva York; MANEA, Teodor (2021), «Lie Detection during the Interview and Interrogation Process: A Psychosocial Criminal Approach», *Balkan Social Sciences. Review,* vol. 17, p. 41.

26. Brooks, Nathan; Fritzon, Katarina, y Watt, Bruce (2020), «"You can tell a victim by the tilt of her head as she walks": psychopathic personality and social-emotional processing», *Psychiatry, Psychology and Law*, 27(4), 538-557. Book, Angel; Visser, Beth; Worth, Narnia, y Ritchie, Mary (2021), «Psychopathy and assumptions about vulnerability to exploitation», *Personality and Individual Differences*, 168, 110372.

Capítulo 3. El psicópata en las relaciones afectivas y familiares

1. Salekin, Randall T. (2016), «Psychopathy in childhood: Toward better informing the DSM–5 and ICD-11 conduct disorder specifiers», *Personality disorders: Theory, research, and treatment*, vol. 7, n.° 2, pp. 180-191.

2. De Almeida Brites, José (2016), «The language of psychopaths: A systematic review», *Aggression and Violent Behavior*, vol. 27, pp. 50-54. Y también: Cleckley, Hervey, *The mask of sanity, op. cit.*

3. Cleckley, Hervey, *The mask of sanity, op. cit.*

4. Tumin, Remy (2023), «She wrote of grief after his husband died», *The New York Times*, 9 de mayo. Y también: Bernal, Camila y Mossburg, Cheri (2023), «Surgen nuevos detalles sobre el presunto historial de búsqueda en internet de una mujer de Utah acusada del asesinato de su esposo, tras escribir un libro», CNN, 12 de junio. Disponible en: <https://cnnespanol.cnn.com/2023/06/12/historial-busqueda-mujer-utah-libro-ninos-duelo-trax/>.

5. Mercier, Hugo (2020), *Not Born yesterday: The science of who we trust and what we believe*, Princeton University Press, Oxford.

6. Gladwell, Malcolm (2014), *Conocimiento intuitivo*, Taurus, Madrid.

7. La importancia del diálogo en Sigman, Mariano (2022), *El poder de las palabras*, Debate, Barcelona.

8. Gigerenzer, Gerd (2008), *Decisiones instintivas. La inteligencia del inconsciente*, Ariel, Barcelona, p. 23.

9. Gottman, John; Gottman, John Mordechai, y Silver, Nan

(1995), *Why marriages succeed or fail: And how you can make yours last*, Simon and Schuster.

10. Álvarez, Pilar y López-Fonseca, Óscar (2019), «Un hombre que asesinó a su esposa en 2003 mata a su abogada, con la que mantenía una relación», *El País*, 19 de enero. Disponible en: <https://elpais.com/sociedad/2019/01/18/actualidad/1547799798_528873.html>.

11. Andersen, Donna M.; Veltman, Emma, y Sellbom, Martin (2022), «Surviving senior psychopathy: Informant reports of deceit and antisocial behavior in multiple types of relationships», *International Journal of Offender Therapy and Comparative Criminology*, vol. 66, n.º 15, pp. 1703-1725, citadas pp. 1718-1719.

12. Humeny, Courtney; Forth, Adelle, y Logan, John (2021), «Psychopathic traits predict survivors' experiences of domestic abuse», *Personality and individual differences*, vol. 171, p. 110497.

13. Díez Bajo, Charo (2016), «El meu fill está malalt i la única solució que em donen és la presó», *El Periódico de Cataluña*, 12 de diciembre. Disponible en: <https://www.elperiodico.com/es/entre-todos/participacion/el-meu-fill-esta-malalt-i-a-unica-solucio-que-em-donen-es-la-preso-106799>.

14. Redondo, Santiago y Garrido, Vicente, *Principios de Criminología, op. cit.*

15. Van Der Zouwen, Marion, *et al.* (2018), «The association between attachment and psychopathic traits», *Aggression and Violent Behavior*, vol. 43, pp. 45-55; Christian, Elliott; Sellbom, Martin, y Wilkinson, Ross B. (2017), «Clarifying the associations between individual differences in general attachment styles and psychopathy», *Personality Disorders: Theory, Research, and Treatment*, vol. 8, n.º 4, p. 329.

16. Garrido, Vicente (2005), *Los hijos tiranos: El síndrome del emperador*, Ariel, Barcelona.

17. Garrido, Vicente (2015), *Antes de que sea tarde*, Nabla, Barcelona.

CAPÍTULO 4. EL PSICÓPATA EN LA EMPRESA
Y LAS ORGANIZACIONES

1. BABIAK, Paul y HARE, Robert, D. (2006), *Snakes in Suits: When Psychopaths Go to Work*, IL. Harper Business, Chicago. Ver también: KRASIKOVA, Dina, *et al.* (2013), «Destructive Leadership: A Theoretical Review, Integration, and Future Research Agenda», *Journal of Management*, vol. 39, n.º 5, pp. 1308-1338.

2. REILLY, Cameron (2020), *The psychopath epidemic*, Health Communications Inc.

3. AGUSTINE, Norman y ADELMAN, Kenneth (2000), *Shakespeare en la empresa*, EDAF, Madrid.

4. Ídem.

5. BODDY, Clive R. (2013), «Corporate psychopaths: Uncaring citizens, irresponsible leaders», *Journal of Corporate Citizenship*, n.º 49, pp. 8-16.

6. KEEFE, Patrick Radden (2022), *El imperio del dolor: La historia secreta de la dinastía que reinó en la industria farmacéutica*, Reservoir Books. El calificativo de «una familia malvada» puede verse en SMITH, David (2021), «OxyContin and the story behind America's "most evil" family», *Irish Examiner*, 11 de diciembre. Disponible en: <https://web.archive.org/web/20211211073536/https://www.iri shexaminer.com/news/spotlight/arid-40763463.html>.

7. CARREYROU, John (2021), «Patrick Radden Keefe lays bare a drug crisis fueled by family greed», *The New York Times*, 13 de abril.

8. Los peores traficantes de la historia: WOLF, Zachary B. (2021), «The worst drug dealers in history are getting away with billions», CNN, 3 de septiembre. Disponible en: <https://www.cnn.com/2021/09/02/politics/what-matters-sackler-opioid-pur due-pharma/index.html>.

9. BODDY, Clive R. (2016), «Unethical 20th century business leaders: Were some of them corporate psychopaths? The case of Robert Maxwell», *International Journal of Public Leadership*, vol. 12, n.º 2, pp. 76-93.

10. PERRI, Frank S. (2013), «Visionaries or false prophets», *Journal of Contemporary Criminal Justice*, vol. 29, n.º 3, pp. 331-350.

11. FERSCH, Ellsworth (2006), *Thinking about psychopaths and psychopathy*, Universe, Nueva York, p. 107.

12. STEVENS, Matt y HAGG, Matthew (2019), «Jeffrey Skilling, Former Enron Chief, Released After 12 Years in Prison», *The New York Times*, 22 de febrero. Disponible en: <https://www.nytimes.com/2019/02/22/business/enron-ceo-skilling-scandal.html >.

13. GLADWELL, Malcolm (2010), *Lo que vio el perro y otras aventuras*, Taurus, Madrid, pp. 165-166.

14. LEWIS, Michael (2023), *Going Infinite: The Rise and Fall of a New Tycoon*, Norton & Company.

15. YAFFE-BELLANY, David *et al.* (2023), «Caroline Ellison, Adviser to Sam Bankman-Fried, Says He 'Directed' Her to Commit Crimes», *The New York Times*, 16 de octubre.

16. PEIRANO, Marta (2023), «Nos gustan psicópatas», *El País*, 6 de noviembre.

17. *The Dropout: Auge y caída de Elizabeth Holmes* (Miniserie de TV); distribuidora Disney+, 2022.

18. WILLIAMS, Medina (2022), «Elizabeth Holmes and Theranos: A play on more than just ethical failures», *Business Information Review*, vol. 39, n.º 1, pp. 23-31.

19. GRIFFITH, Erin (2022), «Elizabeth Holmes Is Sentenced to More Than 11 Years for Fraud», *The New York Times*, 18 de noviembre.

20. CLARKE, John (2009), *Working with monsters: How to identify and protect yourself from the workplace psychopath*, ReadHowYouWant.com.

21. FATFOUTA, Ramzi (2019), «Facets of narcissism and leadership: A tale of Dr. Jekyll and Mr. Hyde?», *Human Resource Management Review*, vol. 29, n.º 4, p. 100669.

22. PATEY, Helen (2019), «Late capitalism, psychopathy and the ontology of evil». En *Perspectives on Evil.* Brill, pp. 117-141.

23. LEIB, Margarita, *et al.* (2021), «Collaborative dishonesty: A meta-analytic review», *Psychological Bulletin*, vol. 147, n.º 12, p. 1241.

24. WILLIAMSON, Elizabeth (2022), «"We told the truth": Sandy Hook families win $1 billion from Alex Jones», *The New York Times*, 12 de octubre.

25. BABIAK, Paul; NEUMANN, Craig S., y HARE, Robert D. (2010), «Corporate psychopathy: Talking the walk», *Behavioral sciences & the law*, vol. 28, n.º 2, pp. 174-193. También: CANGEMI, Joseph P. y PFOHL, William (2009), «Sociopaths In High Places», *Organization Development Journal*, vol. 27, n.º 2.

26. BODDY, Clive R. (2023), «Insights into the Bernie Madoff financial market scandal which identify new opportunities for business market researchers», *International Journal of Market Research*. Disponible en: <https://journals.sagepub.com/doi/10.1177/147 07853231173260>.

27. RALLO, Alberto (2023), «La codicia, germen de todas las estafas», *Las Provincias*, 2 de noviembre.

28. BODDY, Clive R., «Insights into the Bernie Madoff financial market scandal...», *op. cit.*

29. Citado en ídem.

30. MICHALAK, Rebecca T. y ASHKANASY, Neal M. (2020), «Working with monsters: counting the costs of workplace psychopaths and other toxic employees», *Accounting & Finance*, vol. 60, pp. 729-770.

31. LAURIJSSEN, L. Maxim, *et al.* (2023), «How to neutralize primary psychopathic leaders' damaging impact: Rules, sanctions, and transparency», *Journal of Business Ethics*, pp. 1-19.

32. BODDY, Clive R. (2016), «Psychopathy screening for public leadership», *International Journal of Public Leadership*, vol. 12, n.º 4, pp. 254-274.

CAPÍTULO 5. LA PATOCRACIA: EL PSICÓPATA EN LA POLÍTICA

1. TAYLOR, Steve (2023), «Toward a Utopian society: From disconnection and disorder to empathy and harmony», *Journal of Humanistic Psychology*, vol. 63, n.º 4, pp. 537-560 y p. 538.

2. Documental *El juicio a Adolf Eichmann*, Netflix, 2022.

3. TAYLOR, Steve (2023), *Desconectados*, Ediciones La Llave, Barcelona.

4. EDDY, Bill (2019), *Why We Elect Narcissists and Sociopaths—*

And How We Can Stop!, Berrett-Koehler Publishers, Oackland, C. A.

5. OWEN, David, y DAVIDSON, J. (2009), «Hubris syndrome: An acquired personality disorder? A study of US presidents and UK prime ministers over the last 100 years», *Brain*, 132, n.º 5, pp. 1396-1406.

6. ŁOBACZEWSKI, Andrzej (2006), *Political ponerology: A science on the nature of evil for political purposes*, Red Hill Press.

7. Sobre la personalidad anormal o psicopática de Donald Trump: ASHCROFT, Anton (2016), «Donald Trump: Narcissist, psychopath or representative of the people?», *Psychotherapy and Politics International*, vol. 14, n.º 3, pp. 217-222; SEMEL, Robert (2023), «Malignant Narcissists and Divisive Fabricators: Psychological Characteristics of Two US Presidents in a Tensely Divided 21st Century America», *EC Psychology and Psychiatry*, vol. 12, pp. 01-17; MERCER, Joyce Ann (2018), «The dangerous case of Donald Trump: A case study in contested ethics and the public uses of professional expertise», *Pastoral Psychology*, vol. 67, pp. 323-336; LEE, Bandy X. (2019), *The dangerous case of Donald Trump: 37 psychiatrists and mental health experts assess a president —updated and expanded with new essays*, Thomas Dunne Books, Nueva York; TRUMP, Mary (2020), «Psychiatrists know what's wrong with my uncle. Let them tell voters», *The Washington Post*, 22 de octubre.

8. LIPMAN-BLUMEN, Jean (2007), «Toxic leaders and the fundamental vulnerability of being alive». En: *Follower-centered perspectives on leadership: A tribute to the memory of James R.*, Meindl, pp. 1-17.

9. BEEVOR, Antony (2023), «Napoleón y la teoría del gran hombre de la historia», *El País*, 27 de noviembre.

10. EDDY, Bill, *op. cit.*

11. VIROLI, Maurizio (2000), *La sonrisa de Maquiavelo*, Tusquets, Barcelona.

12. QUESADA, Juan Diego (2023), «Pablo Escobar, entre el mito y la vergüenza», *El País*, 2 de diciembre.

13. BOUREGHDA, Samir; MIDDELHOFF, Jurriaan, y DE LANDTSHEER, Christ'l (2020), «Narcissism and Leadership: What we can

learn from a case-study of Silvio Berlusconi», *PCS–Politics, Culture and Socialization*, vol. 8, n.º 1 y 2, pp. 17-18.

14. VIDAL EGEA, Ana (2023), «Jane Mansbridge, la filósofa de la política de la amistad», *El País*, 4 de diciembre. Ver también: CORTINA, Adela (2023), «¿Mayoría progresista?», *El País*, 7 de diciembre.

15. TAYLOR, Steve, *Desconectados, op. cit.*

16. AYÉN, Xavi (2023), entrevista a Carol Broche, *La Vanguardia*, 23 de noviembre.

17. HABERMAN, Clyde (2023), «Review: A Death in Malta», *The New York Times*, 5 de noviembre.

18. CARUANA, Paul (2023), *A Death in Malta: An Assassination and a Family's Quest for Justice*, Riverhead.

19. EL PAÍS (2021), «Así se gestó el asesinato de la periodista Daphne Caruana», *El País*, 11 de marzo. También: AGENCIAS (2017), «Daphne Caruana Galizia: Muere al estallar su coche una periodista que investigaba la corrupción del Gobierno maltés», *El País*, 16 de octubre.

20. RACHMAN, Gideon (2022), *The age of The strongman: How the cult of the leader threatens democracy around the world*, Random House, Nueva York.

21. NAI, Alessandro y MARTÍNEZ i COMA, Ferran (2019), «The personality of populists: provocateurs, charismatic leaders, or drunken dinner guests?», *West European Politics*, vol. 42, n.º 7, pp. 1337-1367.

22. NAI, Alessandro y TOROS, Emre (2020), «The peculiar personality of strongmen: Comparing the Big Five and Dark Triad traits of autocrats and non-autocrats», *Political Research Exchange*, vol. 2, n.º 1. Disponible en: <https://www.tandfonline.com/doi/full/10.1080/2474736X.2019.1707697 >.

23. OAKLEY, Barbara (2007), *Evil genes*, Prometheus Books, Amherst, Nueva York, pp. 40-43.

24. PIERPONT, Claudia R. (2008), «The florentine. The man who taught rulers how to rule», *The New Yorker*, 8 de septiembre.

25. PALMEN, Désiré; DERKSEN, Jan, y KOLTHOFF, Emile (2018), «House of cards: Psychopathy in politics», *Public Integrity*, vol. 20, n.º 5, pp. 427-443.

26. IRWIN, William y HACKETT, Edward (eds.) (2017), *House of Cards y la filosofía. La república de Underwood,* Roca Editorial, Barcelona.

27. Las citas de *El príncipe* están tomadas de los siguientes capítulos de la obra citada arriba: PERRY, Tomer, J., «¿Es Frank el hombre adecuado para el puesto? *House of Cards* y el problema de las manos sucias», pp. 123-134; COURTLAND, Shane D., «Frank el insensato en el castillo de naipes», pp. 137-150, FALLIS, Don, «Maquiavelo no estaría muy impresionado», pp. 112-122.

28. HOBBES, Thomas (1999), *Leviatán: la materia, forma y poder de un Estado eclesiástico y civil,* traducción de Carlos Mellizo, Alianza, Madrid, p. 134.

29. BEEVOR, Antony, «Napoleón y la teoría del gran hombre de la historia», *op. cit.*

30. WOLF, Zacary B. (2023), «Trump hace comentarios comparables a la Alemania nazi», CNN, 18 de diciembre. Disponible en: <https://cnnespanol.cnn.com/2023/12/18/trump-nazi-enve nenando-sangre-migrantes-hitler-trax/>.

31. HABERMAN, Maggie y GOLD, Michael (2023), «Trump, quoting Putin, declares indictments 'politically motivated persecution'», *The New York Times,* 16 de diciembre.

32. GUIMÓN, Pablo (2020), «Trump sugiere tratar el coronavirus con "una inyección de desinfectante" o con "luz solar"», *El País,* 24 de abril. Disponible en <https://elpais.com/internacional/ 2020-04-24/trump-sugiere-tratar-el-coronavirus-con-una-inyeccion- de-desinfectante-o-con-luz-solar.html>.

33. ROXBURGH, Alex (2021), *The strongman: Vladimir Putin and the struggle for Russia,* Bloomsbury Publishing, Londres, pp. IX y XI.

34. MYERS, Steven Lee (2015), *The new tsar: the rise and reign of Vladimir Putin,* Simon and Schuster. Sobre su implicación en la guerra contra Chechenia: KROSTOF, Nicolas (2024), «What feckless americans can learn from Navalny's bravery», *The New York Times,* 16 de febrero.

35. MACFARQUHAR, Neil (2023), «They left towns as convicts. Will they be buried as heroes?», *The New York Times,* 26 de marzo.

36. WOODWARD, Bob (2020), *Rabia*, Roca Editorial, Barcelona.

37. FAUS, J. (2016), «Donald Trump: Una carrera en frases», *El País*, 14 de marzo.

38. REMNICK, Dave (2024), «The price of Netanhahu's ambition», *The New Yorker*, 14 de enero.

39. EDSALL, Thomas B. (2024), «The deification of Donald Trump poses some interesting questions», *The New York Times*, 17 de enero. Y también: VASALLO, Ignacio (2024), «Trump cuenta con el apoyo de Dios», *elDiario.es*, 28 de enero. Disponible en: <https://www.eldiario.es/opinion/tribuna-abierta/trump-cuenta-apoyo-dios_129_10871148.html>.

40. BOUREGHDA, Samir; MIDDELHOFF, Jurriaan, y DE LANDTSHEER, Christ'l, «Narcissism and Leadership: What we can learn from a case-study of Silvio Berlusconi», *op. cit.*

41. MARCHESE, David (2023), «Finding a moral center in this era of war», *The New York Times Magazine*, 22 de noviembre.

42. LONGWELL, Sarah (2024), «What 17 of Trump's 'Best People' said about him», *The New York Times*, 18 de enero.

43. GOLDMAN, Marshall (2008), *Petrostate: Putin, power, and the new Russia*, Oxford University Press.

44. REMNICK, David, «The price of Netanyahu's ambition», *op. cit.*

45. WAGNER, James (2023), «She was crowned Miss Universe. Then her government cracked down», *The New York Times*, 16 de diciembre.

46. SÁNCHEZ BECERRIL, Fran (2022), «La lista de los envenenados por Putin», *Ethics*, 22 de noviembre. Disponible en: <https://ethic.es/2022/11/la-lista-de-los-envenenados-por-putin/>. Ver también: CATELLVÍ, Albert (2021), «Navalni y diez más: los opositores envenenados en la Rusia de Putin», *Ara*, 7 de febrero. Disponible en: <https://es.ara.cat/internacional/navalni-diez-opositores-envenenados-rusia-putin_1_3866015.html>.

47. EDSALL, Thomas B. (2023), «'I am your retribution'. Trumps knows what he wants to do with a second term», *The New York Times*, 20 de diciembre.

48. DOWD, Maureen (2024), «Is Trump Hell?», *The New York Times*, 6 de enero.

49. Lipman-Blumen, Jean (2006), *The allure of toxic leaders: Why we follow destructive bosses and corrupt politicians–and how we can survive them*, Oxford University Press, Estados Unidos.

50. Artículo de Wikipedia (2023). Disponible en: <https://es.wikipedia.org/wiki/Cita_en_Samarra#:~:text=La%20novela%20describe%20cómo%2C%20en,está%20predestinado%20por%20su%20carácter>.

51. Tufekci, Zeynep (2024), «A Strongman President? These Voters Crave It», *The New York Times*, 14 de enero. Disponible en: <https://www.nytimes.com/2024/01/14/opinion/trump-voters-iowa-caucus.html 3/20>.

52. French, David (2023), «Why fundamentalists love Trump», *The New York Times*, 8 de diciembre.

53. Stephens, Bret (2024), «Understanding Donald Trump' appeal», *The New York Times*, 18 de enero. Ver también: Bender, Michael C. y Glueck, K. (2024), «The Most Durable Force in American Politics: Trump's Ties to His Voters», *The New York Times*, 16 de enero.

54. Prusa, Igor y Brummer, Matthew (2022), «Myth, Fiction and Politics in the Age of Antiheroes: A Case Study of Donald Trump», *Heroism Science*, vol. 7, n.º 1, pp. 1-39.

Capítulo 6. La lucha contra el psicópata

1. Sanchís, Inma (2024), «Secuestrado en aquella caja encontré el mundo dentro de mí», *La Vanguardia*, 17 de enero.

2. Längle, Alfred (2001), *Viktor Frankl: Una biografía*, Herder, Barcelona.

3. Frankl, Viktor (2004), *El hombre en busca de sentido*, Paidós, Barcelona (edición revisada), pp. 98, 101, 120, 123, 127 y 131.

4. Marías, Julián (1994), *Mapa del mundo personal*, Alianza Editorial, Madrid, pp. 118-120.

5. Yalom, Irving D. (2009), *Staring at the sun. Overcoming the fear of death*, Jossey-Bass.

6. Frankl, Viktor (2000), *En el principio era el sentido*, Paidós, Barcelona, pp. 36, 45, 44 y 49.

7. LUKAS, Elisabeth (2008), *Viktor E. Frankl: El sentido de la vida*, Plataforma Editorial, Barcelona, pp. 83 y 84.

8. POSNER, Gerard L. y WARE, John (2002), *Mengele*, La Esfera de los Libros, Madrid.

9. Los estudios médicos que avalan los relatos con propósito y las citas de Brian Little y Helen Morales están en: STORR, Will (2022), *La ciencia de contar historias*, Capitán Swing Libros, pp. 188 y 199.

10. YORKE, John (2013), *Into the Woods: How stories work and why we tell them*, Penguin, Londres.

11. ROGERS, Benjamin A., *et al.* (2023), «Seeing your life story as a Hero's Journey increases meaning in life», *Journal of Personality and Social Psychology* (copia prepublicada).

12. STORR, Will, *La ciencia de contar historias, op. cit.*, p. 203.

13. MARÍAS, Julián, *Mapa del mundo personal, op. cit.*

14. MARCHASE, David (2023), «How to have a happy life, from a leading atheist», *The New York Times*, 25 de agosto.

15. HERNÁNDEZ, Belén (2024), «En la Comunitat Valenciana existen más de sesenta sectas», *Las Provincias*, 1 de febrero.

16. SIMÓN, Ana (2024), «Sumar y el arbolito de los deseos», *El País*, 8 de enero.

17. BROOKS, David (2023), «Hey America, Grow Up!», *The New York Times*, 10 de agosto.

18. MASON, Mark (2018), *El sutil arte de que (casi) todo te importe una mierda*, HarperCollins.

19. LASCH, Christopher (1979), *The culture of narcissism*, W.W. Norton, Nueva York.

20. FUNDACIÓN ESPAÑOLA PARA LA PREVENCIÓN DEL SUICIDIO. Estadísticas de suicidio 2022. Disponible en: <https://www.fsme.es/observatorio-del-suicidio/>.

21. LUKIANOFF, Greg y HAIDT, Jonathan (2015), «The coddling of the American mind: how good intentions and bad ideas are setting up a generation for failure», *The Athlantic Monthly*, vol. 326, n.° 2, pp. 42-52.

22. KONNIKOVA, Maria (2016), «How people learn to become resilient», *The New Yorker*, 11 de febrero.

23. SANCHÍS, Inma (2024), «La contra: Daniel Goleman, psi-

cólogo y periodista científico; dio a conocer la inteligencia emocional», *La Vanguardia*, 29 de enero.

24. STUTZ, Phil y MICHELS, Barry (2023), *El método Tools*, Península, Barcelona, p. 41.

25. CRESSWELL, J. David (2023), «Learning to accept discomfort could you thrive», *Scientific American*, 10 noviembre.

26. GOMÁ, Javier, *Universal concreto, op. cit.*

27. RUSSO, Francine (2023), «Beliefs about emotions influence how people feel, act and relate to others», *Scientific American*, 27 de noviembre.

EPÍLOGO

1. GOITIA, Fernando (2024), Entrevista a Martin Scorsese, *XL Semanal*, 16 de febrero.

2. TROIANOVSKI, Anton (2024), «Inside Aleksei Navalny's Final Months, in His Own Words», *The New York Times*, 19 de febrero.

3. LENS, Jesús (2023), «De asesinos, voces en *off* y The Smiths», *Revistacalibre38*, 1 de diciembre.

4. La cita de Iris Murdoch aparece en BROOKS, David (2023), «The essential skills for being human», *The New York Times*, 27 de noviembre.

5. KNOLL, Corina (2023), «He devoted his life to compassion. His killer showed none», *The New York Times*, 5 de junio. Ver también: AINSWORTH, Bill (2023), «Compassion's Champion», *Stanford Magazine*, julio. Disponible en: <https://stanfordmag.org/contents/compassion-s-champion>.

6. BROOKS, David, «The essential skills for being human», *op. cit.*

7. BODDY, Clive Roland, «Psychopathy screening for public leadership», *op. cit.*

8. PATTAKOS, Alex (2005), *En busca del sentido. Los principios de Victor Frankl aplicados al mundo del trabajo*, Paidós, Barcelona.

9. PINO-SERA, Yamilka y DE LOURDES, Ana (2024), «Resiliencia en la gestión empresarial. Una revisión teórica», *Revista Transdiciplinaria de Estudios Sociales y Tecnológicos*, vol. 4, n.° 1, pp. 31-39.

10. PIRSON, Michael (2017), «Better stories needed: How meaningful narratives can transform the world», *Humanistic Management Journal*, vol. 2, pp. 1-6.

11. BODDY, Clive R. (2023), «Is the Only Rational Personality that of the Psychopath? Homo Economicus as The Most Serious Threat to Business Ethics Globally», *Humanistic Management Journal*, vol. 8, n.º 3, pp. 315-327, p. 316.

12. TAYLOR, Steve, «Toward a Utopian society: From disconnection and disorder to empathy and harmony», *op. cit.*

13. Para conocer en qué medida es lícito que los expertos en salud mental puedan hacer valoraciones diagnósticas de sujetos que no han entrevistado personalmente, véase: APPEL, Jacob M. y MICHELS-GUALTIERI, Akaela, «Goldwater after Trump», *Cambridge Quarterly of Healthcare Ethics*, 2021, vol. 30, n.º 4, pp. 651-661.

14. GARDNER, Howard (1998), *Mentes líderes: Una anatomía del liderazgo*, Paidós, Barcelona, pp. 370-371.

15. CANTÚ, Elda (2024), «¿Quién era Alexéi Navalny?», *El Times*, 20 de febrero.

16. La cita aparece en GOLEMAN, Daniel (2000), «Ganar la batalla para el corazón humano», en el libro *Predicciones*, edición a cargo de Sian Griffiths, Taurus, Madrid, pp. 167-178, cita p. 174.

17. KHORRAM-MANESH, Amir y BURKLE, Frederick M. (2023), «Narcissistic Sociopathy in Global Autocratic Leaders: Arrested Development, Obsessive Demand for Power, and the Emergence of Unlawful Hybrid Wars», *Disaster Medicine and Public Health Preparedness*, vol. 17, p. e263.

18. MCADAMS, Dan P. (2016), «The mind of Donald Trump», *The Atlantic*, vol. 5.

19. GRAY, John (2022), «La mente occidental no ha sabido descifrar a Putin», *El País*, 20 de octubre.

20. Este apartado se basa en HALLIE, Philip (1997), *In the Eye of Huracan*, Wesleyan University Press, pp. 52 y ss.